高军 著

法治中国问题研究

FAZHI ZHONGGUO WENTI YANJIU

中国政法大学出版社

2014·北京

图书在版编目（ＣＩＰ）数据

法治中国问题研究 / 高军著.—北京：中国政法大学出版社，2014.1
ISBN 978-7-5620-5228-9

Ⅰ．①法…　Ⅱ．①高…　Ⅲ．①法治－研究－中国　Ⅳ．①D920.0

中国版本图书馆CIP数据核字(2014)第012402号

出 版 者　　中国政法大学出版社

地　　址　　北京市海淀区西土城路25号

邮寄地址　　北京 100088 信箱 8034 分箱　邮编 100088

网　　址　　http://www.cuplpress.com（网络实名：中国政法大学出版社）

电　　话　　010-58908285(总编室) 58908334(邮购部)

承　　印　　固安华明印刷厂

开　　本　　880mm×1230mm　1/32

印　　张　　10

字　　数　　230千字

版　　次　　2014 年 1 月第 1 版

印　　次　　2014 年 1 月第 1 次印刷

定　　价　　36.00 元

教育部人文社科基金一般项目（13YJA820006）
江苏省教育厅高校哲学社会科学项目（2013SJD820004）

研究法治的真问题 [1]

　　高军博士的这部新作有两个核心词："法治"、"问题"，可谓切中当代中国时弊，值得研究。作为舶来品的"法治"在中国的传播与践行真是举步维艰，处处皆问题。虽然早在清末，中国就选择了法治之路——预备立宪，但是不久，襁褓中的法治便亡于革命——人民等不及了。民国以法治立国，建立了六法体系，选举了国大，颁行了宪法，但是由于复杂的原因，法治未成而政府崩败。

　　1949 年以后，由于革命的成功，人们把革命放在第一位，将法治作为有害的传统，逐渐走上了运动治国、领袖治国之路。更要命的是，领袖宣称"不断革命"，连自己制定的法律也不要，不去遵守，法治渐成禁语，其结果是造成文化大革命这一浩劫。文化大革命结束后，官民"久乱思治"，于是一切从头来过，首先是法治的观念传播。1979 年 9 月 9 日中共中央发布的《关于坚决保证刑法、刑事诉讼法切实实施的指示》（即 64 号文

---

　　[1]　本序发表在《法治论丛》2013 年第 3 期。

件）文件中首先使用了"社会主义法治"的提法，同时开展了关于法治人治问题的大讨论，可谓朝气蓬勃，心向法治。但是积重难返，讨论中有人将法治与法家的"刑治"等同，有人主张法治、人治结合，有人认为法治是资产阶级的，直接主张人治。后来有人将法治与共产党的领导对立起来，因为"领导"具有至高性，法治再次"入笼"。又过了 20 年（1999 年），法治终于入宪。

　　法治是什么？人们对它的理解虽然有差异，但是核心还是亚里士多德的话："已成立的法律获得普遍的服从，而大家所服从的法律又应该本身是制订得良好的法律。"〔1〕这就是形式和价值双重意义的法治，真正的法治，它不是"以法治人"，而是权力祛魅，是"将权力关进笼子"。在现代法治国家形成的过程中，康德提出了法治国家的五个充要条件：①公认的、明确的法律。法治国家必须具备公认的、明确的法律，对成员的权利、义务和自由做出规定。②公认的、对法律进行权威阐释的来源。当法律的含义或实际应用产生矛盾时，必须有一种公认的方式，来对法律进行权威性的解释。③完备性。法律必须具备完备性，覆盖个人的所有行为，如权利、义务和自由，不存在含混未决的领域。④一致性。对于法律的权威阐释必须具备一致性。当一个成员在履行权利与义务时，其他成员不能同时被许可阻止该成员行为的发生。⑤有效执行。法律必须通过公认的程序和机构来有效执行，使其规定的外在自由（external freedom）真正得以保障。〔2〕我相信，这五大原则是中外普适的，在这个原则

---

〔1〕〔古希腊〕亚里士多德：《政治学》，吴寿彭译，商务印书馆1965年版，第199页。

〔2〕《复旦大学社会科学高等研究院学术通讯》2011 年 6 月（总第 30 期），第 30 页。

下，各地可以有不同的法治制度建构，但是违背了这些基本内容，就不是法治。

以这个法治观念为标准，我们可知，法治入宪归入宪，真正的法治观念在中国还远没有确立起来，人们用种种"中国实践"与"中国观念"来消解法治的价值。

一谓德治。所谓法治与德治结合，这是不得要领。从理论上来讲，道德与法律是两个领域的规则，各有所用。而所谓德治之"德"，实乃"统治者的道德"，"德治"的实质是赋予统治者的道德偏好以强制性，实质是人治。当然，如果在行法治的同时弘扬人类社会的一般道德，尤其是"政治道德"，这没有什么不好。但是在法治社会，如果以道德来"软化"甚至"矮化"法律的权威，那就不是法治而是人治。进一步说，如果在缺乏法治制度与实践的地方提"德治"，这个"德"其实是"人治之德"，其结果就必然是越强化"德治"，离"法治"越远。

二谓否认普世价值，从而抽空法治的价值内涵。普世价值是任何可以称为现代文明的国家与组织都承认的价值，任何人都可以参与普世价值的论辩并主张自己的普世价值观，但是否认普世价值的存在就否认了价值讨论的基础，实际上就是赤裸裸的实利主义，将价值交给了魔鬼。事实上，任何法律体系、任何负责任的宗教与思想体系都不可避免地包含了普世价值。马克思主义所追求的价值——人的自由与解放——就是普世的，国际人权法所包含的价值大多是普世的。法治本身也是普世价值：人人平等的受制于体现人的尊严的规则。否认普世价值就是否认法治。

三谓否定法治的基本制度。法治不只是空洞的概念，它由一系列制度组成。否定法治的基本制度，就将法治消解为一个没有内容的玩偶，成为法家的"刑治"。法治的基本制度很多，以这三项为中坚：司法独立，司法形式主义，自由的律师制度。法治，实为"法律下的法官之治"，如果司法不独立，司法为人所用，结果就是"法治面相下的人治"，这是毫无疑问的。而如果独立的法官不受法律约束，例如法官可以"能动司法"、可以"大局司法"、可以"强制调解"、可以"政治司法"、可以"社会效果司法"，等等，其结果必是法官专横或司法名义下的行政专横，同样没有法治。因此，法治的司法是司法形式主义的，或者形式优先的，它的最高原则是"法律至上"，法官忠实于法律。至于自由的律师制度，早在 1959 年世界法学家大会（印度德里）通过的《德里宣言》中就将它列为法治的基本要件之一。关于这一点，经历过纳粹统治的意大利法学家克拉玛德雷的话极为中肯。克拉玛德雷说，"在民主社会中，司法过程应成为平等主体间的文明讨论，这就很容易看出律师对民主法律秩序的重要意义……在司法过程中，律师代表自由；他们也许是现代民主核心原则的生动象征……对专制者来说，律师是危险的……"〔1〕而这个律师制度必须是自由的，它的制度支撑之一是自由的律师协会，如果"律师协会由自由职业团体向国家官僚机构的转型，意味着它的用途的终结，这也是司法的终结。"〔2〕

说到中国法治中的"问题"，我想起了学人尽知的胡适先生的大作：《多研究些问题，少谈些主义》。在那篇隽永的短文中胡适出语惊人：奢谈主义不研究问题，"是中国思想界破产的铁证"，他呼吁学界"多提出一些问题，少谈一些纸上的主义"。

---

〔1〕［意］皮罗·克拉玛德雷：《程序与民主》，翟小波、刘刚译，高等教育出版社 2005 年版，第 60 页。

〔2〕［意］皮罗·克拉玛德雷：《程序与民主》，翟小波、刘刚译，高等教育出版社 2005 年版，第 60 页。

"请你们多多研究这个问题如何解决，那个问题如何解决，不要高谈这种主义如何新奇，那种主义如何奥妙。"文章中胡适提出了一些"火烧眉毛"但为学界不屑一顾的真问题："从人力车夫的生计问题，到大总统的权限问题；从卖淫问题到卖官卖国问题；从解散安福部问题到加入国际联盟问题；从女子解放问题到男子解放问题……"[1]

我认为胡适先生的话拿到今天仍然是切中肯綮的。真正的学问都是从问题开始的，发现问题，研究问题，解决问题。但是目前中国的学术研究"主义至上"是主流，而研究的问题又往往是伪问题。而真正研究问题的努力与成果太少了。人文学、社会科学与规范学中的问题，是人类在生存与发展过程中碰到的无知的世界或者需要解决的难题、需要超越的困境，例如胡适先生前述的车夫的生计、大总统的权限、卖淫、卖官、卖国等都是问题。

为什么会出现"胡适现象"？胡适将它归纳为一个字："懒"。相信在大约 100 年前胡适的判断是对的，但是如果今天仍然单纯地责怪学者"懒"似乎有失公允。与胡适当年的情况不同，当年的研究是自主的，因此，胡适之论不谬；但是今天研究是"计划"的，不要说研究"问题"者难以拿到课题，难发表，甚至"研究问题"本身弄不好就是问题，会挨种种棍子：不满、别有用心、没有正能量，等等，这是轻的；重一点的就会"吃不了兜着走"。人都有惰性，自利性，跟着"主义"转自然成为"大势"。当然，也有少数例外的人，他们抓紧"问题"，孜孜矻矻以求。

---

[1] 胡适："多研究些问题，少谈些主义"，载《每周评论》第三十一号（1919 年 7 月 20 日），转引自 http://book.ifeng.com/special/yueduzhongguo/list/200909/0924_8167_1363410.shtml.

　　高军博士是少数例外中的一个，他研究起"吃力不讨好"的"法治问题"。中国法治中的问题是什么？当然是无法穷尽，因为不同的人从不同的学科、爱好、"前见"、处境出发会发现不同的问题。

　　高军博士是研究宪政问题的，在他的学科范围内，以法治为价值取向他发现的问题很多：社会管理模式法治问题、房地产领域的法治问题、社会安全中的法治问题、人权领域中的法治问题、司法中的法治问题等。对这些大的问题，作者不尚空谈，再研究其中的小问题。例如，城管暴力化问题、群体性事件问题、"维稳陷阱"问题、小产权房问题、房产税问题、环境危机问题，甚至包括"语同音"、同工同酬、刑事和解等"细小"、"琐碎"的问题。

　　提出问题本身就是超越，在他人视为当然的地方发现问题本身就是成果，但是仅仅发现问题还不够，最终目的是要研究问题并提出解决问题的方案。如何研究？我们不妨依然看看胡适的办法："先研究了问题的种种方面的种种的事实，看看究竟病在何处，这是思想的第一步工夫。然后根据于一生经验学问，提出种种解决的方法，提出种种医病的丹方，这是思想的第二步工夫。然后用一生的经验学问，加上想像的能力，推想每一种假定的解决方法，该有什么样的效果，推想这种效果是否真能解决眼前这个困难问题。推想的结果，拣定一种假定的解决，认为我的主张，这是思想的第三步工夫。凡是有价值的主张，都是先经过这三步工夫来的。不如此，不算舆论家，只可算是抄书手。"[1]

---

〔1〕　胡适："多研究些问题，少谈些主义"，载《每周评论》第三十一号（1919 年 7 月 20 日），转引自 http://book.ifeng.com/special/yueduzhongguo/list/200909/0924_8167_1363410.shtml.

　　大家知道，胡适是个实证主义者，但是千万不要像我们一贯所妄言的那样诬指实证主义不讲价值，胡适的三步曲其实是经验＋价值＋假定的研究理路：以事实为基础，以价值为导向，加上"小心假设，大胆求证"的功夫。在"主义至上"的几十年，许多人弃胡适的三步曲如敝屣。那些反胡适的人们要么空谈主义，无视经验事实，其结果必然是"空谈误国"，其结果是没有价值基础的自说自话。更严重的是有些所谓研究连概念都不讲，连逻辑都不顾，这当然只能制造学术垃圾。但是值得高兴的是，高军博士的研究大体上遵循了胡适的套路。他以社会事实为依据，以法治这一普世价值为导向，辅之以想象、假设、推理的功夫，以求提出解决法治问题的方案。

　　使用这一经验与价值评价相结合的方法，作者提出并研究了中国法治建设中的真问题，提出了一些解决问题的思路，很有新意。略举一二：

　　在权力与权利的逻辑关联方面，作者批评了"出了问题就批评政府没有管好"的思维定势，指出这其实是权力万能思维。在许多问题上，强大的公权力恰恰就是产生问题的根源。政府无限扩权，管制的成本必然大大增加，甚至会超出社会的承载能力；过多的管制还会使权力寻租机会大增，导致腐败泛滥；政府无限扩权导致市民自治领域萎缩，使权力与权利的牵制关系失衡。据此，作者提出了"强化权利"、重构权力与权利间平衡模式的社会发展思路。在建设与法治相协调的价值观念方面，作者批判了畸形的社会发展价值观，片面的社会秩序至上观；批判了政府父爱主义，提倡为公民自由留出更大的空间；指出现在土地产权制度造成实际所有权人的缺位，造成征地、拆迁等诸多严峻的社会问题，提出解决之道在于确保公民的土地权利。在财政问题上，提出了现代法治政府应当奉行税收国家体制,奉行政府中立,少干预经济的政策。在政府法治方面,揭示了片面维稳模式产生的种种弊端,指出,畸形的地方官员政绩考核指标催生了片面维稳的盛行,在这一模式下,滋生了金钱收买、暴力打压、牺牲弱势群体的表达权等政府非法行为,它损害了社会公正,影响了民权与民生,伤害了政府的合法性,导致一些地方政府陷入了"越维稳越不稳"的危险处境。据此,提出了维持公平正义、维护法律尊严,建设民主制度才是最大的维稳的观点。

当然,这些问题的解决是个社会工程,作者的一得之见是否可行,还有待读者批评和实践检验。

谨为序。

周永坤
2013 年 3 月 2 日于苏州高尔夫花园

前　言 ◇

　　如果你上网，特别是如果你开了微博，你会发现在网络虚拟世界中，每天都有无数人在控诉食品安全、环境污染、城管驱逐商贩以及富者广厦千间而贫者无立锥之地等现象。很多事情确实让人感到匪夷所思，难免使人产生人心不古、今夕何夕之叹。例如，国人出境大量购买婴儿奶粉导致奶粉售罄，当地政府不得不对国人实行"奶粉限购"，国内食品安全信任危机一致于斯，实让人无可奈何。一些无良企业向地下偷排工业污水，其行为令人发指。许多有关癌症村的报道，更是令读者伤心欲绝。现实中，公平正义已成为这个社会的稀缺资源，毒食品、雾霾、癌症……更是直接威胁到每个人的生存。经济发展了，总体而言人们的生活水平大幅度提高了，但却遭遇到了空前的生存危机，人们普遍为生存而焦虑，忧心忡忡。大家都明白，这个社会肯定是哪儿出了问题，不能再这样继续下去，必须改变了。

　　笔者认为，社会科学尤其是作为经世致用的法学，其学术研究无法回避以上现实问题。本书就是对这些问题予以回应的尝试。当代中国，由于政治体制改革的滞后，经济发展过程中积累了诸多矛盾，产生了诸多严峻的社会问题，可以说有价值的研究课题俯拾皆是。

目前中国出现的问题，是社会转型时期由于民主法治建设滞后而导致的一场全面的社会危机。当代中国正处于从传统农业社会向工业乃至后工业社会、由计划经济向市场经济、由单一封闭的社会向多元开放的社会、由人治向法治过渡的转型过程中。市场经济孕育了公民的平等、权利观念和法治意识，经济全球化与全球民主政治的发展催生了国内的"新民权运动"，互联网、手机通讯的飞速发展以及两者的结合，使信息大规模共享与传播成为现实，这一切对国家治理，特别是社会治理，提出了空前的挑战。本书中所讨论的城管制度、食品安全、环境危机、小产权房、限购令、房产税、城镇化建设、群体性事件、维稳现象等问题，政府的应对策略还是停留在计划经济时代、封闭社会里所形成的由政府包办一切的故有思维，目前已无法应对新的挑战。事实上，当前许多问题产生的根源即在于政府权力过大和不受或较少受到有效的制约，权力的越位与缺位并存。目前所采取的一些通过强化政府权力来解决问题的做法，对解决问题而言实则南辕北辙。例如，房价高，原因很复杂，解决方法绝不是采取"限购"赶走购买者那么简单，解决弱势群体住房困难问题也绝不是由政府造房子分给他们住那么简单，至于维稳亦绝不是拦住上访人不让人发出声音那么简单。现实中，政治与行政措施的简单化，实令人困惑。事实上，解决新的矛盾，根本出路在于民主法治，必须确立政府合法性来源于严格遵守宪法与法律、保障人权的理念，建立法治政府，明确政府与社会的边界，通过法律限制政府权力，培育公民社会，鼓励民间自我治理。简单地讲，在于通过政治体制改革，建立法治政府，实现社会的公平正义，舍此无他。

本书由作者近期发表的 21 篇学术论文组成，这些论文有一个共同的中心思想——法治，以法治为线将这些论文汇集成书。

写作这些论文时，由于作者并未刻意准备将来汇集出版，因此本书在体系的完整与逻辑的自洽性方面自然会有所欠缺，不过作为独立写作的论文也有优势，即写作时可以信马由缰，较少受拘束，能充分表达作者的意图。需要说明的是，在汇集成书时作者对原文作了个别技术性增删。本书的内容存在不当之处可能在所难免，尚祈读者诸君批评指正。

高军

2013 年 5 月 1 日

目　录 ◈

第一章　社会管理模式法治 ◇

第一节　行政法治视域中的城管制度初探[1]

城管制度是近年来中国城市化进程加剧的产物。随着市场经济的发展，城市出现了规模膨胀、流动人口增加、环境污染、交通拥挤等一系列问题，传统城市管理模式遇到前所未有的挑战。为了解决城市执法主体分散、行政职能交叉、多头执法、执法责任不清等问题，国务院发布了《国务院关于贯彻实施〈中华人民共和国行政处罚法〉的通知》（国发〔1996〕13号），决定从1997年开始，在全国部分地区有针对性地开展将若干有关行政机关的行政处罚权剥离出来，集中交由一个行政机关统一行使的"相对集中行政处罚权"制度改革试点工作，城管制度在我国遂应运而生。然而，自城管制度诞生以来，社会对它的评价一直存在着巨大的争议：政府部门往往对之评价甚高，认为它对于解决我国城市化进程中出现的问题发挥了很大的作用，但是，从媒体的报道来看，城管形象往往却是负面的，经

---

〔1〕　本节发表在《理论导刊》2007年第9期。

1

常和野蛮执法联系在一起。特别是 2006 年底发生在北京的小贩杀死城管队员，以及 2007 年 4 月发生在南京的城管吓死一名卖水果妇女等极端事件，引起了社会各界广泛的关注，网络上对城管制度的讨伐之声更是不绝于耳。对一个制度存在着如此截然不同的两种评价，促使我们反思该制度本身是否存在着严重的问题。在法治社会，一切权力都必须接受法律评价，权力普遍受法律评价是法治的基本原则之一。[1] 从行政法治的视域考量，可以发现，现行的城管制度存在着严重的合法性危机。

一、城管制度不符合依法行政原则

1. 城管制度来源的合法性尚存疑问。现行城管制度产生的直接依据是上述《国务院关于贯彻实施〈中华人民共和国行政处罚法〉的通知》（国发〔1996〕13 号）文件（以下简称"《通知》"），而该《通知》的依据则是 1996 年颁布的《行政处罚法》第 16 条"国务院或者经国务院授权的省、自治区、直辖市人民政府可以决定一个行政机关行使有关行政机关的行政处罚权"授权立法的规定。迄今为止，城管制度诞生已有十年，"试点"的城市已扩大到三百多个，各地城管也一直在"执法"，可是在城市管理综合行政执法领域，却始终没有产生一部具体的、明确的、独立的法律、法规。虽然，国务院曾先后下发过数个通知，对开展相对集中行政处罚权工作提出了一些具体原则、要求和程序。但是，在城管工作所涉及的城市规划、工商管理、环境保护等相关领域里，本来都有相应的法律或行政法规。这些法律、法规中都明确规定了违法行为的行政处罚权由相应领域的主管行政机关行使。笔者认为，职权依法设定

---

〔1〕 周永坤：《规范权力——权力的法理研究》，法律出版社 2006 年版，第 283 页。

后即具有法定性，职权之间的界限不得被随意打破，权力的集中与转移从实质上来讲是一个宪政问题。这里对《行政处罚法》本身是否有权授权"国务院或者经国务院授权的省、自治区、直辖市人民政府"可以改变其他法律中有关行政职权设定的规定，以及《行政处罚法》第 16 条授权范围是否过于宽泛，国务院可以转授权的规定是否恰当等问题姑且不论，仅对于国务院通过一个指导性质的，带有临时性、政策性特点的《通知》来对行政处罚权的转移进行规范是否恰当这一点而言，实有进一步探讨的必要。更何况《行政处罚法》第 17 条明确规定，"法律、法规授权的具有管理公共事务职能的组织可以在法定授权范围内实施行政处罚。"该《通知》显然不属于"法律"以及"地方性法规"，同时无论按照 1987 年实施的《行政法规制定程序暂行条例》第 3 条的"行政法规的名称为条例、规定和办法"的规定，还是按照 2002 年 1 月施行的《行政法规制定程序条例》第 4 条"行政法规的名称一般称'条例'，也可以称'规定'、'办法'等。国务院根据全国人民代表大会及其常务委员会的授权决定制定的行政法规，称'暂行条例'或者'暂行规定'"的规定，该《通知》显然也不属于"行政法规"的范畴。因此，国务院的《通知》本身难免有违法之嫌。

2. 城管制度违反了权力法定原则。众所周知，对公权力行使来说，"法无授权即无权"，此即权力法定的原则。具体而言，行政权只有经立法机关通过法律来设定，才具有合法性，才能成为一项合法的行政权力。行政权力经立法设定，从另一个角度来看，实际上也就是法律来限定行政权力的范围。[1] 以此要求来观照，可以发现，现行的城管制度违反了权力法定的原则。

---

〔1〕　孙笑侠：《法律对行政的控制》，山东人民出版社 1999 年版，第 192～193 页。

首先，城管是否具有作为执法主体的身份的资格目前尚不无疑问。行政处罚权是行政管理权中一项重要的权力，其行使的主体必须是行政机关。按照《行政处罚法》第 16 条的规定，集中行使行政处罚权的主体也只能是国家行政机关，而不能是除此之外的任何其他组织。虽然，《国务院办公厅关于继续做好相对集中行政处罚权试点工作的通知》（国办发〔2000〕63 号）文件及《国务院办公厅关于印发国务院扶贫开发领导小组办公室职能配置内设机构和人员编制规定的通知》（国办发〔2002〕17 号）文件都明确要求：试点城市集中行使行政处罚权的行政机关应当作为本级政府的一个行政机关，不得作为政府一个部门内设机构或下设机构。但是，实践中，各地城管队伍的编制非常混乱，差异极大。例如，仅就上海而言，黄浦区的城管队员就有 8 种身份，而浦东新区的城管队员更是有 12 种不同编制。[1] 从全国范围来看，有些城市设立作为一级行政机关的城管行政执法局，但大多数城市还是城市建设管理监察支（大）队，属于受委托执法的事业单位，在人员、经费上没有足够的保障，有些地方城管的"执法经费"甚至都靠"自筹"。[2]

其次，城管的执法范围无统一的规定，处于极混乱的状态。到底城管应该管什么，至今在国家层面还没有统一的立法来规范，也没有一个统一的机构来回答这个问题，只是原则上规定集中执法权的工作是由国务院法制办负责，建设部来牵头负责日常工作。在这种情况下，不可避免地造成实践中的混乱。事实上，在各个已采取"相对集中行政处罚权"的城市，行政处

---

〔1〕 瞭望新闻周刊："北京城管队长被刺动摇队员信念：这样值得吗?"，载 http://www. yz. sx. cn/fhnews/countrynews/l.

〔2〕 姚爱国："论相对集中行政处罚权"，苏州大学王健法学院法律硕士学位论文 2004 年。

罚权的"转移"往往只是地方领导基于工作便利的考虑，显得相当的随意。有关职能部门也乐得将一些获利不大的行政处罚权当作甩包袱而"转移"出去，但对于有利可图的处罚权，即使地方政府规定该处罚权已"转移"给了城管部门，但往往这些职权部门并不理会。例如，北京市政府把打黑车的职能统一交给城管部门，但是北京交通委员会却还是一直在行使打黑车的权力——交委会是有法律依据的，我给你的职权是政府临时划给你的，我随时可以要回来。这就变成了两家都在管，势必造成冲突。〔1〕实践中，各地城管的执法范围往往差异极大。例如，广州市城管综合执法支队执法任务包括 15 个方面 106 项城市管理行政执法权，上海市城管执法局目前行使着 10 个政府部门的 13 个方面 167 项行政处罚权，而北京城管执法组织享有的行政处罚权，已经由改革之初的 5 个方面共 94 项，增加到 14 个方面 308 项。〔2〕事实上，现行城管制度中，一些地方的"政府令"赋予城管部门的部分职权于法无据。例如，许多城市出台的"政府令"将部分行政许可的权力赋予城管部门。事实上，所谓"相对集中行政处罚权"，顾名思义，只是指行政处罚权的集中，而不包括行政许可权、收费权等其他行政管理权的集中。因此，这种做法在违反《行政许可法》的精神和原则的同时，还明显突破了"相对集中行政处罚"的宗旨和范围。

3. 城管执法的直接依据——"政府令"常与法律优位的原则相冲突。法律优位原则是指"一切行政权之行使，不问其为权力的或非权力的作用，均应受现行法律之拘束，不得有违反

〔1〕 中国新闻周刊："城管问题是中国城市化进程中问题集中体现"，载 http://news.sina.com.cn/c/2006-09-01/111910894590.shtml.

〔2〕 瞭望新闻周刊："北京城管队长被刺动摇队员信念：这样值得吗？"，载 http://www.yz.sx.cn/fhnews/countrynews/l.

法律之处置而言"。[1]换言之，即下位法不得违反上位法的规定。当前，各地城管执法所依据的规范性文件往往是各个城市的政府部门以"政府令"形式出台的规范性文件，这类规范性文件效力之低下姑且不论（绝大部分不属于我国《立法法》所规定的广义的法律系列），甚至其中的一些规定违反了上位法的规定，本身就不具有合法性。例如，一些地方政府出台的关于规范"城市管理相对集中行政处罚权"的"政府令"中，往往规定行政执法局有权强制拆除当事人的违法建筑。但是，依据《行政处罚法》第51条及《城市规划法》第42条规定，对当事人逾期不履行处罚决定的，规定由作出处罚决定的机关申请人民法院强制执行。因此，上述"政府令"中的规定本身违法确凿无疑。

4. 城管事实上采取的侵害性行为违反了法律保留原则。法律保留原则是指，"行政权之行动，仅于法律有授权之情形，始得为之，换言之，行政欲为特定之行为，必须有法律之授权依据"。[2]在现代法治社会中，法律保留原则还特别要求行政权对公民自由和财产的侵害，必须取得议会立法的明确授权，否则，不得为之。现实中，城管普遍对公民的财产与身体采取种种"即时强制措施"以及对公民财产采取"罚没行为"，因为没有法律的授权，毫无疑问此行为应当属于违法行为。

二、城管"执法"不符合行政合理原则

行政合理原则主要有以下几层含义：①执法者在对不确定法律概念解释时必须符合法律精神；②目的符合公共利益，当没有直接法律依据必须行使自由裁量权时应当以公共利益为目

[1] 翁岳生编：《行政法》（上册），中国法制出版社2002年版，第172页。
[2] 翁岳生编：《行政法》（上册），中国法制出版社2002年版，第172页。

的；③无偏私，首先是执法者在执法行为中不得有自己的利益，其次是不能有偏见；④不得作出不合理行为，具体又包括：不得做不合具体法律目的的行为、相关原则、一致性原则、比例原则。[1]

1. 罚款提成违反了行政机关不得从行政行为中获利的原则。从法理上来说，行政权力的根源来自于人民的委托，其直接的依据则来源于法律的授权。行政机关行使行政职权，是依据法律代表国家行使行政管理职能，对行政职权无权自由处分，行政处罚所产生的罚款只能全部归属国家，行政机关绝不能因拥有行政处罚权而从中获得利益。当前，很多地方的城管依靠"罚款"来"创收"已是公开的秘密，例如，有作者在分析广州市城管现状及存在的问题时就曾指出，"目前，除市财政能全额拨给市城监支队经费外，区城监队伍的经费，绝大多数未按行政单位标准全额拨足，罚款虽交区财政，但返还给区城监大队的经费则视罚款数额而定，据各区城监大队反映，城监队伍经费每人约需 3.5 万 ~4.5 万元（包括人员工资福利、办案设备、经费等），现在许多区财局只按人均 1 万元/年标准拨款，其余靠区城监大队自行解决。"[2] 事实上，这种现象并非广州市所独有，相当一些地方的城管经费都是靠"罚没款"的"创收"来补充甚至来解决的。城管执法中，靠行政权力"罚款"为本单位"创收"，甚至下达"罚款指标"、"罚款"与队员的福利奖金挂钩等现象严重违背了行政伦理，属于典型的公权力异化，它不可避免地造成执法中的腐败，最终损害了法律的尊严和权威，严重阻碍了社会主义法治建设的进程。

---

〔1〕　周永坤：《法理学——全球视野》，法律出版社 2000 年版，第 366 页。
〔2〕　沈禄秋："综合执法是改革城市管理执法体制的必由之路"，载 http://www.yfzs.gov.cn/gb/info/xsll/xfx/yfzsl/2003 - 06/11/6841203635.html.

2. 城管执法中自由裁量权缺乏有效的约束。行政自由裁量权是行政权力的重要组成部分，它是行政主体提高行政效率之必需的权限，它能使行政执法者审时度势、灵活、机动、大胆地处理问题。但是，要实现行政法治，又必须对行政自由裁量权加以一定的控制，正如弗兰克·福特认为的那样，"自由裁量权，如果不设定行使这种权力的标准，即是对专制的认可"。[1]目前城管执法中，自由裁量权的运用基本处于失控的状态。这种状况的产生，很大程度上要归因于城管执法所依据的规范性文件的缺陷。例如，作为目前城管主要执法依据之一的《城市市容和环境卫生管理条例》，自身就比较原则、抽象，缺乏可操作性。而作为各地城管执法直接依据的"政府令"，由于大多地方政府的有关职能部门负责起草，缺少精通法律的专家学者的参加，以及缺少公众的参与，这些规范性文件中往往存在着不少的缺陷，特别是其中常常存在着大量的"情节严重"及类似的模糊性概念，实践中难以准确把握，需要城管部门自由裁量，这样势必造成执法的混乱以及相对人的困惑，为城管的权力寻租埋下了种子。

三、城管制度的设计不符合权力制约的原则

1. 以权力约束城管权力的缺失。在法治社会，授予权力的同时即意味着责任，权力与职责是统一的，不存在没有职责或职责不清的权力。当前城管事实上在行使着广泛的、对相对人的法益会产生重大影响的权力，然而，由于没有全国统一的城管立法，城管的主管部门、城管执法的监督部门、监督的程序、城管执法的责任承担等问题目前都尚不明确，约束城管权力似

---

〔1〕 孙笑侠：《法律对行政的控制》，山东人民出版社 1999 年版，第 131 页。

乎只能靠各地"政府令"中的"政府自觉",以权力约束城管权力的有效机制远未建立。

2. 以权利约束城管权力的缺失。同样,由于统一的城管立法的缺失,各地城管的法律地位尚不统一,在城管执法过程中,相对人不服城管处罚决定的,是否可以提起听证和复议?如果可以,具体如何操作?另外,是否可以提起行政诉讼?如何提起?以谁为被告?城管部门执法侵犯相对人合法权益,被侵犯的相对人是否有权提出国家赔偿?等等。以上这些问题,目前在国家立法层面上还尚不明确,实践中更是难以实现。

3. 以程序约束城管权力的缺失。对程序的重视源于人类的本性,美国法学家戈尔丁指出:"历史上最早的正义要求看来就是一种程序上的正义,像《圣经》中告诫法官'既要听取隆者,也听取卑微者',等等。"〔1〕国内外行政法学界通常都认为现代行政程序法律制度最初源于英国的"自然正义"原则以及在该原则基础上发展形成的美国的"正当法律程序"原则。在当代,程序控权理论受到了学术界的普遍重视。英国行政法学家韦德在其权威著作《行政法》一书中提出,行政法的精髓就在于对行政裁量权力的控制。就控制行政裁量权力而言,"对程序的漠视终将导致实体权利义务关系的紊乱"。威廉·道格拉斯指出,"正是程序决定了法治和恣意的人治之间的基本区别"。〔2〕具体而言,程序公正原则要求行政主体在作出影响相对人权益的行政行为时应当听取相对人意见,相对人有为自己辩护和防卫的权利;行政机关在作出行政行为时应当坚持公开原则,接受相对人及社会公众对行政权行使的监督;自己不得作为自己案件的法官,行政主体对行政争议纠纷的裁决必须接受司法上的审

〔1〕 [美]戈尔丁:《法律哲学》,齐海滨译,三联书店1987年版,第235页。
〔2〕 季卫东:《法治秩序的构建》,中国政法大学出版社1999年版,第3页。

查等等。总之，行政程序在行政活动中的事先设置，其目的在于"防止专横、任性的行政决定的产生，同时保障行政机关办事公平而又有效率"[1]。目前，我国虽然还没有一部统一的"行政程序法"，但《行政处罚法》中已确立了相对完备的行政处罚程序。然而，事实上，在当前城管执法的过程中，《行政处罚法》中的程序性条款规定根本未得到遵守。由于程序的缺失，当前城管所行使的权力，基本上属于一种不受限制的强制性权力。从相关报道的情况来看，城管人员在处罚过程中随口要价，相对人就地还钱的情形比比皆是。在本无法律依据的情况下，城管对相对人财产采取"暂扣"措施，不出具暂扣清单，更无签字盖章等现象也屡见不鲜。由于城管执法过程中暴力性冲突事件不断上演，一些地方政府也意识到城管执法中程序缺失的危害，因此采取了诸如成立"美女城管队"、规定城管执法中必须履行向相对人"敬礼"的所谓"人性执法"程序，试图柔性地化解此类矛盾。笔者认为，这还是基于人治的"亲民"思维的产物，并未达到权力制约的高度，是治标不治本的办法，不能从根本上解决程序控权的问题。

由于法律监督以及法律救济途径的缺位，在城管执法过程中，人们所看到的只是城管队员上街驱赶小商贩，但是这些被驱逐的小商贩却无法对自身权利予以有效地救济。其实，退一步来说，即使是有相应的救济渠道，但是根据我国的国情，面对救济的时间、金钱付出等高额的成本，弱势群体往往也只能望而生畏，或者只能忍气吞声，这样社会的不满将郁积；或者激愤之下转而采取私力救济，当前城管执法过程中暴力冲突事件不断乃是明证。

---

[1] 王名扬：《美国行政法》，中国法制出版社1995年版，第66页。

结语：

针对当前城管执法中不断上演的暴力性事件，有学者尖锐地指出，现行城管制度是基于传统的"单位人"思维而产生的，即试图用单位的管理模式（非法治模式）来管理"自由人"的城市，从本质上讲，有关部门设置这一制度的目的本身就是为了权力行使的便捷和规避法律。[1] 笔者认为，这一看法一针见血地指出了问题的症结所在。但遗憾的是，有关部门似乎对此缺乏必要的反思能力，没有考虑到，或不愿意去思考城管制度设计本身所存在的制度性缺陷，反而认为主要在于城管保障措施不到位，因此一味地强调要强化这一制度。在这种错误思维的支配下，有的城市为加强城管的"综合执法能力"，专门为城管执法人员配备了各种警械以对付"暴力抗法"；还有的城市花费巨资在街道上安装摄像头并设置统一的监控中心以彻底清查"无证摊贩"；有的人大代表甚至建议"城管部门应当被赋予像公安一样的刑事执法权，以应对暴力抗法者"。事实上，以上做法和建议都没有认清问题背后的深层次原因，也没有认识到法律之所以有效的根本不在于强制，而在于民众对法律的信仰和基于这种信仰而产生的对法律自觉的服从，更没有基于"执政为民"、"政治文明"的立足点。这类做法和建议，不但不能解决问题，反而只能使现行的城管制度更加非理性和暴力化，从而加剧底层群众的反感甚至敌视情绪，最终只能损害党和政府的形象，同时也从根本上不利于社会主义和谐社会的建立。笔者认为，完善城管制度的根本在于将其纳入法治化的轨道中去，舍此别无他途。

---

[1] 周永坤："城管吓死人的制度性反思"，载 http://guyan. fyfz. cn/blog/guy-an/.

1. 城管制度设计的权力行使便捷的功利性目的由于违反了行政法治原则的要求，不具有合法性，在实践中产生了混乱的局面以及大量暴力性冲突的严重后果，城管制度处于严重的合法性危机的状况。因此，必须通过全国范围内的统一立法来解决城管制度自身的合法性问题。在城管立法方面，可以参考一些国家和地区在类似事项管理方面成功的经验。例如，在我国香港地区，警察机构内部设专职城市管理的"小贩科"，由民事警察直接负责城管执法，世界上许多发达国家也大都采取的是这种模式。在我国，警察执法无论从实体上，还是从程序上都有相应的较为成熟的法律、法规的约束，而且相对人救济途径也比较完备。因此，将现行城管制度纳入警察系列是可以考虑的一个途径。但是，由于城管制度在我国已推行了 10 年，改变现行的体制较为困难。因此，更务实的办法应当是：在 10 年"试点"积累的经验教训的基础上，由国务院以制定行政法规的形式来进行全国范围内城管统一的立法，使城管制度走出当前的法律地位及执法依据不明、职责权限不清、执法程序缺失、执法监督缺位的困境。

2. 当前，"依法治国，建设社会主义法治国家"以及"国家尊重和保障人权"已写入我国《宪法》，必须认识到，"依法治国"和"保障人权"绝不是空洞的口号，作为宪法性规范，它们理应具有规范的效力，应当成为检验包括一切立法、行政和司法行为在内的宪法性准则。因此，按照其要求，在进行城管立法时，必须确立以下几个原则：①立法价值应服从伦理正当性的要求，必须坚持弱势群体生存权优先原则。应当牢固树立"以人为本"的执政意识，奉行政府行为克制，在行政权必须损害相对人权利时必须遵循比例原则；在设计相对人权利救济的途径时，应当考虑到"城管是管穷人的"这一事实（城管的主要"执法对象"是下岗职工、失地农民和由于其他种种原因而生活困窘的城乡底层民众），尽量降低相对人权利救济的成本；在涉及利益冲突的衡量与取舍时，应当始终以人权作为逻辑的起点与终点。特别是必须考虑到弱势群体的利益，在弱势群体的生存权与所谓的"城市的秩序"、"市容市貌"的整洁、甚至道路的通畅等关系的权衡方面，生存权必须占第一位。考虑到小商小贩古今中外各国城市中均有之，甚至改革开放之初，广州以及其他一些城市搞活经济都曾从推行"马路经营"开始等事实，小商小贩对繁荣城市经济和方便市民生活功不可没，他们没有任何理由被驱赶、被侮辱。②权力制约的原则。权力具有腐败的天然倾向，人类的历史已充分证明，"一切有权力的人都容易滥用权力，这是万古不易的一条经验"，"权力导致腐败，绝对的权力导致绝对的腐败"。因此，在设置行政权力的同时，绝不能寄希望于"我们的干部大部分是好的"那种无根据的、抽象的"公务员性善"的假设，坚决摒弃那种将公务员清廉主要寄希望于"思想政治教育"的落后的管理模式，必须设置相应的通过权力、权利以及程序来制约行政权的具体的、可操作的制度，以此来制约行政权力的行使，扼制行政权力无限扩张的天然倾向，防止行政权力的腐败。③立法程序公开、民主的原则。由于城管立法与公民权益休戚相关，同时城管职能涉及众多的职能部门，为避免产生"部门立法"所导致的"部门本位主义"现象，笔者认为，国务院在进行城管立法时，应当尽可能选择地位相对超脱的机构或团体起草，充分重视和采纳法学界专家学者的建议，同时，立法草案应当向全社会公开，充分听取社会各界，尤其是应当听取城市弱势群体的意见，对于争议较大的事项，应当通过举行大规模的立法听证会来决定。

第二节　城管公务活动暴力化的体制性省思[1]

城管制度是当代中国社会转型时期，伴随着城市化进程产生的社会管理制度。自该制度诞生以来，各地城管公务活动中暴力性冲突事件不断发生。公众纷纷对城管执法的合法性、合理性提出质疑。但是，与公众态度形成鲜明对照的是，各地政府基本上是站在维护城管执法的立场，指责行政相对人暴力抗法。笔者认为，城管公务活动的普遍暴力化，以及政府、公众对城管公务活动中暴力性冲突截然不同的认识与态度，暴露了中国法治现代化建设进程中诸多深层次的体制性问题。

一、城管公务活动暴力化现象折射出一系列体制性缺陷

（一）城管公务活动暴力化，根源在于执政理念尚存偏差

1. 奉行片面的社会秩序至上原则。长期以来，在社会管理方面，受经济发展中的"效率优先"论的影响，我国政府奉行的是单一的社会秩序至上原则，片面理解"稳定压倒一切"。这在实践中不乏其例，体现在立法方面，我国《刑法》中死刑的罪名过多、过滥；明显违反罪刑法定原则的"严打"刑事政策以及严重违反现代法治原则、备受诟病的劳动教养制度长期存在等。这种将"稳定压倒一切"作为政治性任务的压制性治理模式体现城市管理方面，就是片面地强调城市的整洁和秩序，强调"整齐划一"，因此，各地政府不惜动用城管这个"半军事化"的组织，采用单纯的强制手段来进行管理。

---

[1]　本节发表在《武汉理工大学学报》2008年第4期。

2. 颠倒了社会发展价值观。现行城管制度最大的失误是"与小商贩为敌"。众所周知,作为城管管理对象的小商贩,主要是失地农民、城市下岗失业人员等弱势群体,他们由于得不到社会保障机制的救济,只能靠做些小生意来维持生计。他们是"为人民服务"、"人民群众利益至上"中的"人民"的重要组成部分,理所当然应当成为各级人民政府服务的对象。但是,在追求创建"国际性大都市"的城市管理者的长官意志下,各地却纷纷出台了"与小商贩为敌"的政策。例如,海口城管部门计划投入 1000 万元,建卫星定位系统和信息系统,全面查处无照经营、流动、不固定非法商贩等违规行为,[1]真可谓是除"恶"务尽,不彻底消灭之誓不罢休。而合肥市则走得更远,甚至还提出创建"无摊城市"的"宏伟"设想。政府一方面无法保障公民充分就业,也无法为绝大多数人口提供最基本的社会保障,但另一方面却用城管制度禁止处于社会底层的公民沿街设摊、自谋生计,可以看出,"人民"这一神圣的概念在实践中被严重虚化。在社会发展价值观方面,弱势群体的生存权与城市市容之间的关系被严重颠倒。

3. 法秩序观念淡薄。城管制度在具体实践中涉及对公民基本权利进行限制甚至剥夺,根据法律保留的原则,应当通过全国人大至少必须通过全国人大常委会统一的立法来规范,但遗憾的是到目前为止在"相对集中行政处罚权"领域尚未有全国统一的立法。由于缺乏全国范围内统一的立法,从而导致各地城管管辖范围不一,城管队伍的编制、服装也不一,甚至各地城管机构的名称也不统一,而且一些地方的城管部门在进行行政处罚时,在处罚单上盖的却是其他部门的公章,自己甚至

---

〔1〕 李少国:"'卫星城管'让城市很受伤",载 http://gb.cri.cn/9083/2007/07/02/2165@1657723.htm。

还没有盖章权。由于这个系统没有行业行政主管部门，即所谓的"国家无部委，省里无厅局"，因此，各城市各行其是，独立制、联体制、从属制等多种不同的体制并存，处于极其混乱的状态。[1] 事实上，从严格的行政法治角度来看，城管制度本身即存在着不符合行政合法性、行政合理性、权力制约等现代行政法原则的先天不足。[2] 如此一种自身存在严重缺陷的制度能在全国范围推广并迅速普及，折射出有关部门法秩序观念的淡薄。

有关部门法秩序观念淡薄的背后，是法观念的偏颇。长期以来，在正统的法学理论及官方的法观念中，对法的认识，所持的是"法国家一元说"，即所谓的"法是由国家制定或认可，反映掌握国家政权阶级的意志，并由国家强制力保障实施的行为规范"，[3] 突出的是法的国家性、阶级性和强制性，忽略了法的公平、正义、人权保障的价值。在这种"国家一元"的法观念支配下，法更多的被看成是一种工具，"法律工具主义"观念及采取压制型治理的方式遂大行其道，对现代法治建设构成巨大的障碍。[4]

（二）城管公务活动暴力化，直接原因在于权力的不受约束

1. 城管权力不受约束。首先，从规范的层面来看，由于至今尚未出台全国统一的法律，各地城管执法的直接依据是各地方政府制定的"政府令"。这些"政府令"立法层次之低姑且不论，而且普遍地具有以下非理性的特征：以规定罚款内容的

〔1〕 李博宇："面目不清的'城管'"，载《人民公安》2007年第19期。

〔2〕 高军："行政法治视域中的城管制度初探"，载《理论导刊》2007年第9期。

〔3〕 孙国华：《法理学教程》，中国人民大学出版社1995年版，第272～273页。

〔4〕 周永坤："法律国家主义评析"，载《云南大学学报（法学版）》1997年第1期。

实体性规范为主体、执法程序及执法监督内容严重缺位、立法技术极其粗糙、赋予城管部门的自由裁量权无边际。其次，从实践的层面来看，当前在各地的城管部门中，相当一部分"执法队员"是根本不具备法律知识以及城管执法所涉及的工商、税务、环保等领域专业知识的社会招募人员，由于"人情"、"关系"的影响，导致进人把关不严，甚至很多品行恶劣的人都混迹于城管队伍之中，加之由于不是正式编制内的公务员，"执法经费"无保障甚至还要靠"自筹"，这些城管队员考虑最多的不是如何公正执法，而是如何完成"执法指标"或"创收任务"。由于以上情况的存在，遂导致现实中城管"执法"完全处于一种权力不受约束的、为追求自身利益而随时扩张的冲动所支配的状态。

2. 作为城市"管理者"的官员权力不受约束。改革开放至今，由于政治体制改革严重滞后于经济体制改革，制度性约束的缺位使行政权力处于一种极度扩张的状态。例如，近年来，一些地方给公务员涨工资的决定几乎总是能畅通无阻地通过，在某些地方，政府官员的"车补"往往就远远超出普通职工的薪水，而从近期的"彭水诗案"、陕北志丹县"短信诽谤案"、辽宁西丰"抓记者案"、山东高唐"网络诽谤案"等一系列所谓的"诽谤领导"的案件处理中更可以看出不受约束权力的蛮横。回到城管问题上来，城管为什么要"与小商贩为敌"？难道真的是因为城市市容市貌比弱势群体的民生还要重要？事实上，必须承认，作为"理性人"和"政治人"，官员不可能不追求自身利益的最大化。在我国，由于党政官员事实上实行的是行政任命制，使官员们养成了对上不对下负责的习惯。对官员们来说，城市市容市貌是上级领导可以看得见的，是显性的政绩。因此，作为城市"管理者"的官员们，千方百计考虑的是"政绩工程"。著名学者秋风指出，特别是"近些年来，商业化又深深渗透到政府活动过程中。巨利当前，城市政府趋向于直接对民众使用暴力。城管的野蛮执法，乃是城市政府权力趋向野蛮的一种征兆"，"城管不受限制的权力的背后，正是城官不受限制的权力。"[1]

（三）城管公务活动暴力化，折射出法律和政策的决策、出台、运行、反馈与纠错机制存在缺陷

1. 立法机制存在缺陷。中国传统法律文化中缺乏民主的传统，强调的是"法自君出"、"民可使由之，不可使知之"。新中国成立后，作为我国根本政治制度的人民代表大会制度在发扬社会主义民主方面发挥了很大的作用，但是，由于人民代表大会制度中身份代表制、间接选举为主的方式、代表人数过于庞大、代表构成中官员比例过高、提案过于分散、开会时间过短等问题的存在，再加上长期以来立法所奉行的自上而下的、政府包办一切的"部门立法"的模式，公民缺少有效的参与途径，使得弱势群体的声音难以在立法中得到反映，导致部分立法中存在着较为严重的"贵族化"倾向。例如，1999 年，沈阳市"行人违章，撞了白撞"的极不人性的交通事故处理规则的出台以及随后多个城市的效仿。又如，2008 年 3 月公安部全国治安管理工作会议讨论将具有合法固定住所作为基本落户条件，如果实行，只能造成谁买得起房子就有城市户口，买不起房子就没户口的局面。而现实中，中国的所有垄断部门特权的背后几乎都有相应的"立法"作为支撑，更是这种立法模式所导致的恶果最直接、最真实的写照。城管制度也是这一立法模式的产物，该制度的诞生并未经过系统的、周密的学术论证，亦无社会各界

---

[1] 秋风："城管权力须尽快驯化"，载《新世纪周刊》2008 年第 3 期。

充分参与的讨论。各地官员出于"政绩工程"的考虑，在"政府令"中纷纷塞入"与小商贩为敌"的种种规定时，并没有甚至根本就不用考虑是否应当召开听证会充分听取弱势群体的意见。

2. 法律和政策执行过程中缺乏必要的反馈和纠错机制。在我国，官员事实上的行政任命方式决定了我国的政府体制是一个层层只向上负责的反应体制，加上政府对公民的权利和自由管制过多、过严，以及新闻媒体的"体制化"与"地方化"等现象的存在，造成了下情上达途径的阻隔。因此，政策施行之后，真实的状况往往难以到达决策层。从近年来各地矿难频频发生，但地方政府往往千方百计予以掩盖，最后往往经中央媒体报道后矿难才公布于世，以及广东东莞童工、山西等省现代奴隶制"黑砖窑"竟长期存在达十余年，最后经权威媒体揭露，获决策层和国际社会关注后才获解决等，这些事件可以充分地看出这种体制性的缺陷。

在实践中，城管制度已经暴露出许多严重的问题：①由于城管综合执法只是"相对集中"了以前由众多行政部门所行使的行政处罚权，但原有管理机关的人员、编制、经费和其他的管理职能并未转移，单纯的处罚权转移造成较为普遍的管罚脱节、监管失控；②对同一违法现象由两家来管，权力相互冲突或相互扯皮，违背了实施行政处罚权相对集中，减少各部门之间职权交叉重复、执法效率低下的初衷；③各地城管公务活动普遍呈现出暴力化倾向等。但对于以上情况，决策层似并不知情，也未采取有效措施来解决。事实上，对城管制度而言，由于城管部门缺少法治化的、制度性的约束，各地政府可以随心所欲地指挥城管从事征地、拆迁等这类游走于法治边缘的活动，至于城管制度本身所存在的非法治的、制度性的缺陷，正是可以为各级地方政府所利用之处。因此，寄希望于体制内的各级地方政府对决策层如实地反映城管制度中存在的问题以进行制度性纠偏，实在无异于缘木求鱼。而对体制外的下情上达途径来说，使得真实情况难以到达决策层。

二、通过体制改革，走出城管制度的困境

当代中国的改革开放是一种自上而下安排的定向发展战略，国家和政府作为有组织的力量在推动变革的过程中起着支配性作用。因此，在社会转型的过程中，公共权力的影响无处不在。城管制度正是在此过程中，由于计划经济时代的单位和街道居委会体制失灵之后，形成的一种权力行使便捷化的替代性机制，其本质上是基于传统的"单位人"思维而产生的，与现代"自由人"社会理念背道而驰。[1]而城管在公务活动中受长官意志的支配，不受制度约束地使用强制力，明显的体现了压制型法的特征，离法治社会所对应的自治型法以及进而走向回应型法的要求尚有较大的距离。[2]透过城管公务活动暴力化这一表象，可以窥见我国法治现代化建设进程中诸多体制性、结构性的深层次问题。在"依法治国，建设社会主义法治国家"，"国家尊重和保障人权"入宪，以及强调以人为本、执政为民、建设服务型政府、加强党的执政能力，构建社会主义和谐社会的今天，应当毅然实行体制性改革。

（一）更新执政理念

1. 树立正确的社会发展价值观。在现代社会中，社会发展的价值有很多，效率、秩序的价值并不必然高于公平、正义、

---

〔1〕 周永坤："城管吓死人的制度性反思"，载 http://guyan. fyfz. cn/blog/guyan/index. aspx？ blogid = 198668.

〔2〕 ［美］P. 诺内特、P. 塞尔兹尼克：《转变中的法律与社会：迈向回应型法》，张志铭译，中国政法大学出版社 2004 年版。

自由、人权等价值，恰恰相反，正如经济学家阿玛蒂亚·森在《以自由看待发展》一书中认为的那样，社会发展与进步应更多地考虑人的生活质量及人的自由度。因此，在社会管理及社会发展的价值选择上，应当以科学发展观、以人为本的要求为指导，以实现社会的公平正义为目标，破除片面的"经济中心论"、"效率优先论"和"秩序至上观"的观念性束缚，去除在强调"为人民服务"、"人民群众利益至上"的同时却在实践中将"人民"这一神圣概念虚化的做法，充分重视人的自由、人的尊严、人的生存权等基本权利，树立弱势群体的生存权永远高于城市的市容市貌，高于领导的"面子"的观念。

2. 确立服务型政府目标。20 世纪下半叶以来，在全球市场经济和民主化潮流的推动下，世界范围内的行政管理方式由传统的管理行政、秩序行政逐步转向给付行政、服务行政为主的现代行政。当前，我国建设"服务型政府"正是顺应了这一世界性潮流。为实现该目标，在权力与权利的关系上，必须充分认识到权力来源于权利并服务于权利。在此基础上，政府应当从"亲民"到"尊重权利"，承认人的有限理性，破除"政府万能"、"政府包办一切"的观念，政府行为应当谦抑、尊重社会规律，服从社会"自生自发的秩序"，避免出台"消灭小商贩"这类违反经济规律的荒唐政策。在涉及城市商贩管理等方面，政府应当抛弃权力单向支配的方式，由"管理者"的身份回归至公共服务提供者的角色，尽量通过商贩组织的自治来进行管理，相应的，政府行为亦应由"堵"变为"疏"，多运用经济手段而不是强制性手段来管理市容。

3. 重塑合法性观念。马克斯·韦伯认为，"每个政治权威系统都必定依赖于为它提供使用强制力量的能力的一种相当程度的自愿服从，而这种自愿的服从来自于覆盖在国家之上的合法性的外衣"。[1] 在政治活动中，权力的产生与运行以合法性为前提，"对一般的权力要求有制定法依据、习惯法依据或者更高合法权力的合法授权，对于最高权力（例如立宪权或皇权）则要求法理上或道德上的正当性，即遵守社会公认的价值观"。[2] 古代的"君权神授"，近现代的"主权在民"实际上都是同样的道理。以此为观照，中国共产党执政的合法性来源于在国民党反动统治下人民革命的权利，革命胜利后的《共同纲领》以及 1954 年《宪法》宣告了中华人民共和国一切权力属于人民、人民当家作主，确认了新政权的合法性。但是，必须认识到执政合法性的取得和拥有并不是一劳永逸的，伴随着当代中国的社会转型，必须对新时期执政合法性有清醒的认识。

首先，去除那种简单、片面的以经济增长作为执政合法性来源的认识。学者认为，所谓合法性是"统治者与被统治者关系的评价。它是政治权力和其遵从者证明自身合法性的过程。它是对统治权力的认可。"[3] 或者更简洁地说，"一个统治的合法性，是以被统治者对合法性的信任为尺度的。"[4] 转型时期的中国呼唤公平、正义、自由、民主、法治、人权等价值的实现，人民对中国共产党执政合法性的认同也正是基于此。因此，党必须时刻以"三个代表"、"执政为民"来要求自身，永葆先进性，领导全国人民努力实现宪法中"依法治国，建设社会主义法治国家"、"国家尊重和保障人权"的庄重承诺。

---

〔1〕 ［美］斯科特·戈登：《控制国家——西方宪政的历史》，应奇等译，江苏人民出版社 2001 年版，第 4 页。

〔2〕 周永坤：《法理学》（第 2 版），法律出版社 2004 年版，第 251 页。

〔3〕 ［法］让－马克·夸克：《合法性与政治》，佟心平等译，中央编译出版社 2002 年版，第 51 页。

〔4〕 ［德］哈贝马斯：《重建历史唯物主义》，郭官义译，社会科学文献出版社 2000 年版，第 287 页。

其次，政府必须带头守法。根据民主法治国的基本原理，人民通过社会契约组织国家，在人民与国家的关系上，国家是手段、人民才是目的，人民守法不是法治国家的特色，政府守法才是法治的精神。在法治的要求下，政府必须依法行政，而且所依之法必须同时具备形式合法性与实质正当性。法律不同于科学法则，"法律的法则是为了人类的目的而制定出来的，制定它们的人们就得考虑这种目的的价值"。[1]因此，应当确立"良法"、"自然法"的观念，充分认识到法律本身必须接受合法性、伦理正当性的拷问，具体而言，即在实体方面必须保障人权、符合公平与正义，在制定程序方面必须合法、合理，真正体现最大多数人的最大意愿。

最后，要正确认识法的作用，避免单纯的压制性社会治理。在法及法的效力问题上，法社会学大师罗斯科·庞德指出，"法即权利，权利即法的观念完全是近代理性观念的产物"。[2]虽然，法律必须具有强制力，"没有强制力的法律如同一封无人收启的死信"，但是，"强制力，如果被不适当的人所掌握，那么必将使法律制度所规定的一切预防措施都受到损害。"[3]"实质上正是信任感，才是社会和政治机构得以持续和持久地建设和运作的基础。只要有信任存在的地方，或信任能被建立起来的地方，制度和权威才有实施的基础"。[4]因此，"确保遵从规则

〔1〕〔美〕斯科特·戈登：《控制国家——西方宪政的历史》，应奇等译，江苏人民出版社2001年版，第7页。

〔2〕〔美〕罗斯科·庞德：《法律史解释》，曹玉堂、杨知译，华夏出版社1989年版，第12页。

〔3〕〔英〕彼得·斯坦、约翰·香德：《西方社会的法律价值》，王献平译，中国法制出版社2004年版，第66页。

〔4〕〔美〕安东尼·奥罗姆：《政治社会学导论》，张华青等译，上海世纪出版集团2006年版，第3页。

的因素如信任、公正、可靠性和归属感，远较强制力更为重要。法律只在受到信任，并且因而并不要求强力制裁的时候，才是有效的；依法统治者无须处处都依赖警察"。〔1〕因此，对那种出于片面追求所谓的"市容整洁"的目的，不顾低收入群体的生存需要，不给摊贩经济以合法的身份，不将其纳入法治化管理，将复杂的社会问题简单化，对社会矛盾不是尽量疏导，而是依仗城管实行强力压制的做法，实有必要进行合法性追问。

（二）制约政府权力

对于权力，阿克顿公爵的名言"权力必然导致腐败，绝对的权力导致绝对的腐败"一针见血地道出了权力的本质。事实上，"如果国家机构的一个部门可以不受法律的影响，那么至少受到这种保护的某些官员就会滥用他们的权威这一点就不会有什么疑问了"。〔2〕行政权力具有天然的扩张倾向，它既能为公民权利与自由提供保护，同时也极容易伤害公民的权利和自由，因此必须成为被法律所严格约束的对象，权力与责任必须时刻相连。

第一，避免权力过于集中。改革开放总设计师邓小平同志生前曾多次指出权力过于集中的危害，只可惜改革开放至今，当代中国腐败问题日益突出的根源还是在于权力的过于集中。改变权力过于集中，必须依靠政治体制改革，"我们所有的改革最终能不能成功，还是决定于政治体制的改革"。〔3〕事实上，作为执政党的中国共产党已充分地认识到了推进政治体制改革的迫切性，在十六大提出"积极稳妥地推进政治体制改革"的基础上，十七大又提出了"深化政治体制改革"，十一届全国人

〔1〕〔美〕伯尔曼：《法律与宗教》，梁治平译，三联书店1991年版，第47页。
〔2〕〔美〕斯科特·戈登：《控制国家——西方宪政的历史》，应奇等译，江苏人民出版社2001年版，第7页。
〔3〕《邓小平文选》第3卷，人民出版社1993年版，第176、160、164页。

大政府工作报告更进一步提出了发展社会主义民主政治的任务。笔者认为，政治体制改革的关键在于：首先，必须破除"公务员性善论"的"道德浪漫主义"预设，为制度控权扫清思想障碍；其次，虽然三权分立不符合中国的国情，但应当吸收其中通过权力制约权力所蕴含的合理成分，通过权力约束权力是制度防腐的不二法门；[1]最后，"依法治国"不应只停留在口号上，"唯一能够从'法治而非人治'中抢救出来的东西就是良好的法律不应当把权力交到任意地或反复无常地行动的权威的手中这个观念"。[2]因此，必须通过法律控制权力，将权力的产生与行使纳入法律控制的范围。

第二，实现立法公正。马克思曾经深刻地指出，"如果认为在立法者偏私的情况下可以有公正的法官，那简直是愚蠢而不切实际的幻想！既然法律是自私自利的，那么大公无私的判决还能有什么意义呢？"[3]"立法腐败"危害巨大，它从源头上破坏了社会的公平与正义，摧毁了民众对法律的信仰。因此，从源头上保障立法公正是实现"依法治国，建设社会主义法治国家"的题中当然之义。为确保立法公正，首先，必须坚决破除直接导致"立法腐败"的"部门立法模式"；其次，以胡锦涛总书记在《没有民主就没有现代化》的讲话中的"扩大公民有序的政治参与"为指导，进一步扩大民主，完善人民代表大会制度，真正地实现宪法所宣示的"主权在民"；再次，确立主体际的立法理念，[4]在制定与群众利益密切相关的公共政策时原

---

〔1〕　周永坤：《范权力——权力的法理研究》，法律出版社2006年版。

〔2〕　[美]斯科特·戈登：《控制国家——西方宪政的历史》，应奇等译，江苏人民出版社2001年版，第7页。

〔3〕　《马克思恩格斯全集》第1卷，人民出版社1965年版，第178页。

〔4〕　庞凌："立法公平及其保障机制"，载《南京社会科学》2007年第9期。

则上必须公开听取公众的意见。就城市管理方面而言，不能光由市政管理当局一方说了算，要让政策的利益相关者参与进来，使城管决策科学化、透明化、人性化；最后，严格实施《立法法》，确保法律位阶秩序，建立和完善保障宪法至上性能有效地实现的违宪审查制度。

第三，培育我国的市民社会。在西方政治法律思想中，市民社会理论具有重要的意义和价值，"西方民主社会的近代宪政主义通常都包含一种关于市民社会的思想"。[1]对于市民社会的作用与功能，博登海默这样解释："一个发达的法律制度经常试图阻碍压制性权力结构的出现，其依赖的一个重要手段便是通过在个人和群体中广泛分配权利以达到权力的分散与平衡。当这样一种权利结构建立起来时，法律将努力保护它，使其免受严重的干扰和破坏。"[2]西方发达国家法治的成功经验证明，只有建立发达的市民社会，法治才能有望实现，而市民社会的建立过程，实质上就是一个从以权力为主导的社会向以权利为主导的社会行进的过程。当前，我国正处一个现代化转型时期，这期间，社会政治化程度比较高，公权相对强大，而市民社会相对弱小。我国市民社会建设应向自治型治理的目标转变，具体而言包括：①应当放松《社会团体登记管理条例》中对结社自由的限制，切实保障公民的结社自由，以"自由人的联合"来对抗行政权力的扩张；②尽快制定"新闻法"，保障新闻自由；③按照法律保留的要求，放松具体法律中对公民宪法基本权利的限制。

---

〔1〕［美］阿兰·S. 罗森鲍姆：《宪政的哲学之维》，郑戈等译，三联书店2001 年版，第 4 页。

〔2〕［美］博登海默：《法理学——法哲学及其方法》，邓正来译，华夏出版社1987 年版，第 344 页。

第三节　严刑峻法能达到道路交通的善治吗？[1]

公安部最新修订的《机动车驾驶证申领和使用规定》（以下简称"《规定》"）经媒体报道后引发社会公众热议，其中议论的焦点之一是该《规定》将机动车驾驶人违反道路交通信号灯通行的违法记分由 3 分提高到 6 分，通俗来讲即闯 1 次红灯扣 6 分，这意味着一年内闯两次红灯即记满 12 分，机动车驾驶人将被扣留驾驶证，必须重新学习和考试。该扣分的新规定一经媒体披露，网络上立即质疑声一片，质疑主要集中在该规定是否过于严苛、是否足够细致、执行是否能够落实等方面。笔者认为，《机动车驾驶证申领和使用规定》作为部门规章，在我国法律体系中虽然法律位阶较低，但其牵涉面却极为广泛，由作为交通规则的执行者的公安部门来制定、修改该《规定》是否恰当？对该《规定》的修改未召开听证会，未听取利益相关方的意见是否符合立法的程序正义？对于闯 1 次红灯扣 6 分的规定，由于直接涉及广大机动车驾驶人宪法、法律所赋予的机动车驾驶权、财产权、工作权等权利，作为部门规章的《规定》是否有权对这些权利进行限制？等等，以上问题看似简单，但实则蕴含着丰富的法理，在"依法治国，建设社会主义法治国家"已写入《宪法》并成为治国基本方略的今天，实有深入探讨之必要。

一、《规定》在出台程序上存在缺陷

《规定》作为公安部的部门规章，虽然法律地位不高，但社

---

[1]　本节发表在《湖北民族学院学报》2013 年第 1 期。

会影响面却极广，特别是其中的一些诸如闯红灯扣 6 分的内容，直接影响到广大车辆驾驶人的切身利益和诸多的宪法、法律权利，出台这样的规定必须慎之又慎，至少应当保证在立法程序上做到无瑕疵，但纵观《规定》的修改程序，可以发现存在诸多缺陷。

首先，作为执法机关的公安部门未注意立法回避。必须承认，行政机关也是"理性人"，存在着不断扩大自身权力、争取部门利益的冲动，在缺乏有效制度约束的情况下，这种冲动往往会变成现实，而如果行政机关掌握了立法权，既当运动员又当裁判员，立法权和执法权合二为一必然产生利益怪胎。长期以来，我国行政立法存在的一个普遍现象是相关部门争相通过立法来争管辖权、许可权、罚款权等权力，尽管常常被冠以诸如"维护公有制主体地位"之类的崇高名义，或以"作为执行机关最了解具体情况"等理由来进行，但背后其实就是单纯的利益冲动，即所谓的"部门利益化，利益法制化"。"任何人不得充当自己案件的法官"，这是自然正义原则的一项基本要求，为避免这种情况的发生，在立法的起草阶段，与法律有利害关系的个人与部门应当回避，唯如此才能体现立法的程序公平、内容的公正，体现立法的民主。就交通规则的制订和修改而言，什么是违规、怎样处罚、额度多少等等不应该由作为规则执行者的公安部门来制订或修改，应当交给无利益关系的第三方来负责起草，由代表民意、具有民主正当性基础的立法机关来表决通过。由作为规则执行者的公安机关来制定或修改该规则，人们完全有理由担心，规则的修改或多或少必然带有部门利益的色彩，利益的天平势必会倾向于公安部门。

其次，对修改条文的理由未作说明，缺乏具体调研数据的支持，难以服众。例如，对闯红灯扣分从 3 分提高到 6 分，由于影响面实在巨大，至少应当进行充分的论证，而不能意气用事拍脑袋决定。为证明该修改是必要的和正当的，修法机关可能至少应当公布以下数据：全国机动车总量、每年平均每辆车闯红灯的次数、哪类（或哪几类）车闯红灯的概率较高、闯红灯事件中故意或过失所占的比例、每年全国交通事故总量、有多少交通事故是因为故意闯红灯而引起的，等等。根据笔者的经验，目前故意闯红灯的私家车司机真的不多，闯红灯大多数都是因为不小心，并不是主观上不重视，毕竟之前的规则是闯一次红灯罚 200 元，扣 3 分，普通的私家车主承受不起。事实上，根据大量新闻媒体、网络的报道和披露以及普通人日常的经验，可以发现经常故意闯红灯的车主要是军车、警车、特殊号码的政府公务车等"特权车"，还有就是无牌车、套牌车以及土方车和搅拌车。[1]我们都生活在这个社会，根据自身的法感受，在我国目前的法治环境下，即使再严格的处罚可能对"特权车"也都是难以奏效的，因此人们有理由怀疑该规定主要针对的是无权力背景的私家车，其背后可能有部门利益在作怪。

最后，关门修法，有违立法民主的时代潮流。在现代社会，社会被分化为不同的阶层与利益群体，立法的过程是一个各阶层与利益群体进行博弈、妥协与整合的过程。面对汹涌的民主法治的时代潮流，为了加强立法程序的科学化、民主化，许多国家在立法中增加了立法复议、立法听证、立法审查等程序。这些程序措施对于提高立法质量，减少立法冲突起到了积极作

---

〔1〕　例如，2004 年，海南省交警总队负责人透露说，仅在当年 3 月份，琼 A9字头"特权车"的违法行为就达 6835 人次，其中一辆牌号为琼 A93396 的特权车 2年内闯红灯 158 次。现实中，"特权车"故意闯红灯交警往往根本不敢管或管不住。而土方车和搅拌车这两类车的车牌往往被污渍糊住，信号灯根本拍不到车牌号，因此经常横冲直撞不怕被扣。

用。特别是制定涉及公众切身利益的法律、法规、政策、规定，必须事先广泛的征询民意，这是自然正义原则中"听取相对方意见"的要求，也是公共决策的一项基本原则。我国近年来很多法律、法规、规章的出台也经常事先公布草案、广泛搜集民意，尽量做到"开门立法"。作为涉及公众利益的《机动车驾驶证申领和使用规定》的修改，至少应当经过公布草案、征求意见、召开听证会等程序，使社会公众有机会充分参与讨论与辩论，最终达成共识，在此基础上形成规则。事实上，2006年公安部拟将"桩考"科目并入"电子路考"而修订《机动车驾驶证申领和使用规定》时就曾公开征求了社会意见；2009年公安部为了方便残疾人驾车出行而修订《机动车驾驶证申领和使用规定》时也公开征求了社会意见。但此次对同一《规定》的修改，比前两次修改所涉及的内容更多、更广、更与民众利益息息相关，却没有公开征询民意，甚至在新规正式发布之前，都没有相关报道和"吹风"，实在令人不解。对此，公安部的解释是之前已向基层部门收集了意见，但正如有学者指出的那样，这不是征询民意，而是征询"官意"，仍然是闭门决策。更何况收集的意见如何，有多少部门赞成或反对"闯红灯扣6分"等规定，同样没有公之于众并作出解释。[1]

另外，从法社会学角度来思考，以下质疑可能并非毫无道理：制定闯红灯扣6分规则的人，其本人会不会开车？有没有开过车？是不是自己亲自开车？是否开的是"特权车"？制订该规则的人可能生活在北京，该规则是否是主要针对北京的交通状况而制订的？中国各个地方经济发展很不平衡，交通状况各异，如果仅仅根据北京的交通状况来出台规则，这样的规则可

〔1〕 晏扬："闭门决策的'闯红灯扣6分'难免遭非议"，载 http://shyanyang. i. sohu. com/blog/view/241135300. htm.

能很难"放之四海而皆准"。

二、《规定》中有关闯红灯扣 6 分的内容在实质合理性方面存在疑问

1. 该规定不符合法律保留原则。宪法是公民权利的保障书，但历史和现实均无情的证实了有宪法而无宪政的情形并不鲜见。为防止宪法基本权利被架空而沦为"口惠而实不至"的空头支票，它要求一切行政作用虽非必须全部从属于法律，但对基本权利的限制则非以法律来制定不可。[1] 法律保留原则是依法行政原则的一项核心内容。要求一切对公民基本权利的限制都必须通过法律的方式来进行被称为"全部保留说"，但事实上这难以做到。"重要事项保留说"则认为国家对人民的自由及权利予以限制，必须通过法律方式进行。"但法律不能事无钜细靡遗，一律加以规定，其中属细节性、技术性的事项，法律得以明确性的授权予主管机关以命令规定之。"[2] 闯红灯扣 6 分的规定意味着机动车驾驶人一年内闯两次红灯将被吊销驾驶证，必须重新参加考试，驾驶证被吊销期间以驾驶为职业的机动车驾驶员工作权将被剥夺，而重新参加考试当事人势必需要付出额外的时间、精力和财力。工作权和财产权是公民宪法性基本权利，如需对其限制理论上必须通过全国人大或全国人大常委会制订的法律来进行。当然，对于闯一次红灯扣多少分是否属于"细节性、技术性的事项"可以进一步探讨，但事实上这样的规定"兹事体大"，因为它直接限制了公民宪法上的工作权与财产权等基本权利，在全国人大制订的《道路交通安全法》对之未作

---

[1]　城仲模：《行政法之基础理论》，三民书局 1994 年版，第 5 页。

[2]　陈新民：《法治国公法学原理与实践》（上），中国政法大学出版社 2007 年版，第 142 页。

明确规定的情况下，应当由该法授权国务院制定《道路交通安全法实施条例》来作出具体的规定，而国务院制订的《道路交通法实施条例》则不能将该事项的制订权再次转授权给公安部。[1]原因很简单，根据宪政常识与世界各国的经验，最经常与公民直接打交道、同时也最容易侵犯公民权利的行政权力正是警察权力，从保护公民权利的角度出发，最需要法律法规对警察权力进行严格的限制。如果警察部门获得了对公民基本权利进行限制的实质性立法权，这种情况下无疑损害了立法的民主正当性，更严重的后果则是将使宪法所确立的公民基本权利制度陷于崩溃。

2. 该规定不符合比例原则。比例原则是行政法上的一项重要的基本原则，是指行政机关实施行政行为应兼顾行政目标的实现和保护相对人的权益，如为实现行政目标可能对行政相对人权益造成某种不利影响时，应使这种不利影响限制在尽可能小的范围和限度，保持二者处于适当的比例。比例原则的内容包括适当性原则、必要性原则和狭义比例原则三个子原则，其核心要求就是行政权力的行使除了有法律依据这一前提外，行政主体还必须选择对人民侵害最小的方式进行。[2]从减少交通事故的角度出发，参考其他国家道路交通管理的经验，规定对闯红灯者扣分这种方式是适当和必要的，之前也规定了闯红灯

〔1〕《道路交通安全法》并未规定对机动车驾驶人闯红灯的具体处罚额度，其第90条对机动车驾驶人交通违法作了原则性规定，"机动车驾驶人违反道路交通安全法律、法规关于道路通行规定的，处警告或者二十元以上二百元以下罚款。本法另有规定的，依照规定处罚。"国务院《中华人民共和国道路交通安全法实施条例》第23条第1款规定了道路交通安全违法实行以12个月为周期总分12分的记分制度，第2款则规定"应当给予记分的交通安全违法行为及其分值，由国务院公安部门根据道路交通安全违法行为的危害程度规定"，将权力授予了公安部门。
〔2〕姜明安主编：《行政法与行政诉讼法》，高等教育出版社2002年版，第42页。

扣 3 分且一直在执行，并未引起公众的批评。此次将扣分提高到 6 分，之所以会引起社会舆论激烈的反弹，其原因即在于根据普通人的常识，该规定过于严苛了，并非属于对行政相对人侵害最小的方式，违反了狭义比例原则。

3. 该规定强人所难。近年来，随着我国经济的发展与人民生活水平的提高，以及汽车产业政策的推行，我国过于仓促地步入了汽车社会，而与此同时整个社会的道路交通、停车场等配套设施，以及交通法律、法规、人们的心理却并未能同步跟进。闯红灯固然当罚，但问题是必须讲究尺度，不能走极端，不能使广大的普通机动车驾驶人失去期待可能性。笔者不知制订该规则的人有没有评估过现在全国普遍的交通状况，试举信号灯为例，《道路交通安全法》第 25 条第 3 款规定："交通信号灯、交通标志、交通标线的设置应当符合道路交通安全、畅通的要求和国家标准，并保持清晰、醒目、准确、完好。"信号灯作为执法工具应该有统一的安装标准，信号灯的型号、设置的高度、外伸距、亮度等当然必须规范、全国统一。但目前，我国很多城市交通信号灯、交通标志、交通标线设置的客观情况是：①信号灯设置过于密集，一条城市街道常常间隔一两百米即设置信号灯，甚至两个红灯之间的路段停不下受阻的汽车。②各个城市的交通信号灯往往各有特点，有的有倒计时读秒器，有的没有；黄灯时间也不同，有的地方甚至没有黄灯；形状上有的是圆形，有的是方形；悬挂位置上是有的挂的高；有的挂的低；有的在路中央，有的在路边（被树遮挡），还有的被阳光照射时根本无法识别。③红绿灯转换的时间和道路情况经常严重不协调，车流大的绿灯时间短，车流小的绿灯时间长。④执行上，左转弯道是在里道、中间、还是在外道？先左转弯绿灯还是先直行绿灯？路口右转弯能走还是不能走？等等，很多地方的规定都不一致。另外，道路上的安全和警示标志常常很混乱，好多地方连停车线都模糊不清，有的路面上没有明显的车道界线或分道箭头，有的分道箭头离信号灯太近（跟车时看不到），有的改变的太突然，等等，千奇百怪、不一而足。事实上，作为普通驾驶人员，每天面对多如牛毛的红绿灯、标志、标线难免可能会出错，对路况陌生的司机往往会误闯红灯，这样的情况较为普遍。开过车的人都知道，一年中无意闯两次红灯绝对是大概率事件。开明的法律，应当容许人有犯小错误的机会，严格要求驾驶员以确保交通安全本身并没有错，但是如果"两次红灯"就足以让人付出无法开车出行的代价，该规定无疑过于严苛，实为强人所难。

三、对闯红灯扣 6 分进行补救的方案设计过于理想化

1. 闯红灯刚过线及时刹车免罚的设计过于理想化。首先，"刚过线"是一个自由裁量空间极大的不确定概念，何况现在公路交通违章基本都是由电子眼拍摄记录，很少能看到交警在公路上现场执法，现场执法可以了解具体情况，容易及时纠正，而如果事后根据电子眼拍摄的照片来纠正，由于"刚过线"并没有具体的标准，这无疑使交警部门获得了过大的自由裁量权，人们完全有理由怀疑此权力可能会被交警部门用来权力寻租。其次，这项制度会明显加剧开车人的心理紧张，目前很多交通信号灯都没有设倒数读秒器，驾驶人员遇到绿灯突然变为黄灯或红灯的情况，往往来不及反应，如果不急刹车，开过去就会面临严厉的惩罚，为了避免严厉的惩罚可能只能选择急刹车，这种情况下可能会增加交通路口的追尾事故。此外，车开到了交通路口中间如果选择停车的另一个后果是必然造成更大程度的道路拥堵。

2. 事后通过行政复议、行政诉讼进行救济的方案并不可行。现实中，确实有很多人开车时因为跟在公交车等大车后面看不到信号灯而误闯红灯的情况，对此公安部有关发言人指出，除了通过法制员审核等形式在前期予以纠正外，当事人还可以通过行政复议、行政诉讼等渠道申诉解决。但问题是：①当事人申诉时要证明自己很难。目前，国内各地道路交通违章拍照基本上都是由社会上的专门公司来投资和运作的，这类公司在罚款中收取一定的比例以收回成本和获得投资赢利，因此他们往往本身就有强烈的"利益执法"的冲动，甚至在电子眼的设置上故意设一些陷阱，而各地交通处罚通常是在年终车辆年审时集中处理，由于时间可能过去很久，行政相对人找证据自辩可能很难，如果发生在异地则更难。②通过行政复议、行政诉讼进行救济，说起来轻松但做起来很难。北京申诉很畅通不代表别的地方也很畅通，事实上当前国内很多地方的法治环境并不乐观，退一步来说即使申诉途径畅通，但这至少要浪费大量的社会资源吧，难道国家财政就是让交警部门、法院用来应付每月成千上万次的申诉或诉讼吗？而对行政相对人来说，多去几次行政部门或打一次行政诉讼官司的时间成本以及交通费成本等可能要比交罚款、甚至重新参加考试还要高，从趋利避害的本能出发，当事人通常不会选择这两种途径进行救济，为避免重新参加考试可能宁可选择"潜规则"来找关系花钱销分。

笔者认为，制订闯红灯扣 6 分这条规则看似简单，其背后实则折射了公安部门在"治乱世当用重典"的工具主义思维支配下，将复杂的社会管理进行了简单化的处理，潜在的观念则是官员性善、好政府、政府父爱主义，实际上这是一种以罚代管的懒政、怠政。笔者预计，闯红灯扣 6 分规则实行之后，可能的后果是：①处罚的公平性受质疑。如前所述，闯红灯对于普通驾驶人员来说，通常情况下谁都不会故意为之，毕竟之前的扣3分，罚200元的规定已经非常严厉。真正故意闯红灯的往往是一些交警管不了或不敢管的"特权车"，加大处罚力度的这项政策对"特权车"根本是无效的，执行起来势必造成更大的不公平。②滋生腐败。事实上，就目前道路交通的执法环境而言，交警部门从部门利益出发的"钓鱼执法"的情形并非个案，[1]只要存在弹性处罚条款，必然产生权力寻租，刺激交警部门利益执法的冲动。中国是一个权力社会和熟人社会，现实情况是有关系往往便可以消除道路违法的扣分和免于罚款，加重处罚势必使交警部门权力更大，成为加重腐败的源泉。③催生地下违法交易市场。闯红灯并不是当场扣分，各地交警部门的做法是在车辆年审时集中处理，实际上这往往是一笔糊涂帐，很多地方事实上重在"捞钱"而不在于纠正违法，于是催生了地下驾照卖分的违法市场。[2]我们不难想象，一旦闯红灯扣6分的制度得以实施，难免会让相关地下代理产业更加"欣欣向荣"。

四、道路交通善治如何成为可能？

道路交通是一个受各种因素相互影响的、综合的、系统的、复杂的工程，最能反映出一个国家、一个地区、一个城市的社会秩序、文明水准和政府管理水平，以简单化、一刀切、看似严厉的手段来治理，以期"毕其功于一役"的想法注定无法奏

---

〔1〕 我们对交警为创收有意设立的"交通陷井"常常有所耳闻目睹，例如在一条本来是限速60km/h～80km/h或更高速度的道路上故意设置一个30km/h或40km/h的限速，然后安一个摄像头，而且有的标志不明显或者根本没有标志，目的就是为了钓鱼执法罚款创收。另外，交警部门发现有违章行为并不及时通知当事人，而是在年终车辆年审时来算，但这往往是一笔说不清道不明的糊涂总账。

〔2〕 杜梦雅："闯红灯扣6分新规催生'卖分黄牛'借机捞金"，载 http://www.chinanews.com/fz/2012/10－17/4255865.shtml.

效。片面极端的严刑峻法并不能达到交通善治，反而有可能会催生行政机关为了罚款而罚款的"罚款经济"，迷信以罚代管的结果就是可能使政府忽略对交通的规划、建设、治理等根本性问题。

笔者认为，目前我国道路交通所存在的突出问题主要有：①车多、人多、道路窄，停车位奇缺，交通信号与交通标志混乱情况较为常见。②"特权车"故意违反交通法的情况严重。③行人、电动车、自行车不遵守交通规则乱闯红灯的现象突出。④大货车出交通事故的情况较为普遍。[1]正如有学者指出，在道路交通主体中，除了机动车，还有非机动车与行人，而欧美等国的治理方式之所以高效，在于强化机动车责任的同时，不放任其他道路交通出行者的责任，譬如行人闯红灯也载入个人诚信系统等——如果我们仅仅是强调一方责任，恐怕也很难扭转道路秩序格局，毕竟，马路上不仅仅是开机动车的司机在出行。[2]要求公民严格守法的前提是必须创造良好的守法环境，交通治理需要政府加大对道路基础设施的投入，需要路政、交警与整个社会公众的共同努力，而不是一味的苛求机动车驾驶人员，在罚款、扣分方面下猛药。"重典扣分、惩治违章"虽不乏善意初衷，但如果制度的施行忽略了整个交通环境的客观因素，仅把责任归咎于机动车辆，那么，其所产生的结果不仅难以刹住司机违章的惯性，甚至也可能违背了交通法规"教育为

---

　　[1]　近年来，虽然我国道路交通特别是高速公路交通发展较快，但一个突出的现象是道路收费较为普遍，为此加重了物流的成本，为了交纳昂贵的过路费、过桥费，大货车只能超载，如果不超载就不可能盈利甚至会亏本，超载按规定将被处罚但被查处是有概率的，由此围绕大货车运输实际上已形成了一条"养鱼执法"的潜规则与"食物链"。

　　[2]　邓海建："'红灯6分'何以看起来过狠？"，载 http://www.hnjy.com.cn/node/126928.

主"的执法理念。[1]极端的重罚,在中国这样复杂的交通环境、人文环境下,执行的结果必然是刺激交警部门罚款的积极性,增加权力寻租而已。[2]因此,立法机关在出台法律法规时,不能太强势、太极端,应当慎之又慎,走民主的程序,经过社会公众广泛的、充分的讨论和辩论,充分考量各方面的因素后再做决定,以期制订的内容能切合实际,只有得民心的法律法规才能得到公众的普遍拥护,才会转化为公众自觉的行动。而规则一旦制订之后,就应当严格执行,不允许任何特权例外的存在,亦不得随意变通规则,选择性执法或规则的朝令夕改将严重损害法律的尊严与威信,不利于公众法律信仰的养成。

第四节　转型时期群体性事件的法理思考[3]

近期以来,媒体公开报道了国内发生的一系列群体性冲突事件,例如贵州翁安事件、云南孟连事件、江西铜鼓事件、安徽砀山事件等等。从表面上看,这些群体性冲突事件的发生是孤立的、偶然的,但仔细审视会发现它们具有一些共性:事件发生的原因多数基于基层官民的对立与冲突,且事件的处理过程一般都具有程式化的特点。笔者认为,如何处理这类群体性冲突事件,是新时期对党和政府的执政能力和执政道德的一个严峻考验。由于此类群体性冲突事件的发生、应对与法、法律

---

〔1〕　程思明:"'闯红灯一律扣6分'需当虑及交通环境的客观因素",载 ht-tp://blog. sina. com. cn/s/blog_ 7e452d2f0101b75p. html.

〔2〕　如前分析,规则看上去对所有闯红灯车辆的驾驶人员是一视同仁的,但实际运作中会演变为主要针对的是私家车。

〔3〕　本节发表在《延边大学学报》2009 年第 3 期。

实施、法的实效等有关，因此，从法理角度对其进行剖析，找出根源并寻求解决的途径，以期为当前社会主义和谐社会建设提供有益的参考是十分必要的。

一、群体性冲突事件暴露了转型时期的中国经济、社会发展进程中所隐藏的一些深层次危机

（一）群体性冲突事件折射出政府危机

1. 基层地方政府权力运行脱法失控的危机。群体性冲突事件之所以发生，多数涉及地方政府的公务人员在经济利益驱使下，官商勾结，在征地、拆迁、企业改制重组、移民安置补偿等事务中突破法律规定，滥用公权力，出于权力的自负，不断挑衅民间，甚至突破当地民众容忍的底线。由于群众受侵犯的权利在体制内难以得到有效的救济，受伤害的感情不断积累，遇到偶发事件作为群众长期被压抑的情绪的宣泄口，遂导致群体性冲突事件发生。例如，贵州省省委书记石宗源在总结翁安事件教训时指出，翁安事件"直接的导火索是李树芬的死因。但背后深层次原因是翁安县在矿产资源开发、移民安置、建筑拆迁等工作中，侵犯群众利益的事情屡有发生，而在处置这些矛盾纠纷和群体事件过程中，一些干部作风粗暴、工作方法简单，甚至随意动用警力。他们工作不作为、不到位，一出事，就把公安机关推上第一线，群众意见很大，不但导致干群关系紧张，而且促使警民关系紧张"，"这起事件看似偶然，实属必然，是迟早都会发生的。"[1]

2. 解决冲突的路径依赖危机。群体性冲突事件发生之初，当地政府通常都会发布通告，将事件定性为少数黑恶势力、不

---

〔1〕 万群："用专政手段对待人民岂非咄咄怪事"，载《贵州日报》2008 年 7 月 4 日。

法分子教唆、煽动、操纵不明真相的群众起哄闹事，要求严厉打击不法分子，全力做好稳控工作云云（将事件定性为是对政权的威胁，可以合法采取暴力手段），行文间充满了主客体际思维支配下的训诫语气，而不是通过主体际间平等的沟通、对话来解决冲突。这种把群体性事件简单、模糊定性的思维，反映了在基层官员的思维里传统专政思维的惯性仍然十分强大。后由于事态的严重以及中央政府的介入，一批对事件的发生负有责任的官员被撤职，对事件的总结一般都定性为有关责任官员党性不强、服务群众的意识淡薄，然后开展官德教育活动。事实上，这种程式化的冲突解决模式并未走出传统压制型治理模式下泛道德化、泛意识形态化以及传统中国"对行政权力恣意行使的遏制不是由于公民能够对违法过程提出效力瑕疵的异议，而是借助于高一级行政权力对下级僚属的惩戒予以保障"〔1〕的路径依赖。

3. 政府的诚信危机。事件发生后，在中央政府和中央媒体介入之前，当地媒体经常处于失声或与当地政府一个声调的状态。但与之形成鲜明对照的是，网络上往往却是民意汹汹，民众对官方单方面发布的信息持普遍的质疑和不信任的态度。事实上，民众之所以如此，往往基于自身的经验。由于我国没有西方国家发达的民间协会和私人传媒，民众的信息主要来源于政府，因此，政府公布的信息如果不实，将会对公众的信心构成致命的打击，而这在近年的实践中却是不乏其例的。例如，非典初期，有官员声明"北京没有'非典'"；股市印花税上调前，有财政部官员还在公开声称"不会上调股市印花税"；山西尾矿溃坝事件，当地政府瞒报伤亡人数，不顾当地根本没有降

---

〔1〕 季卫东："程序比较论"，载《比较法研究》1993 第 1 期。

雨的事实，竟然公然撒下弥天大谎声称事故原因在于洪水；三鹿毒奶粉事件中，故意犯罪的企业居然持有"国家免检产品"证书，这不仅是商业信用的破产，更严重的动摇了民众对政府的信任，使政府面临着前所未有的信用危机。

（二）群体性冲突事件的本质是一场社会的法治危机

1. 权力者违法导致法律空转。近年来我国立法一直处在快车道上，当前有关方面已明确宣布我国已初步建成社会主义法制体系，改革开放之初的无法可依的局面已成为历史。但是，现在所面临的关键问题是有法不依的现象大量存在。特别是由于公权力缺乏有效的约束，在逐利目标的支配下，一些地方政府充当企业的保护伞，在企业破坏当地生态资源、污染当地环境、严重侵犯当地群众生命健康权的情况下，不但不予以制止，反而动用公权力对群众合理、合法的诉求予以压制。特别是近年来在征地、拆迁等事件中，一些地方政府与房产商、企业结成利益同盟，动辄动用公权力，突破法律规定，侵犯公民权利。这正应验了学者所言，"权力在社会关系中代表着能动而易变的原则，在权力未受到控制时，可以把它比作自由流动、高涨的能量而其结果往往具有破坏性。权力的行使，常常以无情的和不可忍受的压制为标志；在权力统治不受制约的地方，它极易造成紧张、摩擦和突变。再者，在权力可以通行无阻的社会制度中，发展趋势往往是社会上的权势者压迫或剥夺弱者。"〔1〕

2. 事件处理过程中程序正义的缺失。"程序不是次要的事情，随着政府权力持续不断地急剧增长，只有依靠程序公正，

---

〔1〕〔美〕博登海默：《法理学——法哲学及其方法》，邓正来译，中国政法大学出版社1999年版，第360页。

权力才可能变得让人容忍。"[1]"合理而公正的程序是区别健全的民主制度与偏执的群众专政的分水岭",[2]威廉姆·道格拉斯更是一针见血地断言,"正是程序决定了法治和恣意的人治之间的基本区别"[3]程序正义要求"任何人不得在涉及自己的案件中担任法官"、"必须听取另一方的陈述"。[4]但是,在很多群体性冲突事件中,结论无一不是由官方发布,甚至媒体往往采用的是全国统一的通稿,很难听到参与群体性事件的民众的声音。因此,事件的处理往往会遭到公众普遍的质疑,人们之所以怀疑"真相",主要原因在于事件处理的程序违背了程序正义的原则。

3. 司法的苍白与无能。众所周知,在法治社会中司法是维护社会正义的最后堡垒,司法独立是出自司法权属性的本质要求,只有独立的司法才能保证判决的公正,换言之,司法独立是判决公正的必要条件,虽然独立的司法不能保证所有案件的判决都必然公正,但不独立的司法产生公正则纯属偶然。虽然司法必须独立在法治国家里是一个妇孺皆知的真理,但在我国由于司法改革的滞后,迄今为止,法院的人、财、物都还事实上受制于地方党委和政府,在这种情况下,法院往往被定位为"为地方经济保驾护航"的角色实为必然。因此,大量与地方政府有关的征地、拆迁等类型的案件在当地法院诉讼往往难以得到公正的救济,由于我国司法审判实行的是两审终审制,终使得这些案件的审判难以跳出当地政府所能影响的范围。由于通

---

〔1〕[英]威廉·韦德:《行政法》,徐炳等译,中国大百科全书出版社1997年版,第93页。

〔2〕季卫东:《法治秩序的构建》,中国政法大学出版社1999年版,第51页。

〔3〕季卫东:《法治秩序的构建》,中国政法大学出版社1999年版,第3页。

〔4〕[英]伊·A.马丁编著:《牛津法律词典》,上海翻译出版公司1991年版,第328页。

过诉讼难以获得公正的救济，权利被侵犯的群众往往只能被迫转入非法治化、非程式化、成本高昂、或然性程度高、人治化特色明显的"上访"。亦即，由于司法在解决社会冲突方面的缺位或无能，而使中央政府承担了在一个司法能正常发挥功能的社会里，中央政府本可以无须承担的政治压力，这甚至会产生使执政合法性资源一点一点流失的严重后果。

二、群体性冲突事件发生的直接原因在于基层官民博弈力量的严重失衡

（一）官员权力缺乏有效的约束

1. 体制的不完善，党的领导在实践中往往演变成为各个地方党委书记的个人领导。由于地方的党政官员事实上由上级任命，长久以来，官员们养成了对上而不对下负责的习惯。特别是基层的县委书记，拥有人权、财权和事权，三权独掌，而且一般兼任人大主任，可以动用公安、城管甚至武警等暴力或准暴力力量，事实上其权力处于无有效约束的状态，在所辖区域内处于权力的峰顶，其权力缺乏有效的约束。绝对权力容易导致绝对腐败，因此，近些年来，县委书记一职往往成为腐败的重灾区。甚至有个别县委书记一手遮天，为追求任期内"政绩"最大化，把任职地方弄得环境恶化、民生凋敝甚至民怨沸腾。

2. 权力监督机制失灵。在我国，权力监督机构之多，实为当代世界各国所罕见，这在某种程度上也反映出民众对腐败的痛恨以及党和政府惩治腐败的决心。例如，体制内正式的机构即包括：党的系统有纪委；立法系统有人大及人大常委会；行政系统有监察局、公安、信访等机构；司法系统包括检察院反贪局、法院；综合的有预防腐败局等。但是，体制内监督模式存在以下缺陷：①同级监督模式独立性差，难以奏效。在我国，由于监督部门事实上听命于地方党委和政府，故不可能充分地发挥对后者的监督职责。而上级监督部门又由于距离远，难以了解下级地方的实际情况，故事实上也难以对下级地方进行有效的监督；②在运作方式上，采用的是自上而下的权力主导模式。例如，对于党员干部违法犯罪的查处，往往是在纪委"双规"之后才进入司法程序，这使得司法的威信大打折扣，不利于树立法律的权威。

除了体制内正式的监督机制外，还有新闻媒体的监督、人民群众的监督等等。但是，由于新闻媒体的体制化与地方化，以及人民群众监督无严格的程序性保障、法律化程度低等原因，都难以有效地负担起监督的职责。对于这种缺陷，学者指出，我国的监督是以非诉讼的信访、视察、批评、建议等手段为主的，"这种监督手段生效是以监督对象的自律为前提的，一旦监督对象缺乏自律，法律监督就难以生效。事实恰恰是违法主体大都是缺乏自律的。如能自律就根本不用法律监督。"因此，"这种以非讼形式为主要手段的法律监督其实是建立在自相矛盾的理论之上的：它的成功依赖监督对象的自律，同时监督又以对象的不自律为前提。"[1]

（二）秩序控制模式下社会理性交往渠道的缺失或被阻隔

1. 权力 – 公民场域中理性交往的渠道被阻隔。这主要表现在政府与民众的对话机制被阻隔，"民声"缺少应有的发挥渠道。原因在于：第一，一刀切的官员问责制，事实上起到了鼓励官员压制舆论的作用，官员们出于自保的侥幸心理，出事即本能地拼命捂住；第二，新闻媒体的体制化和地方化，便于地方官员控制当地的信息；第三，法律规定了公民信访的权利，但实践中信访数量却同官员的政绩直接联系，如此非理性的、

---

〔1〕 周永坤：《法理学》，法律出版社 2004 年版，第 478～479 页。

自相矛盾的规定，催生出的一个奇怪的现象是：许多地方政府运用公权力在北京、在省会城市设办事处，派员进驻，专事对本地上访群众进行拦访、截访。另外，《信访条例》规定的信访"属地管辖"原则，实践中直接导致推诿。事实上，正是由于涉及当地官员的利益而无法在当地得到公正处理，群众才会"越级上访"，但"属地管辖"却将上访材料"批转"回地方，正是在不断的来回之间，上访群众的忍耐力到了极限，极易导致暴力性冲突；第四，公民基本权利受到过多的限制。例如，我国宪法确立了公民集会、结社、游行、示威等自由，但事实上工会、妇联、甚至连律师协会、消费者协会、作家协会、各种学术团体等都被纳入了体制内管理，《社会团体登记管理条例》、《集会游行示威法》对公民行使以上宪法自由权利予以了过多限制，实践中难以操作。

2. 资本－劳动场域中理性交往渠道的缺失。我国宪法中迄今尚未确立罢工自由，在市场经济条件下私营经济已占国民经济总量过半的今天其缺陷是非常明显的：当前国内劳资纠纷主要围绕工人要求增加工资、改善劳动条件而展开，并不带有政治色彩，事实上这种诉求往往是合理、合法的，在市场经济国家纯属常见，通过法制化的劳资博弈完全可以正常应对，政府实无必要对之予以包办或干涉。但在秩序控制模式下，工人自愿的结社被禁止，一方面导致资方可以任意践踏劳方的权益，劳资矛盾日积月累；另一方面，由于正常的劳动者团体交涉程序的缺失，劳方只能采用中国式的无序罢工来回答。

3. 社会矛盾解决机制失灵。首先，司法不独立，法院事实上的地方化，在涉及一些征地、拆迁等地方政府所认为的"敏感"案件时，往往不予立案，即使予以立案，这类案件也难以得到公正的判决。由于司法判决不公现象严重，人民群众对司法的认同度较低；其次，社会弱势群体在体制内获得救济的成本太高。例如，《中国农民工维权成本调查报告》显示，为了索要不足 1000 元的工资，完成所有程序，农民工维权需要直接支付至少 920 元各种花费；花费时间至少 11 天 ~ 21 天，折合误工损失 550 元 ~ 1050 元，至于整个社会的成本则至少在 3 倍以上。[1]由于社会矛盾解决机制的失灵，受伤害的群众容易在趋于暴戾化的社会群体心理影响下走极端。

总之，在稳定压倒一切的秩序控制模式下，我国市民社会缺乏必要的成长空间，官与民之间处于直接接触的状态，社会缺乏中间缓冲地带，一出事就把政府推到最前面，事件的处理过程和结果将直接考验政府的政治合法性。而当前的现实情况是，由于传统思维及处理方式惯性的存在，在官民博弈中，官处于绝对的优势地位，民众的自由空间受到挤压。透过众多的群体性冲突事件，可以发现社会群体心理有趋于暴戾化的趋向，这是一个社会断裂的危险信号，必须对之予以深刻的反思。

三、群体性冲突事件发生的深层次原因在于政府偏离市场经济条件下政府的科学定位，导致权威和公信力严重受损

市场经济的基础在于法治，市场经济社会和法治社会好比一枚硬币的两面，两者相辅相成，缺一不可。在市场经济社会里，公民在政治上、法律上享有广泛的权利和自由，公民权利一律平等，政府负有保障公民权利和自由的法定义务。社会经济上的事务主要由市场自由竞争来解决，政府原则上不应过多参与。在市场经济条件下，政府由公民按照各自纳税能力所承担的税收所供养，政府的科学定位应为市场交易规则的供应者

---

〔1〕 佟丽华、肖卫东："中国农民工维权成本调查报告"，载 http://www.zgjy.org/wjzl/wjzlshow.asp？MessageID = 246.

和市场秩序的维护者以及通过税收来调节市场自由竞争所带来的贫富差距，负担起为社会弱势群体提供"生存照顾"的义务。在市场经济中政府应当严守中立，不应有任何自身的经济利益。但是，由于我国市场经济体制的不完善，特别是政治体制改革的缺位、法治的不完善，遂导致政府在履行职能方面经常处于缺位和越位的状态。

1. 政府的越位主要表现为：①在计划经济时代的"先生产、后生活"的传统观念的主导下，不顾一切保增长，集中一切资源用于拉动增长，成为政府的主导思维。"这种思维本质上是一种战争思维，它把发展经济当作一场在总量上赶超竞争对手的经济战争。"[1]在这种政府主导经济发展的思维支配下，以及在片面的经济发展政策导向下，各地政府纷纷热衷于"招商引资"，甚至充当企业的保镖，不惜以牺牲当地环境、破坏生态资源为代价去追求 GDP 的增长；②由于我国分税制度存在的缺陷，中央政府对地方政府剥夺过多，地方财政上难以为继，一些地方政府转而依靠"卖地财政"来维系运作，长久以往遂形成与房产商、企业的利益共进退的关系，由于公权力约束的不到位，在利益催使下容易产生官商勾结的问题。特别是，国务院颁布的《国有土地上房屋征收与补偿条例》不分"公共利益性拆迁"和"商业性拆迁"，一概由政府负责拆迁，使得地方政府为企业、房地产开发商"保驾护航"变得"有法可依"，在公开报道的众多暴力性征地、拆迁事件中大都可以看到一些地方政府的影子；③违反行政伦理，利用公权力直接谋利。长期以来，在中国"吃饭财政"现象严重。由于冗员过多，许多政府职能部门设机构，但是财政却不全额拨款，甚至全部由收费、罚款

---

〔1〕 笑蜀："经济增长不能以人为代价"，载 http://blog. infzm. com/space/? 85/action_ viewspace_ itemid_ 1295. html.

来解决，称"设机构，给政策"。在具体渠道上，或者为自收自支，或者为收支两条线，超收奖励、罚款分成。在这种情况下，一方面导致相关职能部门产生并维护自身的部门利益，同时利用我国"部门立法"模式的弊端，使得"部门利益化，利益法制化"，立法在一定程度上丧失公平正义的品质，沦为维护部门利益的手段，同时也使得部门利益因此尾大不掉甚至形成阻碍改革的利益集团；另一方面，众多部门竟然堂而皇之地存在"收费指标"、"罚款指标"，执法活动在相当程度上被商业化，由此而导致乱象环生的景象。试举公路交通为例：有学者指出，由于权力的垄断，在国内的一些大城市里，出租车行业已演变为一种畸形市场化的特殊行业，只有官方特许的公司才可以经营。出租车公司把车租给司机，收取高额的一次性押金，然后每月收取租金，出租车公司对司机的剥削，一般都达到了80%，甚至更多，实际上，只要获准开办出租车公司，基本上什么都不用做，就可以凭空每月收取大笔的租金。出租车公司像吸血鬼一样的盘剥才是当前许多城市出租车司机"罢工"群体性事件频发的真正原因所在。[1]另外，从公开报道的情况看，选择性执法、诱使他人违法而进行罚款的"钓鱼执法"大量存在。各地公路收费站林立，运输成本高昂，公路运输超载罚款，不超载亏本，但由于超载被罚具有或然性，其发生有一定的概率，因此，许多运输者不得不被逼超载。法之违反，其根源竟然在于政府的竭泽而渔；不得不发人深思并引起执政者警惕！[2]

2. 政府的缺位表现在：片面追求效率，忽略了公平，部分

---

〔1〕 张鸣："去掉吸血鬼，出租车问题才能解决"，载 http://blog. sina. com. cn/s/blog_ 4ac7a2f50100bdrz. html.

〔2〕 "货车司机愿出资两万邀领导视察，称守法必然亏损"，载《中国青年报》2008 年 10 月 9 日。

出台的社会政策过度不公，整体上忽视了对社会弱势群体的生存照顾义务，财政支出直接投放到教育、医疗等方面比例过低，社会保障与社会福利供应严重不足，导致社会贫富悬殊、两极分化现象严重，我国基尼系数在 2007 年已经达到 0.48，已经远远超过了主要的资本主义国家，甚至超过了一向被认为"贫富差距很大"的基尼系数基本维持在 0.41 左右的美国。住房难、看病难、上学难成为人民群众的"新三座大山"，社会大众未能充分地从经济发展、GDP 高速增长中享受到应当享受的利益。

由于一些垄断行业、部门以及地方政府和经济利益过多地纠缠在一起，故在出台一些重大的、与国计民生有关的政策时，往往不能充分考虑民众的意愿，甚至部分政策逆民意而为。例如，举民众反映强烈的汽油价格来说，近年来，中国汽油价格一直处于不断上涨的态势，国际石油价格上涨，国内的汽油价格立即跟着上涨，名为"接轨"。可是，当国际汽油价格下降时，国内的汽油价格却并不"接轨"而下降。又如，当前民众苦于房价过高久矣，一个基本的常识是：作为商品，房价起落属正常市场行为，政府本不应对之过多操心。但是，由于近年来很多地方政府财政上过多依赖"卖地财政"，故不愿意房价下落，于是一些地方政府纷纷出台房产"救市"政策，此举违反了行政伦理，严重伤害了民意，对社会道德、政府的公信力构成公然挑战。事实上，当前群体性事件之所以频发，当从此寻找深层次的根源。

四、厉行法治，走出传统中国"威权主义与黄宗羲定律"怪圈

当前，在中国发生的群体性冲突事件并未突破传统的"威权主义与黄宗羲定律"〔1〕的命题范围。在该命题下，几千年来中国历史一直在周期震荡中循环，每当社会财富积累到一定程度，每当社会文明积累到一定程度，社会情绪的极端和暴戾以及社会矛盾和冲突也随之发展到顶点，然后马上来一次大的震荡，把几乎所有积累一扫而光，接着一切从头开始，从零甚至是从负数开始。〔2〕值得我们思考的是：我们有理论上最先进的制度，有宪法、法律及完备的法律实施机构，但为什么宪法、法律会空转？那种出了事后靠严惩个别腐败官员、然后组织官员进行政治学习等传统应对的方式实践证明其效果有限。笔者认为，必须直面民意，在深刻反思的基础上，理性对待、积极回应各类社会群体利益诉求的表达，通过现代性的观念与制度变革，踏踏实实的厉行法治，才能使中国最终走出传统的"威权主义与黄宗羲定律"怪圈，舍此之外，别无他途。

（一）改革传统观念

1. 从秩序至上到人权至上。去除传统国家主义观念影响，确立国家仅具有工具性价值，人权才是核心和最终目的的现代法治理念，以及确立保护公民依法维权就是保护法律的尊严、保护社会的和谐与稳定、保护党执政合法性资源的理念，尊重并切实保障公民的宪法基本权利，实践《宪法》中"国家尊重和保障人权"的庄重承诺。

2. 从压制型治理到自治型治理。在自治型治理模式下，政府无须大包大揽，越是离民众近的事务，越是应当通过民众自治来进行，因为只有民众自己才了解自身的需求和偏好。全能的"家父主义"政府不可避免地会出现由于包揽过多而造成的

---

〔1〕 李炜光："威权主义与黄宗羲定律"，载《经济活页文选》2003年第4期。

〔2〕 笑蜀："警惕社会情绪趋于极端和暴戾"，载《经济观察报》2008年10月18日。

冗员过多、效率低下、腐败现象。实行自治型治理，由于大量的社会性事务由社会自治团体完成，这样可以为政府机构改革挪出空间。同时，伴随着自治型社会的建立，我国的公民社会与公民文化、宽容、和谐的社会氛围势必得到进一步培育和发展，这样可以为整个的政治体制改革创造必要的空间。

3. 从无限政府到有限政府，"假如我们相信政府具有永远正确的秉赋且永远不会走极端，宪法便没有必要设定这些限制了。"〔1〕因此，应当放弃计划经济年代秩序控制模式下政府包办一切的习惯性做法，政府的一切行为必须严格地受到宪法、法律的约束，奉行中立、谦抑原则，回归市场经济条件下政府的科学定位。

4. 从效率至上到公平至上。在当前掠夺式的经济发展模式下，经济增长衍生出很多社会矛盾和社会问题，给社会安定带来很大的危害。因此，必须转换思路，将重点放在发展社会保障、提供社会福利方面，改变社会分配严重不公的现状，重塑社会的公平与正义，以化解当前日趋激烈的社会矛盾。

5. 摆脱传统意识形态的束缚。第一，党的领导不等于地方上某个具体党员干部的个人领导，体制上要保证党中央的权威，制度设计上要做到权责必须平衡，防止官员在地方上独大而滥用权力；第二，权力分立在当代世界被称为优越的"自由主义的政治组织之原理"，〔2〕因此，它并不是资产阶级的专利，其中所蕴藏的公理性成份完全可以成为制度建设借鉴、参考的对象；第三，去除公务员性善论的制度前提预设，制度设计从人性出发，

---

〔1〕　[法]贡斯当：《古代人的自由与现代人的自由》，阎克文等译，商务印书馆1999年版，第11页。

〔2〕　[日]芦部信喜：《宪法》，林来梵等译，北京大学出版社2006年版，第261页。

"假如不把人预设为恶人，任何人都不可能为一个共和国制定宪法或法律"，"不信任是每个立法者的首要义务。法律自然不是用来反对善的，而是用来对付恶的，所以，某个法律对它的接受者预设的恶行内容越多，其本身反而显得越好"；[1]第四，从政治性思维转换到法律思维，依靠公正的执法和司法来解决社会纠纷与冲突，这要求政府应当摈弃长期以来所奉行的那种充当社会万能"保姆"角色的观念及做法，避免成为社会矛盾的漩涡中心，应当将自身定位在地位中立的社会纠纷调停者的角色；第五，转换革命战争时期所形成的阶级斗争惯性思维，抛弃暴力性宣传。中华人民共和国建立后，中国共产党已由革命党转变为执政党。众所周知，革命党的合法性基础在于特定历史条件下，在国民党反动统治下人民有武装革命的权利；而执政党的合法性则在于宪法、法律的确认、授权以及人民对党执政的普遍认同。因此，角色的转变，必然带来工作重心的转变，新时期的工作应当围绕加强党的执政能力，维护社会的公平、正义，提高党的执政合法性而展开。

（二）突破解决冲突的传统路径依赖

当代世界，由于互联网、通信技术的发展与普及，政府、环境的资讯充分暴露于网络通讯中，决策的速度、品质势必受到前所未有的挑战，传统的政府包办一切、垄断资讯、单方面公布信息的做法，势必引起公众的质疑，当公众质疑累积到相当程度将可能造成合法性危机。按照发展社会学的观点，人均GDP 在 1000 美元到 3000 美元的区间，是社会矛盾凸显期。当前，我国正处于这一阶段，社会矛盾由隐性转为显性而直接暴露在公众视野之中。如何处理群体性冲突事件，直接影响到社

---

〔1〕〔德〕拉德布鲁赫：《法律智慧警句集》，舒国滢译，中国法制出版社2001 年版，第 12 页。

会主义和谐社会建设的成效，因此，突破解决冲突的传统路径依赖极为必要。

1. 在处理群体性冲突事件过程中，不但要公正，而且要让人们明白无误地、毫不怀疑地看到在主持公正，原因很简单，公正来源于信任。"正义不仅要被伸张，而且必须眼见着被伸张。这并不是说，眼不见则不能接受；而是说，没有公开则无所谓正义"。[1]因此，应当改变当前对群体性冲突事件的调查、鉴定由政府部门一手包办的现状，为保证事件调查、鉴定结果的权威性、公正性，必须建立一个独立、透明的事件调查、鉴定的机制，整个事件的调查、鉴定完全由独立的第三方来负责实施。对于有重大影响的群体性事件的调查，应当由全国人大常委会组织特别调查委员会来进行。在调查、鉴定的过程中，应当平等地听取双方的声音，同时按照《政府信息公开条例》的规定，及时公开信息，接受媒体的公开监督。

2. 对于事件的处理，地方政府在维持社会秩序稳定的同时，应当保持中立，对群体性事件的最终处理通过公开、公正的审判进行，允许媒体进行公开的报道，让所有人知道事件的真相，"阳光是最好的防腐剂"，如果一切都能够在阳光下运作，相信人民的信心、信任感也会不断地增加，社会的基本共识亦会得以重建。

（三）保证社会理性交往渠道的畅通

1. 当前一刀切的官员问责制弊端明显，往往驱使官员出于自保目的而封锁信息。因此，有必要将行政首长问责纳入法制化渠道，充分保障公众的知情权以及被问责官员的实体及程序性权利，在分清责任的基础上进行问责。

---

〔1〕〔美〕伯尔曼：《法律与宗教》，梁治平译，中国政法大学出版社 2003 年版，第 20 页。

2. 只有公民充分地行使表达自由的权利，才能使下情及时地上达，形成公民与政府之间良性的互动关系。因此，必须认真对待权利，认真对待宪法，放松具体法律、法规中对公民宪法基本权利的限制，保障公民集会、结社、游行、示威的自由，同时宪法中有必要确立公民罢工自由等权利，保障劳动者团结起来和资方进行谈判协商、平等博弈的能力。此外，尽快制定新闻法，充分保障新闻自由，同时新闻媒体必须在体制上进行改革，摆脱地方化控制。

3. 从人性的角度出发，取消"越级上访"的禁止性规定。同时，信访机构的科学定位应当还原为一个下情上达的信息传递机构，而非纠纷解决机构。[1]

（四）政府权力产生与运行法治化

美国著名经济学家曼瑟·奥尔森在其名著《权力与繁荣》中，指出经济成功需要两个必要的条件，一是要有对所有人都稳定的且界定清晰的财产权利和公正的契约执行权利，另外一个是没有掠夺行为。他认为，一个政府，如果有足够的权力去创造和保护私有产权并去强制执行合约，而且受到约束不去剥夺这些个人权利，那么这样的政府就是"强化市场型政府"，只有这种"强化市场型政府"才能保证经济的持久繁荣与社会的稳定。笔者认为，所谓"强化市场型政府"实质就是法治化的政府，当前我国市场经济改革进一步走向深入，以及经济的繁荣与社会的稳定，迫切需要权力产生与运行的法治化。

1. 改变官员事实上的行政任命方式，使权力产生真正做到民主化。为此，必须进一步完善我国人民代表大会制度，扩大直接选举的范围，降低人大代表中官员的比例，减少全国人大

代表的人数以提高效率，逐步实现人大代表的专职化，以提高其参政议政能力及明确其参政责任。

2. 完善我国财政制度。①大力进行政府机构改革，坚决裁撤冗员，彻底告别"吃饭财政"的现状，减轻人民的负担；②政府机构公务人员由财政全额供养，严禁通过罚款、收费谋取部门私利。废除相关罚款、收费单位"提成"的财政制度规定，执法行为必须与执法部门、具体执法者的利益完全隔绝；③税收在中央与地方分配是极严肃的宪法问题，属宪法保留内容，因此，有必要从宪政的角度重新审视我国分税制，从地方事务与财权统一、从财政收入与支出两方面一并考量来完善分税制度，加大地方法定的税收分配比例；④完善罚款、收费制度。目前，按照《行政处罚法》第2章"行政处罚的种类和设定"中的规定：在我国，法律、行政法规、地方性法规、部门规章及地方性规章均可设定罚款行政处罚，但是该法对设定罚款行政处罚的原则、条件及限制等却缺少必要的规定。至于收费，从法律性质上，收费具体可以分为规费（行政规费与使用规费）、受益费、特别公课三种类型，目前在我国尚缺少统一的"规费法"予以调整。由于立法的不完善，导致实践中乱罚款、乱收费现象极为严重。笔者认为，由于罚款、收费涉及对公民宪法财产权的侵犯，属于法律保留的内容，必须以全国人大或全国人大常委会通过的法律作为依据，法律可以授权行政机关制定具体的规定，但授权必须符合明确性原则，而不能采用概括性授权。

3. 政府在出台有关国计民生的政策时，必须充分尊重民意。众所周知，中国改革一开始就是自上而下的权力主导型改革，客观上造成制定的游戏规则有利于利益集团。这种状况必须予以改变，政府在出台政策时，一方面，政策的内容要接受伦理正当性的拷问，即必须符合公平、合理的原则；另一方面，政策出台的程序要符合正当法律程序，即保证决策程序的公开、透明以及保证公众的广泛参与。具体而言，决策的有关内容应当提前向社会公众公布，决策应通过代表民意的人大表决，或通过召开具有广泛代表性的听证会来进行。唯有如此，才能使决策具有民主正当性，获得人民群众发自内心的支持和服从，减少执行政策的成本。

4. 政府依法行政。马克斯·韦伯指出，在理性化方面取得进步的社会中，"合法的"统治权威必须是"非私人"的，它需要恪守统治规则和制度程序。"如要使'法律规则'得以坚持，宪法就必须确保任何人都不能凌驾于法律之上。拥有政治权力的人必须同受其权力管辖的那些人一样服从法律程序。这一点对于从法律上保护包括人权在内的各种权利来讲，其重要性十分明显。"[1]而事实上，"强制私人尊重法比较容易，国家在此可起举足轻重的仲裁人的作用，而强制国家尊重法比较不易，因为国家掌握着实力"。[2]因此，必须完善权力监督机制，完成从人治型到法治型模式的转变，具体而言：①完善权力之间监督和制衡的分权机制；②必须保证权力监督部门的独立性；③权力监督通过诉讼的法治化方式进行；④保证新闻独立与自由，充分发挥法治社会中"第四种权力"的监督作用。

（五）通过司法来维护社会的公平、正义，最终整合社会

在法治社会里解决纠纷的地方是法院，而不是其他机构，

---

〔1〕［英］A. J. M. 米尔恩：《人权哲学》，王先恒等译，东方出版社1991年版，第295页。

〔2〕［法］勒内·达维德：《当代主要法律体系》，漆竹生译，上海译文出版社1984年版，第74页。

"司法使法律降临人间",〔1〕法院代表着法律,象征着公平与正义,法院负有保障法律的正确、有效的实施的责任,通过保障权利、对任何侵犯权利的行为进行矫正和惩罚、让被侵犯的权利得到及时救济来维护社会的公平、正义。同时,司法作为一个缓冲带,其有效运转可以及时化解掉社会中的大量冲突,缓和对立情绪、消解社会矛盾,负有在现代多元社会里整合社会,防止社会分裂,防止由于政府直接介入冲突解决过程而使官民之间直接产生冲突从而使冲突有可能转化为政治问题,以及防止在这种情况下由于冲突解决不公而影响政治制度合法性之责。当代中国,正处于急剧转型时期,多元利益与多元思想并存,各种冲突大量涌现,矛盾错综复杂,透过群体性冲突事件,可以看到当前社会阶层在扩大,社会存在断裂的危险。因此,通过司法及时地、公正地解决纠纷,化解民怨,医治社会的创伤,整合社会利益冲突,以达到基本的社会共识构成当前社会主义和谐社会建设的主题任务。笔者认为,为达此任务,应当充分地发挥法院的功能。而充分发挥法院功能的前提在于必须进一步深化司法改革,通过司法公正来树立法院的权威。

1. 司法独立。"法治诞生于法律机构取得足够独立的权威以对政府权力的行使进行规范权力的时候。"〔2〕"没有这种独立,就无法防止立法权力和行政权力的滥用,也不能防止强化行政权力的强制力量的滥用。"〔3〕司法独立作为当代司法的一项基本原则,已成为当代世界宪法性惯例,其价值为文明社会所公

---

〔1〕　[德]拉德布鲁赫:《法学导论》,米健等译,中国大百科全书出版社1997年版,第100页。

〔2〕　[美]诺内特、塞尔兹尼克:《转变中的法律与社会》,张志铭译,中国政法大学出版社1994年版,第59页。

〔3〕　[英]A. J. M. 米尔恩:《人权哲学》,王先恒等译,东方出版社1991年版,第294页。

认。在司法独立问题上，必须去除那种将司法独立和党的领导简单地对立的观点。在我国，党的领导是政治领导，党的方针、政策通过转化为法律而为全国人民所遵守，而法院审判则是通过具体适用法律来贯彻党的方针、政策，只有独立的司法才能更好地适用法律，而更好地适用法律本身就是在更好地执行党的方针、政策，因此，司法独立与党的领导并不矛盾，两者实质上是统一的。我国建设社会主义法治国家，保证司法独立属当然的题中之意。因此，必须在制度上保障司法体系独立于政府体系而运行，同时接受公众舆论及人大等权力机构的法治化制约。在制度上保障法官身份的独立，使法官在判决时能无需顾虑任何外在的压力，做到只服从法律和良心，作出公正的判决。

2. 建立司法违宪审查制度。众所周知，宪法是国家的根本大法，它以限制政府权力与保障公民权利为核心内容，规定了各项国家最基本的制度，是治国的总章程。同时，就功能而言，"宪法的功能不同于位阶在宪法之下各种法律，宪法不但明定立法者之裁量范围及界限，同时对于不同法律间因不同之评价标准所造成之漏洞与差异，负有整合及统一之功能。"[1]《中华人民共和国宪法》具有最高的权威，必须被严格遵守。为此，必须建立相应的宪法保障机制。现代法治国家的实践证明，"违宪审查制度乃是宪法保障制度中的一个主要的，最具有实效性的机制"，[2]当代世界各国，违宪审查方式有多种，但通过司法（宪法法院或普通法院）进行违宪审查是普遍的、行之有效的制度。对于司法违宪审查的意义，学者指出，"如果没有独立的、拥有司法审查权的、容易接近、能实施这些权利的司法机关，

---

〔1〕 葛克昌：《税法基本问题》，北京大学出版社2004年版，第3~4页。
〔2〕 林来梵：《从宪法规范到规范宪法》，法律出版社2001年版，第321页。

那么，包括平等权在内的基本权利保障就只是一堆空洞的浮词丽句"。[1]当前在我国，宪法规定由全国人大常委会监督宪法的实行。但遗憾的是，迄今违宪审查程序尚未被启动过，这与政治生活及社会生活中大量存在的违反宪法现象得不到纠正的现状形成了鲜明的对照。因此，借鉴法治国家的做法，建立我国司法违宪审查制度显得十分必要。

第五节　维稳陷阱及其破解之道[2]

改革开放以来，我国经济发展取得了举世瞩目的成就。经济体制的变革带来了社会结构、利益格局深刻的调整和思想观念的深刻变化。但是，由于政治体制改革的相对滞后，各种具体利益矛盾，特别是公权力与私权利之间的冲突难以避免地大量表现出来，导致群体性事件频发。在"稳定压倒一切"的惯性思维以及自上而下层层加码的"稳定"考核硬性指标压力下，目前在某种程度上，维稳已成为悬在地方官员头上的达摩克利斯之剑。清华大学课题组在一份研究报告中指出："各级政府将大量的人力物力财力用于维稳，但社会矛盾和社会冲突的数量非但没减，反而不断增加，在某种意义上已经陷入'越维稳越不稳'的恶性循环"。[3]笔者认为，能否成功突破维稳陷阱，直接关系到党的执政能力、民主法治建设和社会的长治久安，

---

〔1〕　〔美〕路易斯·亨金、阿尔伯特·J.罗森塔尔：《宪政与权利》，郑戈等译，三联书店1996年版，第135页。

〔2〕　本节发表在《理论导刊》2011年第11期。

〔3〕　清华大学课题组："以利益表达制度化实现长治久安"，载《领导者》2010年第4期。

必须予以高度重视。

一、地方官员陷入维稳陷阱

近年来，社会稳定问题牵动着整个社会的神经，特别是各级官员更是高度紧张。学者孙立平指出，稳定问题之所以成为关注的焦点，与长期以来在我们社会中形成的一种"不稳定幻像"是有直接关系的。而所谓的不稳定幻像，其实就是一种以为社会矛盾很多、很严重，发生社会动荡的可能性很大的主观感觉。这种"不稳定幻像"是导致社会稳定问题泛化的一个重要因素。[1]

在"不稳定幻象"的支配下，自上而下各级政府如临大敌，把本来是正常的利益诉求当作不稳定因素，把本来不是敌人的人看成是可疑分子，限制他们的自由，维稳事实上确已压倒了一切。对于目前的维稳模式，学者于建嵘认为是一种被动的、压力型维稳，具有"重视事后处理胜过源头预防；重视基层，注重'实战'；政绩考核功能异化；成本高，投入大；基于短期利益考量"等特点。[2] 笔者认为，具体展开，当前维稳主要呈现以下特点：①机构上实现体制化。近年来，各地纷纷成立了"维稳办"、"综合治理办"、"应急办公室"等机构，建立了信访、公安等部门的联动机制，由地方重要领导亲自担任负责人，采取"首长挂帅"、"全民动员"、"政治运动式治理"的领导方式。只要进入"敏感时期"或者遇到"敏感事件"，一些地方政府就会开展大规模的政治动员，一切都要给维稳让路。②内

---

[1] 孙立平："'不稳定幻象'与维稳怪圈"，载《人民论坛》2010年7月（上）。

[2] 于建嵘："从刚性到韧性，变'维稳'为创稳"，载《南方都市报》2010年4月4日。

涵上任意扩大。在维稳问题上，地方政府兼为游戏规则的制定者、执行者与监管者，对稳定的内涵常常做扩大解释，对于只要可能影响地方政府"形象"或主要官员仕途的公共事件，往往当作影响"稳定"的事件来对待，甚至将其上升到政治高度，动用公权力予以打压。事实上，稳定已被泛化，成为一些官员不作为、乱作为的借口。③认识上奉行简单的对立思维。当前一些地方政府维稳思维的一个最大误区，就是将民众的利益表达与社会稳定对立起来，把公民正当的利益诉求与表达视为不稳定因素。④目的上掩盖矛盾。上访、群体性事件等背后的原因通常比较复杂，一些地方官员往往并没有把精力花在解决问题上，而是尽一切办法隐瞒，不让上级知道。⑤手段上软硬兼施。即采取"胡萝卜加大棒"的方式，一方面，"花钱买平安"，近年来随着各级政府财政逐渐宽裕，各级政府普遍设立了"维稳基金"，"花钱买平安"遂成了一些地方政府处理问题的首选方式。另一方面，对于一些"钉子户"或参与人数较多的群体性事件，由于不好花钱或花钱"摆不平"，则采取硬压的方式，在堵与疏手段选择上，选择简单化的堵。

事实上，目前各地已经形成了几乎固定的维稳模式：对于群体性事件、矿难等天灾人祸引起的公共事件，地方政府首先想到的与采取的措施就是掩盖真相，花钱买平安，尽快处理，维稳已成为一些地方官员隐瞒事故的遮羞布。这种维稳是被动的、消极的、"灭火式"的维稳，其短时间内有效，且操作简单易用，但治表不治里，作为不稳定内在因素的社会矛盾只是被暂时压抑，并未消除。这种模式一旦形成，在"路径依赖"的作用下，将进一步封闭并自我强化。当前，一些地方政府在某种程度上已经陷入了手段与目的之间的本末倒置，把本来只是一时手段的维稳当做了目的，导致维稳扩大化、产业化，法律的尊严，社会的正义，都让位于稳定。但维稳不但没能带来稳定，反而增加了紧张与敌对情绪，结果就是进一步增加维稳的人员和经费，形成恶性循环，从而深陷其中难以自拔。

二、维稳陷阱如何形成——地方官员的行为逻辑

维护社会稳定固然重要，但如今却被一些地方政府歪曲、篡改，成为欺上瞒下的幌子，上面说稳定压倒一切，一些地方政府就用稳定把一切压倒。[1]这种治理和行政层面的稳定问题被泛政治化，杀鸡取卵、不惜一切代价的维稳行为方式，不仅严重增加成本，而且会破坏全社会的是非观、公正观等价值理念，削弱了政府公正的形象，非但不能维持长治久安，反而加速了社会基础秩序和社会价值体系的失范，这明显与政策制定时候的基本原则相背离。[2]但问题是，为什么地方官员普遍选择如此荒谬的方式？

必须承认官员是理性人，在给定的时空、制度前提下，必然会权衡各种利害得失，在制度缝隙中选择对自身最有利的方式来进行。社会稳定归根结底要靠缩小贫富差距、建设公平正义的民主法治社会来实现，但这是投入大而见效慢的艰难工程，而且还受制于宏观层面的国家体制。在"稳定压倒一切"已经成为我们多年的惯性思维，"稳定"已被泛政治化的背景下，片面维稳现象看似荒谬，但实则合理，是地方官员的制度理性选择。

事实上，在现行体制中，地方官员主要关注两个方面的问

---

〔1〕 晏阳："'瞒报维稳'是最可怕的'疫情'"，载《浙江人大》2010年第10期。

〔2〕 孔祥勉："'天价维稳'现象的政策浅析"，载《改革与开放》2011年第6期。

题。其一是积极方面的发展经济，具体则表现为提高 GDP 数字，这关涉政绩，直接影响地方官员的升迁。其二是消极方面的确保在其任内"不出事"，而这根神经近年来越绷越紧，其原因在于：近年来，中央高度重视社会稳定问题，例如《关于实行党政领导干部问责的暂行规定》（中办法〔2009〕25 号）即规定了群体性、突发性事件处置失当造成恶劣影响的官员将被问责。中央强调稳定的出发点在于以此来约束基层官员的不当行政行为，但在具体执行过程中，却出现了自上而下层层加码的现象，一些地方甚至要求所辖地区实现"零上访"、"零群体性事件"，并在对官员的考核中实行"一票否决"。事实上，这种刚性维稳在实践中已经异化成为维稳压倒一切的现实考量，在"领导包案"、"属地管理"下，很多基层官员不得不用极大的精力来应付与维稳相关的事项，对稳定问题过度的敏感已经带有强迫症的特点，特别是在每年的"两会"或重大节日、国家重大活动等"敏感时期"，地方官员的神经更是高度紧张。

　　鉴于官员是被上级而不是被本地民众考核，于是所谓"不出事"就被进一步异化为"不被上级知道出事"。这个逻辑发展的必然结果就是：一些地方政府往往并不是去解决实际问题（事实上，客观来讲，有很多问题涉及深层次的体制问题，确实不是地方政府所能够解决的），而是不择手段、不惜代价去维持一种表面上的、虚假的稳定。特别是，《信访条例》规定不得"越级上访"，周永康在加强维稳的工作的报告中提出"小事不出村，大事不出乡，矛盾不上交"的要求，虽然其本意均在于强调从基层预防、将矛盾在基层尽快解决，但实践中往往却成为地方官员不作为、乱作为的"尚方宝剑"。地方官员通常采取的手段主要有：①隐瞒。极力隐瞒征地、拆迁、病情疫情等可能引起"不稳定"的事件，近年来，从紫金矿业污染瞒报到

"金浩"问题茶油瞒报再到信阳蜱虫疫情瞒报,"维稳"已经成为瞒报的最佳理由和托词,"瞒报维稳"似乎已经成为"先进经验"被各地政府纷纷效仿。[1]②打压。对上访群众采取截访(甚至雇用所谓的保安公司来"暴力截访")、销号(即用财政资金"攻关"上级信访机构,使其拒绝给信访者登记,或者从记录中抹去上访登记,不将其列入统计通报范围)、办"信访学习班"、罚款、拘留、劳教、判刑、连坐、关精神病院等控制手段压制上访人员。③收买。即"花钱买平安"、"人民内部矛盾人民币解决",无原则地妥协、让步,息事宁人。综上,本意在于约束地方官员不当行政行为的政策,实践中竟然异化为一些地方官员不作为、乱作为的借口。事实上,我们可以从中看出,一些地方官员如此作为,稳的不是民心,而是其自身的权力、政绩与地位。

地方官员如此违法胡乱作为,为何能畅行,以致成为一种普遍的形象?原因在于:①地方官员事实上由上级任命,听命于上级而无需顾及本辖区居民的选票,因此对上而不对下负责为常态。虽然我国有众多的权力监督机制,但都存在独立性不强的缺陷,难以有效的发挥监督作用。②中央与地方信息不对称。我国是中央集权的单一制国家,在权力结构上地方政府处于劣势,但是由于在地理上中央政府离地方较远,而中央的各项政策又必须通过地方官员来贯彻执行,与中央政府相较,地方政府具有信息上的优势。由于新闻管制以及地方新闻媒体体制化与地方化,使得其难以有效地揭露本地区问题。因此,容易发生"代理人危机",事实上"上有政策,下有对策"一直是我国官场的痼疾。③对片面维稳的官员问责乏力。实践中,

---

[1] 晏阳:"'瞒报维稳'是最可怕的'疫情'",载《浙江人大》2010年第10期。

对于发生群体性事件等稳定问题的问责是钢性的，但对于隐瞒这类事件的问责却很乏力，例如像湖南省质监局对"金浩"问题茶油瞒报这样的劣行，竟然至今都没有一个说法，更没有问责的迹象。在这种情况下，"瞒报维稳"遂难免成为官场的"传染病"。

三、维稳陷阱的危害

实践中，层层加码、严格的维稳考核机制已被严重异化，使一些地方政府对稳定问题产生过敏性反应，遂导致乱政昏政迭出，其危害巨大，主要表现在：

1. 掩盖矛盾。一些地方政府所采取的无论是打压还是收买的维稳手段均超越了法治的范围，动用警力等专政工具压制和牺牲了弱势群体的利益表达，而"花钱买平安"式的临时性的安抚措施，往往仅凭负责官员的个人判断，其所体现出的政府行为明显缺乏原则性和规范性，这种"权宜性治理"方式已经脱离了法律轨道。"往往忽视、扭曲甚至排斥法律的作用"。[1]这种靠牺牲公平正义与法律尊严的所谓维稳，只能遮掩矛盾和问题，从而导致矛盾不断积聚。

2. 压制维权。现有稳定思维的最大误区之一，是将民众的利益表达与社会稳定对立起来，将公民正当的利益诉求与表达视为不稳定因素。[2]一些地方官员动辄利用专政的手段打压维权，甚至限制律师对维权群众的法律援助，例如，2011 年温州7·23 动车事故发生后，在事故的抢救、善后过程中，温州司法

〔1〕　清华大学课题组："以利益表达制度化实现长治久安"，载《领导者》2010 年第 4 期。
〔2〕　孙立平："'不稳定幻像'与维稳怪圈"，载《人民论坛》2010 年 7 月（上）。

局、温州律协即下达了《关于加强"7·23"动车事故法律处置报告工作的紧急通知》，要求"所有接到寻求法律帮助要求的律师所和律师，在第一时间向市局律管处和律师协会报告，不得擅自解答与处置"。[1]

3. 挤占民生。近年来，各地维稳的人、财、物投入惊人，且处于不断攀升的态势。有数据显示：拥有 170 万人口的山西太原市，有人民调解委员会 2622 个，调解员 18 442 人；广西贵港县乡两级维稳工作平台有专门从事维稳工作的人员 600 多人、村级维稳信息员 3500 多人。[2]巨额的维稳经费已成为沉重的财政负担，据公开信息，广州市 2007 年社会维稳支出 44 亿元，超出当年社会保障就业资金 35.2 亿元许多。就全国范围来看，权威数据显示，2009 年维稳财政预算执行情况令人震惊：全国内保费用达到 5140 亿元，已接近军费的数额，中央公共安全支出增幅达 47.5%。[3]2011 年中国公共安全预算为 6244.21 亿元，高于国防预算的 6011.56 亿元。[4]维稳资金挤占了民生份额，致使官民矛盾更加激烈，于是又得增加维稳资金，形成恶性循环，维稳遂成为财政投入的"无底洞"。

4. 鼓励闹事。目前"头痛医头，脚痛医脚"、得过且过、息事宁人式的维稳机制，所产生的一个后果就是"大闹大解决、小闹小解决、不闹不解决"，其实就是鼓励大家去闹事。地方政府"饮鸩止渴"式维稳，在花钱买平安的心态下，经常会做一

---

〔1〕 邓杭："温州律协就禁止律师帮助受害者家属言论致歉"，载《京华时报》2011 年 7 月 29 日。

〔2〕 熊传东："'天价维稳'的无底洞有多深?"，载《光明日报》2010 年 6 月 9 日。

〔3〕 熊传东："'天价维稳'的无底洞有多深?"，载《光明日报》2010 年 6 月 9 日。

〔4〕 徐凯等："公共安全账单"，载《财经》2011 年第 11 期。

些无原则的让步，甚至还发生了众多啼笑皆非的荒唐事情。〔1〕一位在基层从事维稳工作的官员指出："大量事实证明，若以非法制化手段来解决问题，也许暂时可以取得维护稳定的效果，但是由于地方政府在维稳过程中存在诸多争议行为，这会助长一些民众不闹不解决的心理预期"，"表面上看起来原有的矛盾暂时化解了，但更多矛盾又会接踵而来"。〔2〕

5. 怠政乱政。一些地方官员以维稳为借口，不积极解决矛盾，解群众于倒悬，而是将所有治理层面的问题均纳入维稳工作的范畴内，以"运动式治理"替代真正的制度化建设，混日子、得过且过的"官场哲学"盛行，即所谓的"搞定就是稳定，摆平就是水平，无事就是本事"。这种做法，无疑降低了政治与行政的品性，损害了政府的形象。但是，官员对上不对下负责的体制以及任期制的缺陷，决定了政治领域极容易发生"公地悲剧"，即官员在地方为官一两任，到期即异地为官或退休，于其自身利益无损，其怠政乱政所造成的干群关系紧张，政府合法性基础遭受损害的政治责任却由中央、由整个体制来承担。

6. 阻滞改革。众所周知，我国改革是经济体制改革先行。从计划经济转向市场经济，释放了巨大的经济活力，短时间内我国的经济社会等各领域取得了举世瞩目的成就，但是由于政治体制改革未能同步跟上，在权力来源、权力合法性依据以及对权力的制衡与监督等方面未能建立起与市场经济相适应的民

---

〔1〕 2009年6月28日《新华每日电讯》报道：有一天，河南某地几个上访户在一块吃饭，交流上访经验，吃完饭不想买单，就打电话给当地政府的一名领导，让他来结账，并威胁说，如果不结，马上就去北京上访，到时候让你们去北京接访，挨上级批评不说，花的钱比吃几顿饭都多。这名领导无可奈何，只好买单。参见，孙燕："不可忽悠'维稳'"，载《民主》2009年第10期。

〔2〕 田国垒、王帝："小矛盾如何不再闹成大事件"，载《中国青年报》2011年3月14日。

主与法治的制度。当前，我国出现了庞大的既得利益者，特别是官商结合的利益集团，他们往往从维稳的角度来渲染政治体制改革会带来动荡，破坏稳定，从而丧失经济发展的大好局面等危言耸听的言论，以此来干扰和阻滞政治体制改革。而这种短视、苟且的消极维稳模式大规模的扩散，将可能形成一种常规的政治与行政，从而顾不上根本性治疗。

四、维稳陷阱的破解之道

破解维稳陷阱的前提是必须对形势有一个正确的判断。当前，我国已进入了网络信息化时代，特别是微博等新型传媒的出现，使得公共事件一旦发生即迅速呈现到公众面前，从而显得社会"不稳定"情况貌似增加。但官员们显然还未能适应信息化时代，对之过分敏感从而导致"不稳定幻象"严重。学者指出，目前国内不稳定事件主要还是下岗、失业、农民负担、拆迁等与人们切身相关的利益问题，因此不要把它政治化和意识形态化，也不要把它当做一个刑事治安案件，而是要当做一个利益的问题来处理。[1] 当前诸多矛盾冲突事件背后，往往是利益表达机制的缺失。目前一些地方政府所奉行的维稳模式是行政化的、人治的、靠压制权利、打压公众维权来取得的"不让人出声"、掩耳盗铃式的所谓"稳定"，而这种表面上稳定的背后却埋藏了深刻的社会危机。因此，科学的维稳应当是法治化的维稳，政府必须在宪法与法律的范围内活动，各级政府必须树立没有权利就没有稳定，维权就是维稳的观念。

破解维稳陷阱的关键在于必须科学地设置官员政绩考核指标与问责形式。我国宪法、法律所设计的基本制度，其本身即

---

〔1〕 孙立平："'不稳定幻像'与维稳怪圈"，载《人民论坛》2010 年 7 月（上）。

具有稳定的功能，如果严格执行宪法与法律，保障公民权利，社会自然不会不稳定。造成维稳陷阱的直接原因就在于当前畸形的"零上访"、"零群体性事件"的稳定考核指标，以及在稳定问题上"一票否决"这类简单、绝对化的问责形式。地方官员在上级考核的强大压力下，为了在任期内"不出事"而只好选择金钱收买或动用公权力打击公民合法的维权。政治学常识告诉我们，好的制度能扬善，而坏的制度却只能激发人性之恶，因此必须从人性的角度出发，废除当前畸形的稳定考核指标和问责形式，确立地方官员政绩好坏由当地群众考核的制度以及基于事实与法律的官员问责制。

破解维稳陷阱的根本在于解决影响社会稳定的深层次问题。笔者认为，当前影响我国社会稳定的"结构性矛盾"主要表现为两个方面：一是社会"贫富差距"持续拉大，社会不公正现象成为新时期、新阶段需要解决的主要矛盾。二是"权力结构"失衡现象加剧，"官本位"现象日趋严重。破解维稳陷阱，必须针对这两对矛盾进行相应的制度设计。

首先，必须着力解决当前突出的民生问题，构筑社会稳定的坚强基石。改革开放以来，在市场化的过程中，政府通过"甩包袱"将医疗、教育、住房等与公众生活密切相关的公共服务推向市场，忽略了民生福利建设，我国公民在税收负担方面高居世界前列但在享受的福利方面却居于世界末位，民生问题非常突出。前已述及，巨额维稳经费投入更是挤占了民生经费，使本已少得可怜的民生经费更是雪上加霜。事实上，如果转换思路，将巨额的维稳经费用在民生福利建设上，则足以保障民众拥有稳定的生活，稳定的职业前景，稳定的收入，稳定的物价，稳定的晚年保障……，如此，则何愁社会不稳？

其次，必须改革观念。①正确看待社会冲突。社会冲突和矛盾是人类社会普遍存在的社会现象，"现代的社会冲突是一种应得权利和供给、政治和经济、公民权利和经济增长的对抗。"[1]社会学研究表明，社会冲突并不必然导致社会不稳定，冲突可以起到一种安全阀的作用，即起到发泄释放的通道的作用。[2]如果政治体系具有高度的消化能力，社会冲突和抗议运动往往变成政治进步的动力。②正确看待稳定。从政治学角度来看，政治稳定可以划分为强力控制型和动态平衡型两种形态。强力控制型把稳定看成是静态的、凝固的，而动态稳定的主要特点就是把稳定理解为过程中的平衡，并通过持续不断的调整来维持新的平衡。维稳所维的不能只是一种"传统的静态稳定"，而应当是"现代的动态稳定"。[3]③确立正义的最高价值。在秩序与正义问题上，必须认识到"正义是政府的目的"，"尊重人的人格的自主性乃是正义的基础"，那种"花钱买平安"的苟且行政以及压制公众维权所换来的所谓"稳定"牺牲了公平正义，不仅没有起到维护社会稳定的作用，反而制造了社会动乱之源。④去除"单位人社会"思维。传统计划经济时代，经济和社会结构决定了在社会管理方面，官员奉行的是"单位人社会"思维，即把社会看成是封闭的、静态的社会，采取的是全面控制型模式。现代市场经济社会是自由人联合的社会，是开放多元的社会，因此，在社会管理模式选择上必须实现从社会控制型向自治型、回应型转变，摒弃那种让民众生活在真空里的维稳。

再次，控制权力。①控制权力的前提在于民主。在权力来

---

〔1〕 ［英］拉尔夫·达仁道夫：《现代社会冲突》，林荣远译，中国社会科学出版社 2000 年版，第 3 页。

〔2〕 ［美］L. 科塞：《社会冲突的功能》，孙立平等译，华夏出版社 1989 年版。

〔3〕 俞可平："动态稳定与和谐社会"，载《中国特色社会主义研究》2006 年第 3 期。

源上，我国《宪法》明确宣示了"中华人民共和国一切权力属于人民"。但是，正如波普尔所言，现代社会，民主的关键不在于权力的所有制，而在于权力的具体行使方式。我国人民代表大会制度在具体操作层面尚存一些缺陷，影响了其优越性的发挥，必须加以完善。完善我国人民代表大会制度的重点在于：规定现职官员不得兼任人大代表，减少人大代表人数，逐步实现人大代表的专业化、专职化，逐步实现各级人大代表的直接选举，等等。②控制权力的根本在于政府的科学定位。我国市场的建立最初由政府强力推进，在这一过程中，政府被诱发出逐利的本能，最终导致市场的权力化和权力的市场化，公共权力在很多场合已沦为谋利的手段，地方政府"公司化"现象严重，直接参与经济，与民争利，甚至公权力发生异化而直接牟利。[1]控制政府权力的根本在于政府必须回归市场经济条件下的科学定位，采行"租税国"体制，政府的责任不是赚钱，财政收入也不是越多越好，政府的任务在于"量入为出"，通过法定的税收征集资金，为社会提供公共产品与公共服务。[2]以此为基础，建立法治政府、有限政府、中立政府，让经济事务回归社会，民间自治，培育我国的公民社会，政府无需包办一切，社会的事务由社会处理，避免政府在社会矛盾中处于首当其冲的位置，强化政府作为规则和程序制定者以及矛盾调节和仲裁者的角色。③建立合理的权力结构模式。虽然我国有具体的国情，西方的三权分立并不适合我国，但其中所蕴含的控权这一人类政治文化的精华部分可以为我们所吸收。目前，我国有全世界各国最多的权力监督机构，但由于都存在着独立性不足的

[1]　王海锋："河南邓州计生委被曝下红头文件逼村民超生"，载 http://www.chinanews.com/sh/2011/07-29/3218285.shtml.

[2]　高军："租税国及其意义初探"，载《河南社会科学》2010年第5期。

缺陷，难以有效地行使监督的职能。事实上，权力监督机构不在于多，而在于必须独立，因此必须在体制上对之进行改造。④开放新闻。新闻媒体作为"第四种权力"，在限制权力、揭露腐败方面有特别重要的作用，因此应当尽快制定新闻法，保障新闻自由。⑤以权利限制权力。即尊重公民的宪法基本权利，保障公民宪法与法律范围内的表达权利与自由。其实，言论、出版、集会、结社、游行、示威、罢工并不可怕，它们是弱者手中平等交涉的工具，如果剥夺了弱者手中的这些工具，社会将失去重要的减压阀。

最后，司法独立。"无救济则无权利"，"救济先于权力"，宪法和法律中写入多少权利并不是最重要的，最重要的是权利能切实得到保障，在权利被侵犯时能获得公正的救济。而在法治社会，司法被誉为公众权利的保护神，其奥秘就在于其根据宪法与法律，司法权拥有独立的地位，"司法机关的独立表现在它只遵守自己特有的司法规则，表现在它的观念和行为不被其他政治机构和社会团体的观念和行为所左右。"[1]当前，我国司法机关独立性不足，地方化、行政化现象严重，个别基层法院甚至沦为行政意志的附庸，其主要功能不再是用来保护公民的权利，相反却以"扰乱公共秩序"、"妨碍公务"、"敲诈勒索政府"、"诽谤"、"聚众扰乱交通秩序"打压维权群众。民众维权成本非常高，通过正常渠道解决诉求很难，迫使人们维权时必须把事情闹大，甚至采取开胸验肺、[2]断指自证清白[3]这

〔1〕[美]萨缪尔·亨廷顿：《变化社会中的政治秩序》，王冠华等译，三联书店1989年版，第19页。

〔2〕刘京京："'开胸验肺'带血维权"，载《财经》2009年第16期。

〔3〕刘建等："90后司机断指证清白"，载《法制日报》2009年10月19日；李万友："对集体'断指自证清白'的追问"，载《深圳商报》2010年8月19日。

类激烈的维权方式才能实现维权的目的。而这类维权方式一经报道，公众将不可避免地对司法产生失望的心理，从而加剧公众的愤懑与不满，不利于社会的和谐与稳定。当前，政府必须确立维权就是维稳的理念，而维权的关键在于完善权利救济渠道，因此必须在体制上保证司法机关的独立地位，唯如此才能使积贫积弱的权利尽快走出贫困的境地。

第二章　房地产法治 ◇

第一节　小产权房的法社会学透视[1]

　　"小产权房"又称"乡产权房"，是指在农村集体土地上建设的房屋，由于未缴纳土地出让金等费用，不能取得由政府房管部门颁发的正式产权证，而是由享有该土地所有权的乡（镇）合作经济联合社或村经济合作社等机构制作颁发权属证书的"准商品房"。"小产权房"最初起源于民间，即农民将自家宅基地上所建的房屋出售给他人，这种现象在我国已存在多年，但并未形成大规模的气候。近年，"小产权房"之所以能兴起并迅速蔓延，和前些年涌动的"单位集资建房"、"个人合作建房"等一样，也是在现行中国土地管理制度下，对过高的、远远超过一般居民购买能力的房价无奈而导致的必然结果。事实上，在各地房价日益高涨的现状下，小产权房已渐渐成为除商品房、廉租房、经济适用房、限价房和单位集建房外的另一种城市房屋供应类型。但是，自"小产权房"出现以来，一直存

---

　　[1]　本节发表在《延边大学学报》2008年第3期。

在着两种截然相反的观点。反对的意见认为："小产权房"一旦放开，土地调控和规划方面将出现失控的状况，最终必将危及农业安全与农民的生存。此外，"小产权房"突破了现行法律的规定，而法律应当被严格遵守。因此，反对者们手握"道德"与法律双重利器，必欲除"小产权房"而后快。而赞成的意见则认为："小产权房"打破了政府垄断土地一级市场的格局，从而使地价和房价大幅度回落，它有利于农民、购房者和政府，为政府寻找到了多年想解决而一直又难以突破的"三农"困境的新思路，因此称"小产权房"的产生为农民"自我城市化"的一场革命。以上两种观点的分歧，是当代中国改革与社会发展进程中利益群体之争的一个缩影，暴露出了诸多深层次的社会矛盾，可以从多个不同的学科和角度来进行分析。笔者认为："小产权房"问题之争关涉法律、法律实施及其评价，因此，从法社会学的角度来透视"小产权房"现象，寻求突破当前"小产权房"困境的出路不无裨益。

一、"小产权房"之争本质上是农民群体的权利平等对待与保护的问题

　　著名的福利经济学家、诺贝尔经济学奖获得者阿马蒂亚·森对第三世界国家经济、社会发展状况的研究表明：政治自由和社会机会都是平等的内涵，权利的不平等才是真的不平等，贫困在很大程度上来自于能力的剥夺。[1] 森的理论同样可以用来分析我国"三农"现象。"小产权房"是我国所特有的一种现象，在西方国家并无相应的对照物，"小产权房"能否转让问题，本质上是农民群体的权利平等对待与保护的问题。

---

　　[1]　李华芳："权利的不平等才是真的不平等"，载《21世纪经济报道》2007年5月28日。

1. 农民财产权未受到平等的保护。按照现行《土地管理法》和《城市房地产管理法》的规定，城市及城市郊区的土地属于国家所有，农村的土地属于村民集体所有，村民对土地只有使用权，即承包经营权，无所有权。农村集体所有的土地不能直接用于城市商品房开发建设，如果用于商品房建设用途，必须先由当地政府进行征地，给予相应的征地补偿，将"村民集体所有"的土地转为"国有"后，再通过拍卖等手段，将附期限的"国有"土地使用权转让给开发商，这样开发商才可以在原属于"村民集体所有"，现属于"国有"的土地上搞商品房开发。事实上，政府往往以很低的价格从农民手中强制征收土地，然后以几十倍甚至几百倍的价格卖给开发商，从中获得巨额利益。可以看出，在现行土地管理体制下，虽然农村土地属于"村民集体所有"，但事实上集体所有即意味着不归任何具体的个人所有，农村土地实际处于所有权缺位的状态。这种体制使得"村民集体所有"的土地所有权中最核心的处置权和收益权被公权所剥夺，不能有效地保护农民的土地权益。事实上在全国各地，农民已经自发地通过出租、变卖集体土地使用权、出售宅基地上所建房屋等各种方式来实现自己的土地权益。决策层已意识到了上述现象的普遍存在，为了维护这种"村民集体所有"的体制，国家有关部门多次发布通知反复重申农民在宅基地上所建的房屋不得向本集体组织以外的人出售。由于农民对土地无所有权，因此，在该制度中始终处于被动的地位，而地方政府在征地中则处于主动的地位，同时由于其握有强大的政治资源，因此地方政府完全掌握了土地的主宰权，这是近年来层出不穷的因征地而侵犯农民权益事件之所以发生的制度性根源。

2. 在法律和公共政策制定的过程中，农民缺少利益代言人。

在每次人代会上，"三农问题"及农民群体总是"被关怀"的对象，但农民群体却始终缺乏通过广泛参与、平等商谈来表达自身利益诉求的机会。事实上，政府维持目前的城乡二元对立的土地制度，无不声称是从保护农民的利益角度出发的，主要理由包括：①土地所有权如果归农民所有将会造成大量的土地兼并现象，将危及国家的安全与稳定；②由于农民每户只能享有一处宅基地，如果房屋转让，宅基地随之转移，农民就失去了唯一的生存基础，必定造成社会问题；③宅基地使用权是农民特定身份的社会福利，其他人无权享受，等等。事实上，这种逻辑的背后是一种反平等、反法治的主客体际思维，即农民不是权利的主体，而只是客体，体现的是一种"父爱主义"。在这种思维模式下，农民是"非理性"的人，他们不能完全理解自己的行为和把握自己的命运，只能"被代表"，只能成为"被讨论"、被施以阳光雨露的对象，而这种"代表"和"施与"则是绝对善的，是为农民的利益着想的。事实上，这只是有关部门一厢情愿的空想。而众多的封杀"小产权房"的法律或政策的出台，并没有举行大规模的由这些法律或政策所规制的对象——农民群体参加的听证会以充分听取农民群体的意见。在现行的体制下，农民群体由于没有参加谈判的权利，作为弱势群体，在公共政策制定过程中缺乏利益代言人，他们的土地权利事实上被掠夺了。

由于以上制度性的原因，使得作为土地真正主人的农民不能充分实现土地权利，在土地被征用的过程中始终处于无发言权"任人宰割"的弱势地位。而农民住房不能和城市居民住房一样上市交易的法律与政策，实质上侵犯了农民的财产所有权，堵塞了农民筹措资金扩大经营的道路，阻碍了农村商品经济的发展。与城市居民依靠房产升值，财富不断得到累积相比，作为农民财产的核心部分的房产只能是不能升值甚至还会不断贬值的死资产，因此，该制度实质上还侵犯了农民的宪法平等权。以上对农民制度性的束缚，从经济学的角度来看，它导致了农村内部的生产要素无法实现优化配置，成为制约农民财富积累的主要制度障碍，它与户籍制度一道，构成了对农民的制度性歧视，是造成中国"城乡二元对立"的制度性根源。

二、"小产权房"背后是公权行使与公权约束的问题

众所周知，"小产权房"在现行的法律体制中是不合法的，但"小产权房"之所以能产生直至迅速蔓延，购房者明知有风险却愿意购买，直接的原因就在于愈演愈烈的畸高的房价远远的超出了普通公众的购买能力，与商品房相比，"小产权房"较低的价格能满足广大城市中低收入阶层公民体面的、有尊严的居住这一最基本的需求。而房价为什么会畸高，政府的各项打压房价的举措为什么不能奏效，原因实则在于政府自身，事实上，公权在房地产市场中的作用是导致我国房价高居不下的主要原因。

1. 房地产市场税费过重。中国政府近年税收收入的增长速度是 GDP 的 2 倍，GDP 以及税收的增长很大程度上是由于土地开发形成的。据悉，中国房地产三级市场上的税收几乎是世界上税负最重的，上百项税费的结果必然是房价居高不下。小产权房省去的费用主要是两部分，一是土地出让金，二是各种税费。事实证明，刨去这两块费用，住房价格可以压低 70% 左右。[1]

2. 地方政府与民争利。地方政府与房地产商事实上形成了"利益共同体"，处于"一荣俱荣，一损俱损"的利益共进退关

---

[1] 叶檀："无需逼问开发成本 小产权房挑明楼市真相"，载 http://economist. icxo. com/htmlnews/2007/06/22/1147531. htm.

系。房价飞涨必然带来地价飞涨的结果，而现行的财政体制规定土地出让金全部归地方政府独自享用，因此地方政府从地价飞涨中可以获得巨额的利润。在一些地方，政府卖地所得占了收入的大半，甚至达到 2/3。由于这些钱不必纳入预算、决算，事实上成了地方政府的"小金库"。因此有学者认为，房价疯长对于有权的官员实际上是"公私两利"的事：于公，一是政府有钱，二是拉上 GDP；于私，一是自己口袋里钱见长，二是可以升官。这就是地方政府对中央遏制疯房"上有政策，下有对策"的经济原因。[1]

事实上，"小产权房"争论现象的背后是各种利益的博弈。维持现行的土地制度，地方政府、部分"有官方背景的"开发商、以及一些炒房者是最大的获益者，而中央政府、农民以及广大购房者成为受害者。由于地方政府掌握着公权力，所有的政策都必须通过地方政府来执行，事实上成了土地制度改革的最大阻碍力量。在中央、地方各级政府利益的博弈中，处于权力最高层的中央政府和权力最底层的乡镇政府显然处于弱势地位。中央政府虽然处在权力的最高层，但政策的制定需要得到准确的信息，而且关键的是中央政府制订的政策需要下级各级政府去执行。为了解决高房价苦民的问题，中央政府不可谓不重视，所采取的措施从表面上看力度不可谓不大，但所开处方却往往药不对症。采取的措施只是风声大、雨点小，相反一段时间过后，房价却还是扶摇直上。另外，虽然民间不乏好的思路，市场自发催生"小产权房"即是最好的说明，但迄今为止，中央政府的政策都是在现行的土地管理体制中进行的，这表明现行的政策反馈及民意上达的途径出现了严重问题。既得利益

---

[1]　周永坤："遏制疯房周氏三板斧"，载 http://guyan.fyfz.cn/blog/guyan/index.aspx? blogid=265268。

团体在权力精英、学术精英中不乏数量庞大且强有力的代言人，由于利益集团的作用，中央政府得到的信息往往是扭曲的。至于中央政府的一些惠民政策的执行，中国自古以来就有"上有政策，下有对策"，"上有磅礴之施，下有毫厘之给"的"官场文化"，中央政策被下级执行变味走样诚属惯常。而处于权力最底层的乡镇政府，土地是其辖区的，上级政府只要一征地倒手即可以获得巨额利益，而这其中乡镇政府是无利可图的，这是为什么经常会发生乡镇政府截留对农民的征地补偿款导致征地纠纷甚至引发"群体性事件"的一个重要原因。至于不在国家正式权力序列的村委会，由于土地是农民赖以生存的命脉，现行的《土地管理法》规定农村土地属于"村民集体所有"，但在实际操作中变成了无人所有，进而变成了权力所有，土地的增值财富被权力所攫取，农民的土地权益难以得到保障。因此，由乡镇政府、村委会在集体土地上建房出售，显然能比被国家征地得到更多实惠，事实上，乡镇政府、村委会对"小产权房"的支持对"小产权房"兴起起到了关键性的作用。

三、"小产权房"现象折射了法律的稳定性与法律变革、合法性与合理性等深层次的法理问题。

"小产权房"是对当前滞后的土地制度所导致的非理性房价的一种本能的反叛，是房地产市场所催生的"自生自发的秩序"，虽然不合法，但却具有合理性，能带来多方共赢。它在为一部分社会群体解决迫在眉睫的住房问题的同时，也为众多的开发商寻找低廉开发成本创造了可能，同时还帮助政府解决了部分居民的住房问题以及为解决"三农"困境寻找到突破口。小产权房一旦合法化（当然应当经过合理规划，以避免占用大量耕地），将改变土地垄断现状，当前的房地产市场土地供应不足会得到缓解，而如果二元对立的土地制度继续维持下去，城市中低收入群体、农民、诚实守信的开发商都将大受其害，同时政府的行政成本会越来越高。事实上，小产权房是对当前的土地管理和相关制度的严峻挑战，是继续维护这一制度还是断然进行改革？毫无疑问，目前是进行相关制度变革的契机。

对于那种认为"小产权房"突破了现行法律的规定，而法律应当被遵守的意见，笔者认为正如霍姆斯在《法律的道路》中认为的那样，"一项法律准则倘若没有比它在亨利四世被订立时更好的理由，固然是件令人不快的事；但更令人反感的是，即当它被订立时的理由早已消失时，却仅因盲目的服从过去而仍一味地固守着该项准则"。而罗斯科·庞德认为，"法律必须稳定，但又不能静止不变。因此，所有的法律思想都力图协调稳定必要性与变化必要性这两种彼此冲突的要求。一般安全中的社会利益促使人们去探寻某种据以彻底规制人之行动的确定基础，进而使一种坚实而稳定的社会秩序得到保障。但是，社会生活情势的不断变化却要求法律根据其他社会利益的压力和种种危及安全的新形式不断作出新的调整。因此，法律秩序就必须既稳定又灵活"。[1]因此，"时移事易"，法律必须适应时代的发展，因势利导回应时代的要求，而不能削足适履，硬将社会往僵化过时的法律中去套。那种教条主义的墨守成规，只能导致法律空转，徒增行政成本，阻碍社会的发展。事实上，法律的权威不是来自于强制，而来自于理性、公平与正义，"法律的威力与其说围绕法律的军事力量，远不如说在于法律符合正义和大众意志的原则。当法律原则是社会利益的时候，人民自己

---

[1] [美]罗斯科·庞德：《法律史解释》，邓正来译，中国法制出版社2002年版，第1页。

就是法律原则的支柱，全体公民的力量就是它的力量。"〔1〕"只有这些法律总是以自然和理性为依据，从人民的利益出发，而且都是经过大家的讨论，每个人都了解法律草案的目的所在，在得到普遍的赞同以后才制定的；这种为人民所拥护、反映了人民愿望的法律，人民当然总是怀着愉快甚至自豪的心情来执行"。〔2〕因此，"确保遵从规则的因素如信任、公正、可靠性和归属感，远较强制力更为重要。法律只在受到信任，并且因而并不要求强力制裁的时候，才是有效的；依法统治者无须处处都依赖警察"。〔3〕现行土地管理法律因脱离时代而显得严重滞后，但由于长期以来形成的一种制度的"路径依赖"，特别是从现行土地制度中获得巨额利益的既得利益集团的阻碍，使得改革步履维艰，但目前中国城市化进程加剧、"三农"困境、作为弱势群体的农民权益保护等问题均迫切要求通过彻底的改革，突破土地制度路径束缚。马克思、恩格斯曾经指出："一切划时代的体系的真正的内容都是由于产生这些体系的那个时期的需要而形成起来的。"〔4〕事实上，改革需要勇气和魄力，正如当年小岗村的农民冒着风险按血手印搞土地承包，土地承包制从不合法到合法，最终闯出了农村改革的新天地那样，形势的发展迫使我们必须跳出旧有的框架和路径，及时变革土地管理制度，使其走向理性化的轨道，以适应时代的需要，而不应墨守成规、固步自封，丧失制度变革的良好时机。

---

〔1〕［法］罗伯斯比尔：《革命法制和审判》，赵涵舆译，商务印书馆1979年版，第153页。

〔2〕［法］埃蒂耶纳·卡贝：《伊加利亚旅行记》（第2卷），李雄飞译，商务印书馆1982年版，第134页。

〔3〕［美］伯尔曼：《法律与宗教》，梁治平译，三联书店1991年版，第47页。

〔4〕《马克思恩格斯全集》第3卷，人民出版社1960年版，第544页。

四、"小产权房"问题的启示

作为政治学、法学、公共管理学等学科上的一个最基本的前提预设,国家是通过人们之间的社会契约而组成的。具体而言,即人们通过社会契约,让渡出部分权利以组织政府,由于政府的权力来自于人们的让度,故政府应当为民众提供安全、自由、人权保障为核心内容的公共产品。当代中国,"依法治国,建设社会主义法治国家"、"国家尊重和保障人权"已写入神圣的《中华人民共和国宪法》,从宪法解释角度来看,公民居住权保障是政府的宪法义务,当然也是建设社会主义和谐社会的题中应有之义。因此,政府不能以任何理由或借口而不履行对公民居住权保障的义务。对于当前疯涨的房价,有学者认为其实质上"是政治道德问题,不是经济问题",[1]一针见血地揭示出了问题的实质。当前,我国正处于一个社会转型时期,面对迅速变化的社会,我们不能抱残守缺,法律也不能变动不居。

1. 破除旧的观念,彻底抛弃长期以来在政策制定的过程中,对待农民的那种主客体际思维和单方面施以恩惠的"父爱主义",对农民的态度应当"从恩惠到权利"。事实上,农民在宪法上与城市居民一样是平等的公民,在财产权利和人身权利上是完全平等的。同时,农民是理性的人,是"经济人",是其自身利益的最好的维护者,农民对自己生活的把握和对幸福生活的追求,从来不比任何一个群体差,他们不需要仅仅只是被动地"被代表",他们需要平等的参与协商与谈判,需要有直接的或通过平等的、直接的选举产生的代表来表达其群体的利益诉

---

[1] 周永坤:"遏制疯房周氏三板斧",载 http://guyan.fyfz.cn/blog/guyan/index.aspx? blogid=265268.

求的机会。对于那种从主客体际思维出发、出于“父爱主义”的那种维护现行土地制度是出于“从农民利益角度考虑”的观点，其完全“是一种严重不了解农村实际的官僚假想”。[1]事实上，无论是历史还是现实，均证明实现农民土地所有权不是可不可为的问题，而是为或不为的问题。

2. 在抛弃上述陈旧的、落后的观念的基础上，彻底改革导致我国城乡二元对立的法律制度。首先，解放农民，废除将农民捆绑在农村的法律与政策，废除50年代由公安部颁布的“暂行”了50多年的，早已落后于时代，实质上侵犯了8亿农民受宪法保障的平等人身权、财产权的城乡二元对立的户籍管理制度，真正实现农民的宪法上的身份平等权；其次，必须对我国土地管理法律制度进行改革。前已述及，我国现行的城乡二元对立的土地管理制度已严重落后于时代发展的要求。事实上，作为目前“小产权房”现象产生的制度性根源——我国现行《土地管理法》第63条“农民集体所有的土地的使用权不得出让、转让或者出租用于非农业建设”的规定本身就明显地违反了我国《宪法》第10条“土地的使用权可以依照法律的规定转让”的规定。笔者认为，在当前的形势下，要解决严峻的“三农”问题，必须使农民拥有土地所有权，让农民真正地享有中华人民共和国宪法所确认的财产平等权，只有这样才能使农民有能力对抗强大的公权，保障作为其财产权核心部分的土地权利不受来自公权的任意侵犯，平息当前发生在全国各地的在一定程度上呈现出暴力和失控迹象的土地争端；只有赋予农民土地所有权，才能使农民有恒产而有恒心，克服农业生产中的短期行为，加大对农业的投入；同时，也只有赋予农民土地所有

〔1〕宋庄艺术促进会：“妥善解决农村宅基地房屋买卖纠纷构建和谐诚信社会”，载 http://bbs. arts. tom. com/item_ 461_ 3049_ 0_ 1. html.

权，农民才能真三地可从土地增值中获得利益，农村社会保障系统将比较容易地得到建立，社会主义新农村才能建成，农村和农民的现代化才有可能实现。因此，时代的发展呼唤新的农村体制改革，呼吁法律的及时变革，那种以稳定农村为理由继续维持对农民进行制度性歧视的制度是极不明智的。

3. 扩大社会主义民主，改革公共政策的制定过程。改革开放、市场经济发展至今，不可否认的是，我国社会出现了较为严重的贫富分化局面，产生了不同的利益阶层群体，如果不承认这一点，只能说不是愚蠢就是别有用心。当前社会发展过程中一个值得警惕的现象是，政策制定的过程中弱势群体缺乏代言人，其利益诉求无法得到充分的表达，而上层政策或制度的出台往往缺乏必要的、由各阶层，特别是作为政策或制度所规制对象的阶层平等参与商谈的程序，因此，才会有"要求中小学生跳交际舞、唱京剧"、"上海禁止合租房"、"东莞禁止养猪"等一系列荒唐政策的出台。而其中尤其值得重视的是，作为绝对数量最大但却处于弱势地位的农民群体的利益诉求由于缺乏充分有效表达的途径，从而引发了许多社会矛盾。在政府公共政策制定的过程中，应充分听取各阶层的利益诉求，为此应从制度上保证社会各阶层能真正实现充分参与的权利，在此基础上，政府行为应恪守行政伦理，不得从公权行为中获取任何利益，不得与民争利。因此，应切断地方政府从土地中获益的制度根源，并切实采取措施，减轻房地产行业、广大中小企业、工薪阶层的税负，培养税基，藏富于民。

4. 推动政治体制改革，防止权力的异化。众所周知，长期以来中国的改革事实上只是一条腿在走路。经济体制改革活跃了市场，激发了企业的活力，使中国经济获得了很大的发展，但由于政治体制改革的严重滞后，造成权力过于集中，权力缺乏必要约束，其所带来的弊端已越来越明显，并正在吞噬着经济体制改革所取得的成果，阻碍经济体制改革进一步深入。特别是由于政治权力加盟经济利益，权力的行使与利益的关系日益密切，遂造成了严重的腐败问题，特别是以维护"公有"之名，行部门利益保护之实的现象越来越严重。由于公有企业事实上不可能由"全民"享有，真正享有利益的只能是这些公有企业内部的人。因此，移动通信、中国电信、烟草、民航、铁路、供电、供水、供气等垄断行业的所有行为（包括涨价行为），无不声称是为了维护"公有制"，维护公共利益！但这些垄断部门职工的巨额工资福利，对照其落后的服务，再加上《反垄断法》出台前的利益之争最终使得这部法律只反"自然垄断"，却不反当代中国最严重的、最应当反的行政垄断，足以使任何稍具常识的人看出这些垄断行业的真正目的。在此背景下，那些以维护法律实施为名，主张彻底扼杀"小产权房"的利益群体，不得不让人怀疑其是否也是出于同样的目的。

社会主义社会应该是公平正义的社会，绝不能允许在社会主义、公有制等神圣的旗号下由少数人、少数群体享受特权而致使社会主义的神圣使命落空。为了防止利益集团攫取政治、经济利益，防止社会群体的分化与社会的动荡，必须坚决进行政治体制改革。笔者认为，政治体制改革的核心在于通过分权防止权力过于集中，实现法律对权力的控制。虽然，"三权分立"的模式并不适合中国，我们绝不走西方的老路，但权力的分立，通过权力约束权力以防止产生腐败是政治学的一条基本定律，所有法治社会的政治实践均无法逾越。因此，我们应当探索出一条适合中国具体国情的通过权力来制约权力的模式；另外，关于政治体制改革的政府角色定位，笔者认为，当代中国的政治体制改革的图景应确立政府"守夜人"的角色，政府必须彻底退出市场经济的利益链，回归其本来的公共物品与公共服务提供者的角色。邓小平同志说过，"旧中国留给我们的，封建专制传统比较多，民主法制传统很少"，[1]在计划经济时代，党和政府一直充当的是家长和全能保姆的角色，整个社会也习惯于依靠政策和指令办事，但政策和指令来自于上层乃至最高层，其制定的过程中缺少社会各阶层的充分参与及辩论，长期以来导致我们的社会成为一个缺乏反思、反馈和自我纠错机制的社会，新中国成立后许多政治运动的发动、许多决策失误的原因即在于此。当代中国，时代发展要求进一步扩大民主、保障人权。因此，应当从宪法保留、法律保留的角度来重新审视具体的法律、法规、规章中对公民宪法基本权利的限制性规定，切实保障公民的表达自由和其他各项宪法基本权利，在此基础上，营造下情上达渠道通畅，政策反馈与纠错机制灵活，充满活力与创造力的社会主义和谐社会。

第二节　限购令的合法性探析[2]

2010 年是中国楼市的调控年，从"国十条"到二次调控的"新国五条"，相关政策密集出台，但在这一年中房价不仅没有降下来，反而显出不断上涨的态势。2011 年 1 月 26 日，国务院常务会议再度推出楼市调控"新国八条"，与之前众多的调控政策一样，"新国八条"被称为"史上最严厉房地产调控政策"。"新国八条"引起广泛关注的是其中措辞严厉的限购令。事实上，限购令并非"新国八条"所首创，此前的"国十条"中即

〔1〕《邓小平文选》第 2 卷，人民出版社 1994 年版，第 332 页。
〔2〕本节发表在《山西师大学报》2012 年第 2 期。

规定"地方人民政府可根据实际情况，采取临时性措施，在一定时期内限定购房套数"。而其后的"新国五条"一改"国十条"限购的授权性规定为强制性规定，首条即强调房价过高、上涨过快、供应紧张的城市，要在一定时间内限定居民家庭购房套数。紧接着深圳、上海、厦门等城市陆续出台了限购令。据统计，截止 2011 年 2 月，除全国省会城市中，15 个城市限购，3 个城市计划限购，大连、宁波、深圳、青岛、厦门五个计划单列市中，除青岛计划限购外，均实行了限购。[1] 限购令的出台，使房地产市场风云突变，社会各界对该政策褒贬不一，莫衷一是。笔者认为，"依法治国，建设社会主义法治国家"已写入宪法并被确立为基本的治国方略，房价调控所采取的措施必须符合宪法与法律，作为一种自上而下通过行政手段推行的限制居民购房套数的限购令，无疑强力干预了市场，同时还涉及到对公民、企业宪法基本权利的限制，无法回避公众对其自身合法性的质疑。

一、限购令无法律依据，违反了依法行政原则

"绝对权力导致绝对腐败"是一条为无数历史事实所证明的铁律。自近代以来，权力分立、有限政府的宪政理念深入人心，政府的权力来源于法律的授权，对政府而言，"法无明确授权即无权"已成为民主法治国家的基本共识。为实现保障人权与增进公共福祉的目的，现代民主法治国家要求一切国家作用应具备合法性，这种合法性原则就行政领域而言，即所谓的"依法行政"原则。[2] 依法行政原则的基本涵义是指政府一切行政行

［1］ 搜狐焦点："多城市相继出台楼市限购令"，载 http://house. focus. cn/zt-dir/2011guobatiao/.

［2］ 陈清秀：《税法基本原理》，东升美术印刷有限公司 1993 年版，第 1 页。

为应依法而为，受法律的拘束。依法行政强调的是"法的支配"，主要包括三项要素：①法律之法规创造力。凡规定有关人民自由、财产权的法规，应受法律的支配；②法律优位。即法律对于行政权的优越地位，以法律指导行政，行政作用而与法律抵触者无效；③法律保留。一切行政作用虽非必须全部从属于法律，但基本权之限制则非以法律制定不可。[1] 以此观照，限购令并无法律依据，违反了依法行政原则。

1. 限购令不符合法律之法规创造力的要求。我国宪法已明确确立"依法治国，建设社会主义法治国家"的基本方略，国务院《全面推进依法行政实施纲要》第5条地1款"行政机关实施行政管理，应当依照法律、法规、规章的规定进行；没有法律、法规、规章的规定，行政机关不得作出影响公民、法人和其他组织合法权益或者增加公民、法人和其他组织义务的决定"明确确立了依法行政原则。事实上，根据《行政法规制定程序条例》第21条"行政法规送审稿涉及重大、疑难问题的，国务院法制机构应当召开由有关单位、专家参加的座谈会、论证会，听取意见，研究论证"；第22条"行政法规送审稿直接涉及公民、法人或者其他组织的切身利益的，国务院法制机构可以举行听证会，听取有关机关、组织和公民的意见"；第27条第1款"国务院法制机构应当根据国务院对行政法规草案的审议意见，对行政法规草案进行修改，形成草案修改稿，报请总理签署国务院令公布施行"；第28条"行政法规签署公布后，及时在国务院公报和在全国范围内发行的报纸上刊登。国务院法制机构应当及时汇编出版行政法规的国家正式版本。在国务院公报上刊登的行政法规文本为标准文本"等条款的规定，限

---

〔1〕　城仲模：《行政法之基础理论》，三民书局1994年版，第5页。

购令的出台，国务院法制机构并没有依照以上程序召开座谈会、听证会，亦未获得总理签署的国务院令，也没有依照《行政法规制定程序条例》正式公告，因此并非行政法规。就各地出台的限购令而言，目前不管是直辖市、省会所在地的城市还是经国务院批准较大的市，都不是由同级地方人民代表大会所制定和颁布，因而各地的限购令也不是地方性法规。因此，限购令所依据的规范性文件级别太低，无疑违反了依法行政原则中有关人民自由、财产权的法规，应受法律的支配的要求。

2. 限购令不符合法律优位的要求。《中华人民共和国合同法》第4条规定，"当事人依法享有订立合同的权利，任何单位和个人不得非法干预。"至少从形式上看，楼市限购令违反了《合同法》规定的契约自由原则。虽然契约自由不是绝对的自由，在一定的情况下，国家可以干预市场，干预契约的订立。但这只是例外，而且国家的这种干预必须有强烈的公共利益正当性的理由，必须符合法律保留原则，通过法律的形式来进行，而且其所采取的手段必须符合比例原则。

3. 限购令不符合法律保留的要求。在依法行政原则中，法律保留原则为一个核心的概念。为防止绝对权力对人权的侵犯，通过宪法——人民与政府之间的契约来确立人民的基本权利，因此所谓宪法就是"一张写满人民权利的纸"。为防止宪法赋予人民的基本权利被架空，创造了包括法律保留原则在内的宪法保障制度。之所以如此，原因在于：首先，在组织方面，议会与行政权相比，处于与人民更接近、更密切的位置，议会也因而被认为比政府具有更强烈、更直接的民主正当性基础；其次，在程序方面，议会议事遵守公开、直接、言辞辩论与多数决原则，这些议会原则不仅可使议会的少数党与利益被涉及的社会大众得以有机会影响议会决定的作成，也可以凸显重要争点，确保分歧、冲突的不同利益获得适当的平衡，其繁琐的议事程序也有助于所作成决定之实质正确性的提升。与其相比，行政决定程序因其讲究或兼顾效率与机动的特性，而较难达到相同的效果。[1] 要求一切对公民基本权利的限制都必须通过法律的方式进行被称为"全部保留"说，但事实上这难以做到。"重要事项保留说"（"重大性理论"）则认为国家对人民的自由及权利予以限制，必须通过法律方式进行。但法律不能事无钜细靡遗，一律加以规定，其中属细节性、技术性的事项，法律得以明确性的授权予主管机关以命令规定之。[2] 很明显，限购令涉及对购房者交易权、居住权、平等权（以户籍为区分标准）以及对房产开发商经营权的限制，而以上权利属于宪法性基本权利，根据法律保留的原则，必须通过全国人大至少也要通过全国人大常委会颁布的法律来进行，由于并非细节性、技术性的事项，即使授权立法亦无权对之创制规范。

二、限购令所采取的手段有违比例原则

所谓比例原则，是指行政机关实施行政行为应兼顾行政目标的实现和保护相对人的权益，如为实现行政目标可能对行政相对人权益造成某种不利影响时，应使这种不利影响限制在尽可能小的范围和限度，保持二者处于适当的比例。[3] 亦即，比例原则是以"方法"与"目的"的关联性切入，检视国家行为的合宪性，避免人民自由与权利遭受过度侵害。具体包括：

---

〔1〕 许宗力：《 与国家权力》，月旦出版公司1993年版，第132页。

〔2〕 陈新民：《 治国公法学原理与实践》（上），中国政法大学出版社2007年版，第142页。

〔3〕 姜明安主编《行政法与行政诉讼法》，高等教育出版社2002年版，第42页。

①妥当性原则。指行政机关所采取的限制手段须适当及有助于所追求目标之达成，如果经由一措施或手段之帮助，使得或帮助所欲达成的成果或目的达成，那么这一措施或手段相对于该目的或成果即为妥当。②必要性原则。一个合妥当性的手段尚必须合乎必要性，可称为最少侵害原则。即行为不超越实现目的的必要程度，在达成目的有多种手段时，须采取侵害人民权益最小的手段。③衡平性原则（狭义比例原则）。指对于基本权侵害程度与所欲达成的目的，须处于一种合理且适度的关系，采取的方法与所造成的损害不得与所欲达成的目的利益显失均衡。[1]以此检视，限购令显然有违比例原则。

首先，限购令所采取的手段并不妥当。众所周知，与依赖于政府指令的计划经济不同，市场经济最大的特点就是政企分开，自由贸易，自由竞争。《合同法》、《民法通则》等法律的立法初衷是鼓励交易、促进交易、保障交易，而不是限制交易。限购令通过行政手段强力干预市场，以行政命令的形式制定交易指标，限制市场平等主体之间的民事交易，甚至强行叫停民事主体之间的合同交易，有违市场经济法则，有公权侵犯私权之嫌。事实上，公权力的介入，由于没有法律明确的规范，必将导致房产市场利益机制更加混乱。此外，限购令还平添了交易费用，因为甄别谁有钱买房简单，但甄别谁有资格买房却极为复杂。单是限购令中的"家庭"这一概念，就足以引发混乱。家庭可以是单人的，也可以是由夫妇两人构成的，还可以是几世同堂的，不同的家庭对房产的需要并不一致。事实上，强制推行这种很难具有操作性的限购令，将不可避免地催生假离婚、借用甚至租用他人身份证购房等道德风险。由于限购令在执行

〔1〕 钟典晏：《扣缴义务问题研究》，北京大学出版社2005年版，第26~27页；城仲模主编：《行政法之一般法律原则》，三民书局1994年版，第225页。

过程中不可能完全一刀切，势必会附加诸多豁免条款，这些豁免条款可能将成为弄权腐败的温床。不通过供需关系来调节市场行为，而采用简单强硬的行政指令来打击一个整体市场，如此乱控，只能使房地产市场越来越乱，根本问题解决不了，房价不会降下来，反而伤害了诚实的购房者。

其次，限购令的实施并非必要。作为经济学的一个简单常识，价格是由市场供求关系决定的，房产价格上涨，是供求关系出了问题，高房价不过是高需求和低供给的表现。从经济学的角度，政府应当增加供给，而不是简单地赶走顾客不让顾客购买。事实上，限购令仅仅是暂时压抑了需要，在短期内会有打压房价的作用，但它同时一方面将直接促进房租上涨，另一方面也会打压房地产的开发，减少房子的供应量，供给减少，竞争弱化，中长期只会进一步推高房价。限购令传递的不是降价而是一种今后还将涨价的信号，亦即限购令提高了人们对房产今后将会继续涨价的信心和期望。限购令仅仅是临时性的行政手段，随着房地产市场的变化，过段时间可能为了刺激房地产的发展，限售必将放松，[1] 房价又继续进入上涨的路径，从而产生"涨价——限售——供应减少——放松——继续涨价"的恶性循环。必要性原则要求在采取的措施所保护的法益与所侵犯的法益之间进行权衡，在有其他侵害更小的手段时，不得采取损害大的手段。因此，真正想使房价下降，就应当采取增加市场供应等经济手段来抑制楼市泡沫，而不是简单化的不让人购买。在不得已的情况下才能使用行政手段，但这涉及对公民宪法基本权利的限制，应当经过全国人大或人大常委会讨论并通过法律的形式来规范。

---

〔1〕 2008年房市低迷时，各地方政府纷纷采取"救市"措施，减免契税、购房地方政府给予财政补贴，甚至一些地方政府打出了"买房就是爱国"的口号。

最后，限购令的实施不符合衡平性原则。商品房是商品中的一种，政府有什么资格和理由去限制人们购买呢？限购令无疑侵犯了房地产企业的自主经营权以及购房者的自主交易权，一刀切的方式难免打击了真正需求者，侵犯了其居住权。另外，由于这种限制是通过户籍、是否在本地交纳社会保险、已购买的套数等为限制条件，这种政策取向加剧了附着在户籍制度上的不合理性和歧视性，侵犯了公民宪法上的平等权。最危险的是，这种简单化的直接硬性扭曲需求的行为沿袭的是过去计划经济时代的思维，突破了市场经济条件下政府权力作用的边界，与市场经济完全背道而驰。正如社会学家孙立平教授所言，中国的问题在于政府干涉和管理过多，但是现在政府却用加强社会管理的办法来解决社会问题，这实际上是走进了一个死胡同。为给少数投机者治病，却让全体购房者吃药，限购令实为下错了药方。

三、房价调控中其他一些做法有违市场经济、法治原则

限购令是政府干预微观房产市场的典型，除此之外各地方政府还进行了诸种"创新"。主要包括：

1. 出台房产销售价格申报制度。例如，南京出台调控房价新招，要求开发商申报销售房产的价格，申报销售价格在3个月内不许上调，3个月后若上调必须重新申报。

2. 出台商品房预售款监管办法。紧随限购令之后，浙江、北京2地又出台了商品房预售款监管办法。2010年9月30日，传闻已久的《浙江省商品房预售资金监管暂行办法》正式发文，规定从11月1日起对商品房预售资金进行全面监管。凡在浙江省内批准预售的商品房建设项目将全部纳入监管范围，商品房预售资金使用实行封闭式管理，开发商申请使用预售金应向监管银行提出申请，商品房预售所得款项必须用于有关的工程建设。同时规定未签订商品房预售资金监管协议的项目，主管部门不得发放"商品房预售许可证"。同年10月25日，北京出台《商品房预售资金监督管理暂行办法》，明确规定商品房预售资金应当全部存入商品房预售资金监管专用账户，保证预售资金优先用于工程建设，严禁房地产开发企业直接收存商品房预售资金。

市场经济是法治经济，其前提在于必须首先确立国家与社会，政府权力与企业、公民权利的边界。现代法治型市场一方面要求行政不得过度介入具体的市场资源配置，另一方面又要求政府为市场自由竞争提供规制治理。要求房产销售价格申报、对商品房预售款实行监管，这实际上破坏了市场经济的基本原则，对企业内部管理进行干涉无疑侵犯了企业的自主经营权，超越了政府权力的边界。事实上，政府不可能管理好这件事情，也完全没有必要管这么细，而且政府也无权力管这么细，与限购令政策一样这两种做法同样亦违反了依法行政原则与比例原则。在企业经营自由被干预的情况，企业的活力和创新能力受到限制，这将会从根本上影响我国经济活力的焕发，从中我们也可以看到政府权力无限扩张的倾向，我国的市场经济不无倒退的危险。

四、房价调控需要法律制度的变革

限购令、房产销售价格申报、商品房预售款监管等房产调控行政手段，违反了市场经济规律，同时也违反了法治原则，政府权力的过度扩张，对市场经济与法治建设造成了伤害。事实上，我国房价问题的根源是宪政问题，调控房价必须回归宪政思维，选择法治的路径，通过尊重市场经济规律的法律来进行，唯如此才能从根本上解决问题。

作为一项基本的常识，中国房地产市场的问题在于市场制度不完善，根源则在于政府对土地一级交易市场的垄断。从土地使用权的转让到建房预售的审批，几乎每一个环节都渗透着行政权力的利益均沾，有资料显示房产价格中地方政府各项税费就占四五成以上，[1]因此地方政府有强烈的追求土地收入最大化的冲动。由于地方政府过度依赖"土地财政"的局面已经形成，房价如果崩盘将严重影响地方政府财政收入，因此地方政府的利益与房产商的利益事实上已捆绑在了一起。但对中央政府而言，过高的房价将直接危及整个经济环境，严重影响民生，造成社会稳定甚至产生执政合法性危机等问题，因此无论是在主观还是客观上，中央政府均希望房价下降，最好能下降到一个中央与地方政府、民众的预期都能接受的平衡点。

但迄今为止，无论是中央政府还是地方政府，房地产调控政策却一直在批判开发商与打击投机炒房之间打转，房地产行业总是在道德原罪论与投机有罪论中间徘徊。结果是房价没有下降，社会不公上升，市场体制没有变得更加完善，投资行为反而成为制裁对象。[2]自2005年以来，房价已调控了多次，但三番五次出台的调控政策，无论是提高首付、征收交易税、征收土地增值税还是限购令，一系列措施无一不是打击"刚需"，都是短期行为，大多是违反经济规律而行事的。与任何商品的价格一样，房价是果不是因，通过打压和抑制需求或者增加交易成本等方式入手降房价，实是本末倒置之举。由于房地

---

〔1〕 网易新闻："10委员提案：批地方政府过高税费抬高房价"，载 http://news.163.com/08/0309/09/46J7CQM90001124J.html.

〔2〕 叶檀："调控房地产业，这回动真格了"，载《每日经济新闻》2010年4月16日。

产宏观调控政策缺乏稳定性，不具有法律约束力，也没有实际可操作性，不对症的药方无论开多少次都是注定无效的。房价调控是一项系统工程，它依赖于深层次的法律变革。

1. 改革财政体制。目前，地方政府依靠土地获利，已经与房产商利益联系在一起，寄希望于地方政府主动采取措施降低房价，违反了"经济人"的理性，注定无法实现。事实上，目前地方政府多数是在高负债运行，而土地收入又占了地方财政收入的30%～40%甚至更高，无论是中央政府还是地方政府又如何敢动真格打压房价呢？如果房价暴跌，出现银行危机、地方政府财务危机怎么办？其实中央政府深谙个中利害，于是以收紧地根、允许地方政府发行地方债来作为政策保底。由于投鼠忌器，因此调控房价也只能以打击炒房投机与开发商原罪为靶子，心照不宣地采取限购令、房产销售价格申报、商品房预售款监管这一类违反市场经济规律、治表不治里、最终必将注定无效的方式。因此，不解决土地财政和目前政府垄断的土地供应制度，政府不以身垂范主动退出房地产利益链，那么地方性权力寻租将不可能得到彻底遏制，房价问题也不可能真正地得以解决。因此，房价调控有效实现的前提在于必须改革财政体制，为地方政府开辟新的稳定的财源，使地方政府尽快摆脱过度依赖"土地财政"的状况。相应的对策有二：一为央地之间分税实现法治化。"财政决定庶政"，中央与地方税权分配是一个国家最重要的事项，在民主法治国家大都通过宪法至少也通过法律来决定。我国分税制的出台未经过中央与地方之间充分的博弈，是国务院通过一纸通令的形式推行的，实践中产生了诸多问题。当前，必须重新审视分税制所存在的中央分配过多对地方剥夺过甚的缺陷，按照事权与财权相统一的原则，通过法律来确定中央与地方税收分配比例以及规范中央财政转移支付；二为征收房产税。但征税涉及对公民财产权、自由权的侵犯，兹事体大，必须遵循"税收法定"的原则，通过全国人大立法的方式来进行，而且其性质应确定为地方税，房产税的用途必须明确、公开、透明，纳税人有权对之予以监督。

2. 回归市场经济下政府的本位。市场经济的前提与关键在于政府必须进行科学的定位。在市场经济条件下，应当奉行"税收国家"体制，政府地位必须中立，政府的功能在于通过征税获得财政收入，利用所征的税款为社会提供包括法规供给、公正执法与司法等内容在内的公共物品与公共服务，经济行为则由市场通过交易来进行，原则上政府不参与经济、不干预微观经济。因为政府作为市场规则的制定者，以及同时拥有以暴力作为后盾的强制执行权，如果自身从事经营，势必造成市场扭曲和垄断，对公正执行法律规则造成破坏。但是，长期以来，计划经济残余影响一直未能彻底清除，我国各级政府与企业、经济运行之间存在着剪不断、理不清的关系。前已述及，当前我国高房价的直接原因在于高地价，根源即在于地方政府过于依赖"土地财政"，与房地产市场之间处于一荣俱荣、一损俱损，利益攸关的联系。政府在房价调控中，既当运动员又当裁判员，在政府垄断土地一级市场的情况下，各级政府不愿意触及根本，不愿意放弃既得利益。其实，从供求关系入手，把房价降下来的方式理论上很浅显，建立自由的土地买卖市场，让集体用地参与进来，鼓励自建房、允许小产权房、农民自建房上市交易，通过法律来实现各种类型住房权利的平等。但是，这涉及到土地制度的变革，以及深层次的利益调整，从现行土地制度格局中获利的是政府，在没有强大压力的情况下，作为既得利益者的政府又怎么会主动成为改革的倡导者？曼瑟·奥尔森指出，一个社会承平日久就会形成利益集团，利益集团会控制媒体和在学者中选择代言人，利用各种手段来影响政策的制定。[1]因此，执政党、中央政府必须拿出壮士断腕的勇气，坚决推进深层次的体制改革，逐步从市场竞争性领域退出，恢复政府本应具有的中立地位。就政府与房地产市场而言，应打破政府对土地一级市场的垄断，放松管制，逐步退出微观房地产市场，进一步推进房地产的市场化与法治化。但是，令人担忧的是，当前国内一些地方重新出现了单位自建房分配给职工的现象，由于中央政府将遏制房价与维护稳定等量齐观，将房价下降明确列为地方政府的责任，在此强大的压力下，地方政府对一些单位"自生自发"的解决本单位职工住房难的做法至少采取的是默认的态度。其实这是典型的"病急乱投医"、"头痛医头、脚痛医脚"的做法，不但严重伤害了市场，而且还伤害了社会的公平正义。事实上，改革开放三十余年，是一个从"身份到契约"，逐渐打破计划经济时代"单位社会"的束缚，使个人、整个社会释放出极大的潜能的过程，但目前似乎又有重新回归计划经济、身份制、"单位社会"的危险，这是市场经济倒退的一个危险信号。

3. 改善投资环境。近年来，我国税收具有不断增长的势头，有些年度甚至远远超出了当年的财政收入预算。对此，财税部门一向是作为工作成绩而宣传的，但从宪政经济学的角度来看，其实这并不是一件值得庆祝的事，这说明了我们的税收制度存在着问题，企业与公众税收负担过重，民间经济活力受到压制。近年来，很多在业内赫赫有名的民营家电企业、服装企业纷纷进军房地产市场，这固然是因为房地产市场利润颇丰，但更是因为其本行业竞争惨烈，利润畸低，而那些利润丰厚的市场膏

〔1〕〔美〕曼瑟·奥尔森：《权力与繁荣》，苏长和、嵇飞译，上海人民出版社2005年版。

腴之地，几乎全部被垄断国企占领。房价高昂，楼市投资（投机）旺盛，原因在于富裕起来的人们手里有点钱，但除了投资楼市似乎没有其他更好的去处。[1]股市自不必说，面对每年10%甚至更高的实际通货膨胀率，把钱存进银行实际上是"负利率"，为了让手里的钱保值、升值，人们的首选似乎只有买房子。因此，当民间资本受到挤压，无处安身，蜂拥进入楼市便成为无奈而必然的选择。[2]因此，进一步开放市场，打破行业垄断，降低准入门槛，促进公平竞争，降低企业税负，完善股市机制，改善投资环境，充分发挥市场这只"看不见的手"的作用，这才是打击炒房的釜底抽薪之策。

第三节 法治视域中保障房建设探析[3]

"十二五规划"对保障房建设给予了空前的重视，当前保障房建设是我国政府民生工程最大的手笔，它表明政府已经明确意识到提供保障性住房是政府的职责，其目的合理性无可挑剔。但是，近一年来各地保障房建设过程中，从规划、建设到分配整个流程的各个环节出现了诸多问题，因此质疑之声一直不断。质疑的声音主要集中于保障房建设资金、建筑质量以及分配的公正性等问题。笔者认为，很多质疑不无道理，批评的目的也是善意和建设性的，是为了指出保障房建设中存在的问题并提出改进的意见。不过，在众多的质疑声中，却鲜见从法治的角

---

〔1〕 晏扬："楼市调控功夫在楼市之外"，载《扬子晚报》2011 年 1 月 29 日。

〔2〕 事实上，近年来出现的炒作大蒜、绿豆、苹果等农产品现象，同样也是民间资本投资渠道过少而造成的。

〔3〕 本节发表在《延边大学学报》2012 年第 3 期。

度来进行探讨的声音。笔者认为，目前保障房建设出现诸多问题的根本原因就在于法治的缺失，对于保障房建设这样一个"人类城市发展史上极罕见的公房建设计划"，[1]其从推出到实施缺少必要的、充分的论证和讨论程序，缺少一个顶层的国家法律层面的制度设计，对于如何落实则更是缺少一个详细、可行的实施方案，"摸着石头过河"，出现问题即出台一个规章、下达一个通知，这种"事后纠偏"的行政主导模式显得过于粗放、仓促、零乱。在依法行政作为政府运作的基本准则的今天，从法治的角度对保障房建设进行审视，对于保证保障房建设始终在正常轨道中运行具有重要意义。

一、行政主导模式下保障房建设乱象环生

用于保障房建设的 4 万亿元的投资，绝非小数目，据预测，按保障房建设计划，到"十二五"期末，保障房将占到全社会住房总量的 20% 左右，这足以改变房地产市场结构，对国民经济运行产生重大影响，笔者认为无论就数目还是就对社会经济影响而言，如此巨大的投资，必须通过全国人大的充分讨论。[2]对于保障房建设如此庞大的投资计划来说，确定 3600 万套数量的依据何在？有无人口统计、经济运行方面的详实数据作为支撑？是否具有可行性？财政如何作预算？资金如何保障？中央与地方政府在其中的责任如何分担？等等，这些问题无不需要中央政府作出详细的论证和全国人大代表进行充分的讨论、

---

[1] 邝国泉："'中国的保障房建设是'乌托邦'？"，载《21 世纪经济报道》2012 年 1 月 30 日。

[2] 我国《宪法》第 62 条规定，"审查和批准国民经济和社会发展计划和计划执行情况的报告"、"审查和批准国家的预算和预算执行情况的报告"属全国人大的职权。重大投资项目由全国人大进行专项审议通过已有先例，例如七届全国人大第五次会议投票通过的三峡工程，总投资仅 1600 亿元。

协商，最终形成可行的方案并通过法律的形式予以固定，唯有如此才可以确保计划在法制化的轨道中扎实推进。但遗憾的是，保障房计划的出台，明显欠缺充分的商谈程序。计划的仓促出台，特别是缺乏一部国家层面全国统一的法律来予以规范，宏观层面上保障房资金来源如何保证、各级政府在其中的责任如何尚不明确，微观层面上保障房的土地供应、规划、融资、动工、建设、分配、运营、监管与退出机制等等仍停留在粗放的政策性规定层面，存在着诸多的随意性和不确定性。因此，实践中各地出现以下种种乱象实属必然。

1. 以各种房子冒充保障房。①单位集资建房"借尸还魂"现象。据报道，在停止福利分房十余年后的今天，一些部委、央企、高校等部门，仍在通过各种或明或暗的政策通道，进行带有福利性质的分房和建房。当前，打着"保障房"之名，行福利化分房之实，已成为一些部委、央企和地方公务员的隐性收入新通道。[1]在房价高腾的今天，这些部门利用体制内的优势进行自肥，势必造成新的不公，加剧已然悬殊的贫富分化。②没收"违章建筑"，转身合法化。在这方面，河北石家庄堪称"创新"先锋。2011 年 4 月，石家庄市在全国率先出台了《关于加快保障性安居工程建设的实施意见》，"创造性地"提出"强制没收违规住宅改建保障性住房"的政策。海南一些省份随即纷纷效仿，没收"小产权房"将其"转正"为保障房。但是，这些所谓的"创新举措"面临的问题是，在规划法意义上，违规住宅和保障房的物理性质与功能一致，前者违反规划，后者如何就不违反规划了呢？同样一座房屋，政府的没收行为何以能点石成金，将违规住宅瞬间变为合法住宅？这种做法，无

---

〔1〕 王玉光："福利分房十余年后重现，成特定人群隐性收入通道"，载《财经国家周刊》2011 年 7 月 11 日。

疑还会使地方政府陷入"违章建筑越多,保障房就越多,政府的建房责任自然也就越轻"式的放纵违章建筑"养鱼执法"的怪圈。因此,"遏制没收违规住宅改建保障性住房"的政策出台,则不仅挑战合法性,而且还隐含激化社会矛盾的巨大风险。[1]

2. 保障房建筑质量堪忧。由于保障房对地方政府"无利可图",地方政府官员势必没有耐心去精心规划设计和施工管理,他们不可能像商人那样去精打细算。保障房也不需要接受市场的评价,因为保障房本来就是廉价的礼物。因此,做工马虎、配套不全、质量低劣等问题都有可能在保障房建设中发生。[2]自保障房建设计划推行以来,有关保障房建设质量不合格问题的报道频频见诸报端。[3] 2011年9月30日,国务院专门发文要求各地提高保障房建筑质量。住建部也多次发出通知,要求对保障房质量进行检查。同年10月25日,住建部部长姜伟新明确指出,保障性住房工程质量有待提高,个别工程还使用了不合格的建筑材料,存在质量安全隐患。[4]

3. 分配过程中的腐败。"绝对权力导致绝对腐败",遏制权力的寻租,并不在于发多少禁令,也不能寄希望于党性和觉悟,而在于制度的完善与执行的透明。2009年闻名全国的武汉"六连号"事件,近期新闻媒体披露过很多地方把保障房优先销售

---

〔1〕 王涌:"勿为大善而行恶",载《新世纪周刊》2011年5月6日。

〔2〕 朱迅垚:"保障房的'政府病':贪污、腐败以及弄虚作假",载《南方日报》2011年4月19日。

〔3〕 例如,郑州市"汇景嘉园"小区一处拆迁安置小区8栋刚封顶2个月的多层楼房,开始全部拆除、重新建设,内蒙古包头市最大的棚户区改造项目"民馨家园"大部分新楼房成"墙脆脆"被网民曝光,海口回迁安置小区93户居民发现,入住不久的房屋出现屋顶渗水现象。

〔4〕 孙乾、孙雪梅:"住建部:部分保障房存质量隐患",载《京华时报》2011年10月26日。

给公务员的腐败事件，充分暴露了由于家庭财产调查、社会信用体系的不完善、公务员财产申报与公开制度尚未建立，制度的缺失，极易造成保障房分配中的寻租腐败。[1]正如论者所担忧的那样，保障性住房是国民收入向民生倾斜的一次再分配，但从现实来看，目前一些地方已经出现了如果不能有效割断旧有的利益分配链条，如此数量的保障性住房将带来更大的社会分配不公。[2]

二、现行财政格局下的保障房建设资金安排实属强地方政府所难

法治必须建立在人性基础上，法律不能强人所难。笔者认为，事实上体制同自然人一样，也会"思考"，由于法律和政策最终必须依靠具体的人来执行，具体的人必然会在现行的体制格局下选择采取趋利避害的手段，因此各项法律、政策的出台，必须在充分虑及人性的基础上考虑是否具有可行性。

当前，保障性住房建设过程中遇到的困难，根源深植于央地财政关系，实际上是央地博弈的结果。自1994年分税制实施以来，中央政府拿走了65%左右的税收收入，而地方政府只享有35%的税收收入但却要承担提供地方公共产品及公共服务的职责，央地之间财权与事权明显不匹配，地方政府财政压力巨大。在以GDP考核地方官员政绩的"政治锦标赛"的驱使下，地方官员一方面不顾环境污染和生态破坏纷纷"招商引资"通过扩大税收总盘子的方式来留取更多的税收收入，另一方面找到了卖地这一生财的捷径，而中央允许地方政府卖地收入归地

---

〔1〕 王炜："保障房建设乱象频出，违规分配越来越多"，载《人民日报》2011年7月21日。

〔2〕 唐敏："注目保障房"，载《瞭望新闻周刊》2011年8月6日。

方财政，因此各地方政府纷纷宣布"经营城市"，热衷征地、拆迁、发展房地产，以此取得大量的卖地收入以及房地产行业名目繁多的税费，地方政府越来越依赖土地财政，遂形成了土地财政的格局。

客观地讲，当前政府的保障房建设属还历史欠账。1998 年我国开启房地产市场改革，当时确定的路线即为市场和保障两条路径并进。但由于地方政府主要领导不是由当地民众直接选举产生的，没有来自选民的压力，而保障性住房建设对地方政府而言"无利可图"，因此地方政府并不热衷。例如，2009 年10 月 28 日，全国人大财政经济委员会向全国人大常委会提交的一份调研报告显示：保障性住房建设进度缓慢，截至 8 月底完成率只达到 1/4。而有些地方甚至将中央财政的补助资金，截留挪用于其它地方。[1]另一则资料则显示，2010 年地方土地出让收入高达 2.9 万亿元，再创历史新高，但其中仅有 463 亿元用于廉租住房保障支出，占比不足 1.6%。[2]

按保障房建设计划，2011 年我国将开工建设各类保障房1000 万套，2012 年建设 1000 万套，整个"十二五"期间共将建成 3600 万套。据住建部估计，3600 万套保障房建设大约需要4 万亿元资金，虽然中央财政转移支付 30% 左右的建设费用给地方，但其余 70% 由地方政府配套，而且这属于不可协商的"军令状"和"死任务"。客观的说，在目前地方政府普遍负债运转的情况下，要求地方政府配套那么多的资金，大部分地方政府确实很难有能力做到。从 2011 年筹集的资金数量来估算，

〔1〕 梁发芾："'保障房'政策也需要保障"，载《中国青年报》2009 年 12 月16 日。

〔2〕 叶开："2010 年地方土地收入高达 2.9 万亿，仅 1.6% 用于建保障房"，载《第一财经日报》2011 年 3 月 17 日。

5 年总体资金缺口大约为 3 万亿元，相当于我国 2010 年财政收入的 36%，是 2011 年教育、社会保障和就业、医疗卫生、保障性住房等方面民生支出的 3 倍，与 2010 年全国土地收入相当，总而言之，仅仅依靠中央政府和地方政府的力量不足以支持如此大规模的保障性住房建设。[1] 更何况对地方政府而言，建设保障房，地方政府需要无偿提供土地，减免税费，这些损失不说，地方政府还需要配套贴钱。而且，保障房的建设如果影响到商品房成交量和价格，那么，地方政府拍地收入和房地产提供的税费也会随之受到影响，可以说保障房建设动摇了地方土地财政的根本。这样，保障房将使地方政府面临多重的损失，其积极性一定不会高昂。[2] 因此，笔者认为，保障房计划中中央与地方权利与责任的不对称，要求地方政府承担过重的财政责任，违反了理性经济人假设的前提，实为强地方政府之所难。

事实上，保障房建设过程中，地方政府阳奉阴违的情况屡见不鲜，地方政府受土地财政萎缩、地方财政吃紧的压力而出手救房市的措施，可谓形形色色。虽然 2011 年佛山、2012 年芜湖地方政府出台办法"救市"，旋即被扑灭，但相信暗中"救市"绝非个别现象，一旦"风声"不紧，各地形形色色的"救市"方案定会卷土重来。2012 年，我国确定要新建 700 万套的保障房，这比原先规划少了 300 万套。保障房建设规模是"十二五"规划的一个约束性指标，但在实施的第二年就被迫削减计划，这暴露出资金、土地、组织协调等现实困难超出预想。

---

〔1〕 钟帅、张慧卉："保障房：不要成为乌托邦"，载《中国投资》2011 年第 7 期。

〔2〕 梁发芾："'保障房'政策也需要保障"，载《中国青年报》2009 年 12 月 16 日。

那么，如何去确保地方政府建设保障房？现阶段，中央政府主要依靠对地方官员的年度考核和约谈、问责等机制来督促各地方政府，甚至最严厉的处罚可以免职。这种办法看似严厉，但实质是人治而非法治，其执行力堪忧。因为有效的执行力是建立在可行性、责任明确的基础上的，这种超越了地方政府经济承受能力的计划，所奉行的还是传统的政府万能的思维，沿用的是自上而下层层加压的行政方式，并不能有效地解决执行力问题。

三、保障房建设中采取的一些"创新举措"面临诸多法律风险

当前，对地方政府来说，保障房建设面临的最大困难就是资金问题。长期以来，我国地方政府一直处于高负债运行状态，本身即存在巨大的经济和政治风险。由于中央政府以军令状的形式给地方政府施加了前所未有的政治高压，保障房建设实际上已成为地方官员必须完成的一项政治任务，而地方政府随着土地财政的徐徐闭幕正陷入财政困境，为解决地方政府保障房配套资金问题，受重任和高压的地方政府开始频频突破现行法律规定。

首先，贷款公积金建保障房。目前，许多地方政府开始动用具有私人财产性质的住房公积金用于保障房建设，这或许会为地方政府解一时燃眉之急，但明显不合法。按照 2002 年国务院修订的《住房公积金管理条例》第 2 条第 2 款以及第 3 条的规定，公积金是单位及单位在职职工缴存的长期住房储金，其性质属个人所有，而且该条例第 5 条明确限定了公积金的用途，"住房公积金应当用于职工购买、建造、翻建、大修自住住房，任何单位和个人不得挪作他用。"很显然，《住房公积金管理条例》严格限定公积金用途的目的是为了防止产生呆账、坏账，

以确保广大职工的切身利益不受损害。在《住房公积金管理条例》未修改的情况下，将私人性质的公积金用于保障房建设明显突破了以上的规定，更何况公积金用于保障房建设有可能会损害公积金缴纳人的切身利益，因为如果公积金吃紧，必然会导致公积金缴纳人在购房时无法享受到公积金贷款政策。

其次，动用社保基金投入保障房建设。据报道，全国社保基金已经在南京、天津、重庆三地，通过房地产信托基金的方式，为当地的公租房建设提供融资 105 亿元。但是，社保基金作为社会保障资金，其目的是为了"保障公民在年老、疾病、工伤、失业、生育等情况下依法从国家和社会获得物质帮助的权利"，可以说是人民群众的"保命钱"，因此安全营运是其生命线。《社会保险法》第 6 条规定"国家对社会保险基金实行严格监管"，第 9 条、76 条分别规定了工会、各级人大常委会对社保基金监督的权利。《全国社会保障基金投资管理暂行办法》第 25 条第 1 款明确规定，"社保基金投资的范围限于银行存款、买卖国债和其他具有良好流动性的金融工具，包括上市流通的证券投资基金、股票、信用等级在投资级以上的企业债、金融债等有价证券。"社保基金投资于保障房，明显超出了《暂行办法》所限定的社保基金投资范围，而且投资保障房回报率过低，长期来看其投资的风险系数不小，亦有违社保基金作为"保命钱"所负有的保值增值的宗旨。

最后，发行地方债券。我国对地方政府负债实行严格的控制，《预算法》第 28 条规定："地方各级预算按照量入为出、收支平衡的原则编制，不列赤字。除法律和国务院另有规定，地方政府不得发行地方政府债券。"但地方政府常会突破该规定，采取一些如搭建地方融资平台这类规避法律的、非规范的融资方式举债。[1]当前保障房建设遇到资金瓶颈，国家相关部委亦开始频频突破《预算法》"地方政府不得发行地方政府债券"的限制性规定。2011年国家发改委发布通知，支持符合条件的地方政府投融资平台公司和其他企业，通过发行企业债券进行保障性住房项目融资。2012年2月6日财政部发布《关于切实做好2012年保障性安居工程财政资金安排等相关工作的通知》发文明确，将增加地方政府债券收入等用于保障房安居工程建设。但是问题在于：①现行的体制下，谁也无法保证地方政府不会借新债还旧责、借保障房的债用于其他用途。②虽然发改委在发文时称这种企业债券具有周期长、利息低的优点，是良好的集资工具。但是，这里所谓的"良好"仅仅是相对于发行方而言的，实际这种债券不但周期长、风险大，而且收益低，理性的投资者不会去购买，在没有有效监督的情况下，可能地方政府还是通过行政权力来强行摊派，最终地方政府将矛盾上交，甚至可能会造成金融风险，影响稳定大局。

现代法治国家，法律是政府一切行为的准绳，政府一切施政必须遵循依法行政原则。1999年，我国《宪法修正案》将"依法治国，建设社会主义法治国家"写入《宪法》。2004年，国务院颁布《全面推进依法行政实施纲要》（国发［2004］10号），提出"全面推进依法行政，经过十年左右坚持不懈的努力，基本实现建设法治政府的目标"。但是，实践中我们却遗憾地看到法律的规定经常在各种功利的目的下被突破。"与法律永相伴随的基本价值，便是社会秩序"，[2]"如果轻易地对这种或

---

　　[1]　江俊龙等："我国地方政府债务及其风险控制研究"，载《经济问题》2011年第2期。

　　[2]　[英]彼德·斯坦、约翰·香德：《西方社会的法律价值》，王献平译，中国人民公安大学出版社1990年版。第38页。

那种法律常常作这样或那样的废改，民众守法的习性必然削减，而法律的威信也就跟着削弱了。"〔1〕长此以往，不利于我国法治国家建设以及民众法律信仰的养成。

四、以权利的视角看保障房建设

前已述及，1998 年我国启动住房改革，当时确立了商品房与保障房并进的两条路线，商品房由市场提供，保障房的责任则在政府。但是，一直以来，是商品房一条腿在走路，忽略了保障房建设。当前我国狂飙突进的保障房建设，实际上是在还保障房的历史欠账。必须反思的是，欠账为什么会发生？

笔者认为，住房问题其本质是人权问题，《世界人权宣言》第 25 条规定："人人有权享受为维持其本人和家属的健康及福利所需的生活水准，包括食物、衣着、住房、医疗和必要的社会服务"。《经济、社会及文化权利国际公约》第 11 条规定："本公约缔约各国承认人人有权为他自己和家庭获得相当的生活水准，包括足够的食物、衣着和住房，并能不断改进生活条件。各缔约国将采取适当的步骤保证实现这一权利……"。联合国经济、社会和文化权利委员会还于 1991 年专门发表了《关于获得适当住房权的第四号一般性意见》，其中第 1 条规定："适足的住房之人权由来于相当的生活水准之权利，对享有所有经济、社会和文化权利是至关重要的。"因此，为弱势人群提供保障性住房是政府义不容辞的责任。众所周知，住房的基本功能是为了居住，但简单的居住问题在中国却变得非常复杂：

1. 城市居民住房开发建设被垄断。古今中外千年历史，无不是百姓自己给自己建房子，为什么中国城市居民不可以自己

---

〔1〕〔古希腊〕亚里士多德：《政治学》，吴寿彭译，商务印书馆 1985 年版，第 81 页。

盖房，而非得由开发商来垄断盖房？〔1〕近年来，媒体报道了国内多起自发通过协议形式合作购地建房的行政许可申请，但均未获得批准。〔2〕为何禁止合作建房？官方冠冕的理由无非是担心由此引起纠纷，禁止是为了保护购房者利益云云，但其实这只不过是典型的、一厢情愿的"政府父爱主义"式的官僚思维，其真实的目的是为了维持现行房地产开发垄断的现状。事实上，合作建房的申请人作为理性人完全理解其自身的行为，相互之间有合作的协议，自愿承担相应的义务和风险，而且法律并无明文禁止性规定，政府没有理由禁止。

2. 住房问题还涉及权利平等的问题。首先，当前中国城市多种性质住房并存，相互之间地位悬殊。在我国，由于金融的垄断、税赋的沉重、投资实业艰难等因素，近年来房地产市场成为资本竞相投机逐利的场所。我国双轨制的住房建设，一个城市甚至会搞出七八种性质的房子，这些房子之间地位相差悬殊，所有权性质、取得以及交易的条件均不相同，由于缺乏统一的法律层面的规范，在目前民主法治不健全的情况下，只会让权力在其中更容易钻空子寻租牟利。其次，保障房建设忽视了农民工的住房保障。在我国长期以来城乡二元结构模式下，城乡之间存在巨大的鸿沟，当前的保障房建设主要解决的是城市居民的适足居住权问题，但恰恰忽略了广大农民（由于政策的原因，农村的住房无法进入市场流转，农民群体无法分享社会经济发展带来的土地升值的收益），特别是最迫切需要解决居

---

〔1〕　事实上，在中国，由于土地属于国家和集体所有，私人无土地所有权，开发商主要依靠垄断土地开发赚钱，开发商往往将房屋的设计、建筑等业务层层外包，靠炒买、炒卖土地，推高土地价格换取高房价，进而获取暴利。作为社会资源的土地价值增值效益被开发商所独享，广大人民未享受到土地增值的受益。

〔2〕　张铁、饶文靖："首次购地搁浅，合作建房是新尝试还是乌托邦？"，载《人民日报》2005年8月11日。

住困境的广大进城务工农民的居住权（由于农民工居住条件恶劣等原因，制造了农村留守儿童等诸多严重的社会问题）。当前，实施如此大规模的保障房建设计划，势必造成资源过度向城市倾斜，加剧城乡差别和收入差别，建立在城乡二元对立基础上的利益格局将进一步固化与扩大，这与人人平等、共享改革开放成果的和谐社会明显是背道而驰的。

此外，笔者认为，当前保障房建设的思路，仍然是计划经济时代政府万能的思维。在权力的作用下，忽略了权利保障，主要体现在：

1. 忽视了地方政府的权利。当前，转型时期中国出现的房价高腾、环境危机等很多问题都深植于央地财政关系的不合理，地方政府在财政压力面前，纷纷不约而同选择了"经营城市"、"招商引资"，其行为与经营性公司无异，由此导致的征地、拆迁、一些地方甚至民怨沸腾、上访、拦访、截访，等等，乱象频出，不一而足。对此，笔者认为，板子也不能完全打在地方政府身上，值得深思的是，地方政府为什么会突然都变成了"不听话的孩子"？对于这个问题，可以设身处地地抱着基本的"同情式理解"的态度来思考：长期以来，决定地方官员政治升迁主要的考核内容是辖区 GDP 的数量，地方官员面临诸多的决定其仕途命运的"一票否决"考核，[1] 但是，"一票否决"事项太多了，也就显得不那么严厉了。由于自上而下权力主导下的考核面临着上下级之间信息的不对称，因此上级只能采取选择性执法，处分个别运气差的"撞到枪口上的"地方官员以起到"杀鸡儆猴"式的震慑作用，在"老实人吃亏"心态主导下，地方官员纷纷选择表面服从但背地还是"顶风作案"。近年

---

[1] 比如，决定地方官员仕途命运的有安全生产、耕地保护、环境保护、节能减排、计划生育、招商引资、社会综治，等等。

来，雷厉风行的"审计风暴"最终虎头蛇尾地收场，轰轰烈烈连续5次的环保风暴，结果全部草草落幕，而意义重大的节能减排在实践操作中却被一些地方政府异化为纸面上做减排游戏的徒增扰民作用的拉闸限电闹剧，其根本原因即在于此。著名财政学家马寅初先生在上世纪40年代即指出，在财政上"不实行均权制，中央之集权必有地方之滥权"、"中央既夺地方之税，地方亦不必尊重中央法令"，实为精辟之论。〔1〕

2. 分配过程中忽视了权利。分配公平是保障房的"生命线"，如果保不住这条"生命线"，建保障房就完全失去了意义，甚至会走向反面。即导致建设的量越大，浪费会越大，还会使社会矛盾更加恶化。因此，要在保障性住房的建设全过程中，重视维护好这条'生命线'。〔2〕对此，李克强总理多次强调，必须保证保障房分配的公正。〔3〕2012年2月6日，李克强主持召开保障性住房公平分配工作座谈会并讲话，强调要把确保公平分配放在更重要的位置，切实保障中低收入住房困难家庭的基本住房需求。〔4〕但是，由于缺乏法律统一的明确的规定，特别是缺乏公众的知情权、诉权，权力所主导的分配出现分配过程的腐败必在意料之中。如何做到保障房分配的公平，法国政府保障公众诉权的做法值得借鉴。为解决法国居民的住房问题，2007年法国政府部长会议通过了"可抗辩居住权"法案，承诺

---

〔1〕 马寅初：《财政学与中国财政——理论与现实》（上册），商务印书馆2001年版，第171～173页。

〔2〕 李琳："保障性住房规划要先行，'公平分配'是关键"，载《瞭望新闻周刊》2011年8月8日。

〔3〕 肖志涛："李克强强调保障房建设'三个确保'，绝不许搞权力房"，载http://www.people.com.cn/h/2011/0722/c25408-1-1083824204.html.

〔4〕 马钟鸽："李克强：让保障房违规者付出高代价"，载《新京报》2012年2月8日。

增加住房建设投入，在法国基本实现人人有房住。法案规定，从 2008 年 12 月 1 日起，在住房申请没有收到满意答复的情况下，5 类住房困难户——无房户、将被逐出现住房且无法重新安顿者、仅拥有临时住房者、居住在恶劣或危险环境中的人以及与未成年子女同住且住房面积不达标的人，可向主管部门要求解决住房问题，如问题得不到解决，可向行政法院提起诉讼。[1]

五、解决保障房问题的关键——摆正政府与市场的关系，保障权利

我国当前房地产市场出现的问题，笔者认为并不在于民粹主义者们所谓的"开发商原罪"，商人追求利润是正当的行为，我国房地产出现的病症原因非但不在于市场，反而恰恰是市场化程度还远远不够所造成的。目前，半权力、半市场的体制所造成的结果便是需要权力的时候用权力，需要市场的时候用市场，由于民主法治的不健全，权力和资本一结合，寻租起来如鱼得水，遂形成坚固的既得利益集团。房地产既得利益集团一旦形成，遂利用手中所掌握的政治、经济资源，在学术界寻找代言人，利用大众传媒进行宣传，通过各种途径来固化既得利益。我国房地产市场问题的根源即在于畸形的、垄断的土地一级市场控制制度以及由开发商垄断房地产开发的制度，地方政府通过将农民、市民土地征收，一转手即拿走了其中天价的土地差价，并从房地产开发商手中获得巨额税费，遂形成尾大不掉的土地财政局面并逐渐巩固，陷入"路径依赖"而难以自拔，整个社会为此付出了巨大的成本。

当前，保障房建设面临的问题，需要解决的其实还是如何

---

〔1〕 洪鸿："'保障房'政策期待法治环境"，载《民主与法制》2011 年 8 月 19 日。

正确处理政府与市场关系的问题。众所周知，作为一项基本的常识，市场经济的前提条件是政府必须有一个科学的定位。现代法治政府必然是权力受到法律制约的政府，法治政府必然采用"租税国"体制，在市场经济中处于中立地位，所需的经费由全体纳税人根据量能的原则提供，政府量入为出，财政不以追求"赢利"为目的，其主要作用在于提供公共物品与公共服务，弥补市场失灵，凡市场能作用的地方即政府止步之处。[1]但是，由于我国市场经济从计划体制脱胎而来，受计划经济的影响，长期以来我国政府投资一直是政府财政支出的主体，"经济建设型政府"明显，政府主导经济的结果，一是近年来"国进民退"、"国富民穷"现象愈发明显；二是资源配置日益扭曲，导致大量的贪污腐败、浪费及损耗。当前，对于规模如此巨大的保障房建设，是否违反经济规律，超越了现阶段经济能力，以及是否存在金融风险，是否干扰了市场秩序乃至有重回计划经济的危险，等等，这些应当是经济学家们所思考的问题。从法律角度来看，笔者主要关注的是：

法治政府要求政府必须依法行政，政府的一切施政必须有法律的依据。对于保障房建设这样庞大的经济计划，必须事前进行充分的利益衡量和反复的商讨，在形成共识的基础上，通过相应的法律，以此来规范保障房建设。具体而言，大规模保障房计划的通过和实施，在法律程序和实体上必须考虑：首先，必须有强烈的公益目的。关于这一点，保障房建设毋庸置疑其意义重大，具有目的合理性。其次，必须遵循依法行政原则。依法行政原则具体包括行政合法性原则、行政合理性原则、行政公正性原则和行政责任性原则。依法行政原则要求法治国家

---

〔1〕　高军："租税国理论及其意义初探"，载《河南社会科学》2010 年第 5 期。

政府一切施政必须以法律为依据，对政府而言，法无明确授权即无权。第三，比例原则。即法律的规定、政府施政均应权衡利弊得失，不得"大炮打麻雀"，这需要议会进行充分的讨论、争辩，现代立法程序具有民主性、公开性、交涉性和自律性等几大属性，惟有遵循该程序才能尊重不同的声音，确保立法的公正性、可行性。就当前的保障房建设而言，我们必须思考的是，如此大的一个计划，为什么会出现法律的缺位？保障房是不是必须由政府亲自充当开发商的角色，由政府来建？为什么不能由市场来提供？制度学派认为，人的行为是由制度规则决定的，事实上，缺乏法律层面上的、理性的、制度化的、常规化的制度设计，缺乏公众的知情权、监督权和诉权，寄希望于自上而下的督促是靠不住的。而经验告诉我们，现行的体制下，政府充当投资主体，所导致的资源配置混乱、行政干预错位难以避免，浪费、低效率更为寻常，任何禁令也不可能制止其中的腐败、寻租以及弄虚作假等行为，这从近年连续发生的工路塌方、桥梁倒塌、"楼脆脆"等现象可以得出。[1]

正如论者所指出，政府必须保障弱势群体的居住权，但不能矫枉过正回到计划体制的老路上去，由政府包办一切是不现实的，而且注定是低效的。保障房的好处在于省掉了土地出让金，[2]但坏处在于政府建房的效率远低于市场，更不用说这个

---

〔1〕 最近媒体披露的动车采购中的腐败实令人惊心：一个自动洗面器7.2395万元，一个大理石洗面台2.6万元，一个感应水阀1.28万元，一个卫生间纸巾盒1125元，最后组合成总价高达三四十万元的整体卫生间；一台15英寸液晶显示器上万元，一张单人坐椅2.2万元，一台冷藏展示柜6.8万元。参见"'奢侈动车'是如何炼成的"，载《新京报》2012年2月20日。

〔2〕 但问题在于，目前的体制下，土地出让金是地方财政的一大支柱性来源，保障房建设切掉了地方政府的这一大块蛋糕，相当于在现行的利益格局中抢走了地方政府的这部分收入，但却未在其他地方给地方政府予以补偿，如此，地方政府焉能"束手就擒"？

过程中可能产生的腐败，只有竞争性的市场主体才有能力以最优的配置、最高的效率建造相对最便宜的房子。[1]事实上，市场才是真正的创新主体，面对高昂的房价，市场早已自发地产生了一套解决弱势人群居住的秩序：①大量涌现的城中村。近年来，由于经济的发展，城市急剧扩张，大量农村人口进城务工，在政府住房供给缺位的情况下，以大量出现的城中村为代表的市场代替政府供给了大量的廉租房。这些城中村虽然地处城市中间，但土地性质却是农村集体所有，在市场需求的刺激下，这些城中村的村民逐渐抛弃原来的农业生产方式，转而从事商业服务业和房屋出租活动。②存量巨大的"小产权房"。"小产权房"是我国不合理的城乡二元化土地制度、政府对土地一级市场垄断、土地财政催生的高房价等因素所造成的一种奇怪产物。据前几年国土资源部的统计，全国的小产权房共计66亿平方米，约占全部住宅面积的1/3。由于政府的管制，这些"小产权房"的售价和租价与商品房之间存在着数倍的差距，因而成为城市贫困人口和农村进城人口的栖息之地，成为廉价（租）房的供应来源。市场自发提供廉租房与保障房建设过程中的混乱相较，应验了一条简单的经济定理，即用自己的钱为自己办事最有效率，最没有效率是用别人的钱替别人办事。市场自发提供廉租房至少是有效率的，是在用自己的钱为自己办事，但保障房建设却是政府在用纳税人的钱为纳税人办事，而且还缺乏制度化的、有效的约束，因此出现种种乱象实为意料之中的事。

目前，政府一方面提出盖保障性住房，另一方面又不承认现在事实上发挥廉租房作用的小产权房的合法性，至少不符合

---

[1] 朱迅垚："'保障房'并不能包打天下"，载《南方日报》2011年4月9日。

市场经济的效率原则。学者指出，在当前我国环境下，政府可以通过减少土地财政和放开土地交易的管制来促使土地市场降价，从而降低房地产成本，保障房只能作为一种辅助性手段。[1]前已论及，我国高房价问题根源在于不合理的中央与地方的财政关系所导致的"土地财政"。笔者认为，解决的根本在于重构法治化的央地财政关系，保证地方财政自主权及实现中央财政转移支付的法制化，终结土地财政，承认私人的土地所有权，破除城市房地产供给的垄断，承认自建房、合作建房的合法地位，使房地产市场回归常识，等等。但这需要深层次的法律制度变革，非能"毕其功于一役"。就目前情形而论，笔者赞成张曙光先生所提出的观点：解决我国住房问题的根本方法就是"无为"，即取消行政部门对房地产市场及其它领域的干预，禁止行政部门对各种产权的侵犯，建立起多元化的充分竞争的住房供应体系。他强调"政府补给不足，从产权保护做起"才是根本，"当务之急承认市场供给的合法性，政府承认廉租房、城中村的合法性，按保障性住房，最近收多少，给补贴多少，这个问题完全可以解决，但现在政府依然不承认它的合法性。"[2]

结语：

为弱势人群提供保障性住房是政府的义务。但是，保障房建设是一个非常复杂的道德与法律命题，并不简单是"房价高，政府给你造房子"这么简单的思维。用保障房解决问题，其本质是政府包办的思维，这是一种革命战争年代指挥攻克战役、

---

[1] 朱迅垚："保障房的'政府病'：贪污、腐败以及弄虚作假"，载《南方日报》2011年4月19日。

[2] 杨倩："张曙光炮轰保障房：承认城中村和小产权房才是关键"，载 http://www.caijing.com.cn/2011-06-20/110751137.html。

计划经济时代"集中力量办大事"的思维。不过，目的正当性并不能证明手段的正确，虽然保障房建设计划目标宏伟且初衷亦好，但是一纸蓝图与一个宏伟目标并非确保目标实现的手段。当前，保障房建设是政府最大的民生工程，在和谐社会、"稳定压倒一切"的语境下极容易演化为"政治正确"的命题，在缺少法制化约束的情况下，容易被一些地方政府利用，甚至会沦为个别地方政府暴力拆迁的借口。当前，保障房建设过程中出现了诸多问题，何去何从？对于张曙光先生提出的立即停止保障房建设的建议，笔者不敢苟同。保障房建设作为数亿双眼睛在关注的惠民工程、民心工程，建设成效如何直接关系到党和政府的形象、执政能力和公信力，既已发动，不能率尔停止，只能尽力去补救。笔者认为，理性的做法是：针对保障房建设过程中出现的问题，根据经济发展水平和财政状况逐步减少保障房建设的数量同时，当务之急是必须加快以权利为本位的"住房保障法"的立法进程，明确保障房的财政安排、土地供应、市场准入、融资模式、运营模式等等，为保障性住房建设提供全国统一的制度支撑。此外，"住房保障法"立法还应注意的是，保障性住房的提供能通过市场途径解决的尽量通过市场来解决，最大程度的避免政府亲力亲为，以防止出现大规模工程建设中常见的"政府工程病"。

第四节　开征房产税的正当性及其效能探讨[1]

近日，《经济日报》发表财政部部长谢旭人文章，称有关方

---

[1]　本节发表在《地方财政研究》2013年第7期。

面正在研究逐步在全国推行房产税。同期，财政部财政科学研究所所长贾康表示，"扩大房产税试点范围的改革方向已被锁定"并表示在未来的新一轮财税改革中，房产税是一个无法回避的方向。从种种迹向看，在全国范围内征收房产税目前已呈箭在弦上之势。但是，正如美国最高法院约翰·马歇尔大法官所言，"征税的权力是事关毁灭的权力"，事实上国家征税所造成的财产减少，无论在规模还是在数量上都是任何私人犯罪（如盗窃、抢劫）所难以望其项背的。[1]涉税无小事，征收之前必须明确为什么要征房产税？虽然在这个问题上有关方面一直遮遮掩掩甚至讳莫如深，打压房价之说虽然冠冕堂皇，但在多次采取"史上最严厉的调控手段"均未奏效的情况下这个理由无疑显得较为苍白。显然，伴随后土地财政时期的到来，为地方政府提供稳定的财源是房产税的主要目的。[2]但是开征房产税的初衷固然好——土地是有限的资源，靠卖地的土地财政是杀鸡取卵、不可持续的财政，开征房产税可以破解地方政府土地财政困境，保证地方政府获得稳定的财源。不过到目前为止，所有给出的理由均是站在征税者的立场上考虑的，并没有考虑到纳税人的感受。毕竟房产税一旦开征是需要广大纳税人来负担的，而站在纳税人的立场，征收房产税则"兹事体大"，它直接侵犯的是纳税人受宪法保护的财产权，甚至可能直接威

---

〔1〕 刘军宁："'税'的宪政解读"，载《中国经济时报》2004年12月27日。

〔2〕 例如，财政部税政司综合处处长周传华公开表示，"房产税可以成为地方政府重要且稳定的财政收入来源"。参见，胡岩："财政部称个人房产将逐步纳入征税范畴"，载《证券时报》2010年12月3日。

国家发改委财政金融司司长徐林直言，房产税的开征，将为地方政府带来一个稳定的主体税种；财政部财政科学研究所所长贾康表示，房产税应该由地方政府掌握，把它培育成为地方政府的一个主体税种。参见，惠铭生："房产税若不能抑制房价能取消吗"，载《中国青年报》2011年1月28日。

胁到普通纳税人的生存权。因此，在决定开征之前，必须厘清房产税的合理性、合法性等诸多问题。

一、开征房产税缘由之正当性质疑

税不仅仅是一个经济问题，更体现了政治和政府道德，国家不能以征税本身为目的，"当征税的目的不是为了保卫国家和增进国家福利时，征税就变成了盗窃。"[1]作为一项基本的常识，在现代民主法治社会，税存在的惟一理由就是作为政府提供公共物品和公共服务的对价而存在。"租税倘非出于公共福利需要者，即不得征收，如果征收，则不能认为是正当的租税"，[2]因此，国家征税权的正当性在于，纳税人期待税仅被用于提供公共服务或经纳税人同意的转移支付，唯如此，政府的权力才能被限制到合适的领域，这是有关税收的宪政逻辑。[3]而 Alan Lewis 则更是直接将"你付出了什么"和"你得到了什么"之间的联系称为"财政关系"。[4]

在现代民主法治社会，国家财政不同于一般以追求赢利为目的的私人经济，它是一种以公益为价值取向的公共财政，奉行量出为入的原则，即依据公共事务决定征税事项。国家征税不能以取得超额收入为目的，其首要目的在于利用财政手段来维护国家的独立与安定，促进国民生活的安宁幸福。因此，宪政的财政逻辑是：政府必须首先根据公共服务的内容来确定财

---

〔1〕 ［法］霍尔巴赫：《自然政治论》，陈太先、眭茂译，商务印书馆 2002 年版，第 103 页。

〔2〕 ［日］小川乡太郎：《租税总论》，萨孟武译，商务印书馆 1934 年版，第 57 页。

〔3〕 王怡："立宪政体中的赋税问题"，载《法学研究》2004 年第 5 期。

〔4〕 A. Lewis. *The Psychology of Taxation*. Oxford：Martin Roberson，1982，p. 42.

政支出的方向和总量，然后在此基础上确定财政收入的总量，并进一步确定所需征收的税收总量，如果当年税收超额完成，那么第二年必须在此基础上进行减税。唯有如此，才能有效地降低一个社会的宏观税负，减轻公民的负担。而如果由政府来决定征税，对食税者来说，必然是收的税越多越好，"在政府的所有权力中，征税权是最容易滥用的权力"，〔1〕在缺乏有效的制度性约束的条件下，政府税制设计、税的征收过程中必然会倾向于实现税收的最大化，"开头微不足道，但是，如果不小心在意，税率就会很快翻倍，而且最终会到达没有人可以预见的地步，这合乎事物的本性。"〔2〕

笔者认为，在决定开征房产税来解决地方政府财政困境之前，必须搞清楚的是：地方政府为什么会缺钱？目前地方政府财政收支总体情况如何？我国财政整体状况如何？财政收入与支出的总额分别是多少？财政支出项目是否必要与合理？地方政府缺钱是否必须通过征税来解决？在现有的财政规模下能否通过其他途径来解决？以下疑问应当是合理的：2010年我国7万多亿元的税收，11万多亿元的非税收入，加起来近19万亿元的政府收入，占同年GDP的一半，〔3〕如此庞大的财政收入为什么还不够用？我国社会公共事务需要投入的财政总额到底是多少？其中，中央与地方事务需要投入的财政又分别是多少？但遗憾的是，长期以来政府并没有公布相关的准确数据，甚至各级人大代表在表决政府预算时亦不能明悉相关数据，这难免

〔1〕 ［英］哈耶克：《自由秩序原理》，邓正来译，生活·读书·新知三联书店1997年版，第72页。

〔2〕 ［英］哈耶克：《自由宪章》，杨玉生译，中国社会科学出版社1999年版，第170页。

〔3〕 王安："中国的税负有多高"，载《炎黄春秋》2012年第9期。

让人困惑：既然不知道需要支出多少财政，又谈何开征新税呢？

事实上，"没有任何东西比规定国民应缴纳若干财产、应保留若干财产更需要智慧与谨慎"，[1] 国家征税必须培养税源并衡量人民的纳税能力，不得侵及纳税人最低生存权，如果政府征税过多，不但不能成为纳税人自由与财产的保障，甚至极有可能走向反面。事实上，目前，我国纳税人负担已经非常沉重，且不论福布斯纳税人痛苦指数排名上我国连年居于前列，我们都生活在这个社会，只需根据我们每个人的切身体验，应完全可以感知到这一点。人们完全有理由发出这样疑问：既然地方财政困难，为什么吃财政饭的公务员数量和事业单位人员数量越来越膨胀？为什么还存在着数额庞大的"三公消费"？解决财政困境为什么只想到了加税而不从精简人员和杜绝"三公消费"入手？

二、开征房产税途径之正当性质疑

税法本质上是侵权法，税收直接威胁到公民的宪法财产权，因此必须严格限制政府征税的权力，"如果行政者有决定国家征税的权力，而不是限于表示同意而已的话，自由就不存在了。因为这样行政权力就在立法最重要的关键上成为立法性质的权力了。"[2] 税收法定与罪刑法定是宪政的两项基本原则，在自由民主法治社会中是保障公民财产自由与人身自由之武器。

我国《宪法》第 56 条规定，"中华人民共和国公民有依照法律纳税的义务"。虽然对此处的"法律"应解释为狭义的全国

---

〔1〕 〔法〕孟德斯鸠：《论法的精神》（上册），张雁深译，商务印书馆 1987 年版，第 213 页。

〔2〕 〔法〕孟德斯鸠：《论法的精神》（上册），张雁深译，商务印书馆 1987 年版，第 156 页。

人大、人大常委会制订的法律，还是广义的法律尚缺乏权威的解释，但根据宪政的一般原理，依合宪解释应理解为狭义的法律，更何况《立法法》第 8 条明确规定了"下列事项只能制定法律：……（八）基本经济制度以及财政、税收、海关、金融和外贸的基本制度"。我国税收法定原则是通过《税收征收管理法》确定的，该法第 3 条第 1 款规定"税收的开征、停征以及减税、免税、退税、补税，依照法律的规定执行"，但该款同时还规定了"法律授权国务院规定的，依照国务院制定的行政法规的规定执行"。另外，《立法法》第 9 条也规定了"本法第八条规定的事项尚未制定法律的，全国人民代表大会及其常务委员会有权作出决定，授权国务院可以根据实际需要，对其中的部分事项先制定行政法规，但是有关犯罪和刑罚、对公民政治权利的剥夺和限制人身自由的强制措施和处罚、司法制度等事项除外。"不过，为防止被授权机关滥用权力，《立法法》第 10 条规定了，"授权决定应当明确授权的目的、范围。被授权机关应当严格按照授权目的和范围行使该项权力。被授权机关不得将该项权力转授给其他机关。"因此，根据以上宪法与法律的规定，开征房产税难以绕过立法环节。

事实上，当前热议的房产税其最初的名称是物业税。长期以来，在中国房地产领域，与房地产有关的税收包括城市房地产税、城镇土地使用税、土地增值税、耕地占用税、印花税、营业税和所得税，此外还有各种名目的收费，其繁杂程度举世无双。十六届三中全会提出"实施城镇建设税费改革，条件具备时对不动产开征统一规范的物业税，相应取消有关收费"。也就是说，房产税最初的定位是物业税，其初衷是为了规范房地产领域的税费体系，即把开发环节和流通环节的税向持有环节转移，是一个税收转移的问题。但物业税的征收需要经过全国人大的立法程序。通过人大立法开征新税并非易事，因此有关部门就想起了长期被搁置的房产税，[1] 意图通过旧瓶装新酒的方式将物业税穿上房产税的马甲而横空祭出，其隐含的逻辑是：虽然《房产税暂行条例》第 5 条中明确规定了"个人所有非营业用的房产"免纳房产税，但这里用的是"免纳"一词，似乎本该征收的，未征收是立法机关的一种"恩赐"，现在随着形势的变化，决定开始征收是名正言顺的。不过，由于这部条例颁行已 26 年，其制订所依据的《税收征收管理暂行条例》早已废止，其存在的合理性与合法性均存在疑问。为绕开立法环节，2011 年 1 月 18 日国务院在其颁发的《国务院关于废止和修改部分行政法规的决定》中第 76 条规定，"将《中华人民共和国房产税暂行条例》第八条中的《中华人民共和国税收征收管理暂行条例》修改为《中华人民共和国税收征收管理法》"，表面上看来，国务院此举似乎清除了房产税征收的障碍，下一步只需要将对"个人所有非营业用的房产""免纳"的"恩惠"取消即可顺理成章的开征。

以上谋划可谓是"深思熟虑"，但笔者认为此乃机巧而非正道，征收房产税乃涉及国计民生、直接影响社会稳定之大事，必须走煌煌正道。必须认识到，长期以来我国税收法制领域行政立法独大而法律式微的状况 [2] 实际上背离了法治，是一种

---

〔1〕《房产税暂行条例》1986 年就通过了，当时我国尚未启动住房改革，私人拥有房屋产权还较少，因此该税征收对象是营业性住房，但由于征收困难，事实上长期以来基本处于被搁置的状态。

〔2〕 我国全国人大制定的涉税法律只有《中华人民共和国个人所得税法》、《中华人民共和国企业所得税法》两部，全国人大常委会制定的有《中华人民共和国税收征收管理法》、《中华人民共和国车船税法》2 部。而国务院制定的税收行政法规和税收规范性文件则有 30 余件，决定了 17 个税种的开征和 6 个税种的停征。财政部、国家税务总局制定的涉税部门规章约 120 余件，其他规范性涉税文件 1100 余件。至于省以及省以下税务机关制定的有关涉税规范性文件则更是多如牛毛。

极不正常的现象，这种现象之所以发生，其根源在于 1984 年全国人大常委会通过的《关于授权国务院改革工商税制发布有关税收条例草案试行的决定》（以下简称《决定》）："决定授权国务院在实施国营企业利改税和改革工商税制的过程中，拟定有关税收条例，以草案形式发布试行，再根据试行的经验加以修订，提请全国人民代表大会常务委员会审议。国务院发布试行的以上税收条例草案，不适用中外合资经营企业和外国企业"。从《决定》的名称和内容中，明显可以看出：① 税收领域的授权立法，仅仅是我国改革开放初期经济体制改革探索阶段一种过渡性的权宜安排；②该《决定》包含的授权目的与范围过于宽泛，不符合授权明确性的要求，属于典型的空白授权条款，事实上赋予了作为行政机关的国务院过大的税收立法权——自然，由行政机关来决定征税事项，其后果必然是税越来越重。

当前，随着市场经济的逐步深入以及依法治国实践的推进，限制国家征税权力以保护公民财产权、保护市场经济的创新与活力已成为当前紧迫的时代命题。《中华人民共和国立法法》第 11 条规定，"授权立法事项，经过实践检验，制定法律的条件成熟时，由全国人民代表大会及其常务委员会及时制定法律。法律制定后，相应立法事项的授权中止。"到目前为止，《房产税暂行条例》已"暂行"了 26 年，期间中国政治、经济与社会发生了广泛、巨大而深刻的变化，"法治"、"人权保障"、公民财产权保护等条款已通过修正案形式入宪，民主法治已蔚然成为时代的潮流，制定法律的条件还不成熟似乎怎么也说不过去。更何况，在 2009 年 6 月 27 日，十一届全国人大常委会第九次会议通过决定，废止全国人大常委会 1984 年《关于授权国务院改革工商税制发布有关税收条例草案试行的决定》，这次会议同时还要求国务院尽快将此前依据该授权决定而制定的税收法规提交全国人大常委会审议以制定相应的法律。因此，从程序上讲，试图回避税收立法程序，以旧瓶装新酒的方式来征收房产税行不通。

三、当下开征房产税的后果分析

首先，借打压房价的理由开征房产税将严重损害政府诚信。近年来，房价高昂带来了很多社会问题，中央政府采取了诸多手段打压房价，但政府认定房价上涨过快的原因在于有人投机炒房和开发商哄抬房价，因此数次采取的房价调控政策的重点主要落脚在提高首付、征收交易税、征收土地增值税，甚至采取了合法性受到质疑的"限购令"的方式，但是由于方向错误，[1]所开的药方只能治标而不治本，最多只是暂时遏制了房价疯涨的势头，离预期的房价下降还有较大的距离。事实上，征收房产税的思路，仍是一种与"限购令"类似的、靠打压需求来迫使商品价格稳定的计划经济思维。在我国目前的房地产体制下，房产税背后的真实逻辑其实是：政府垄断土地交易一级市场，房产商垄断商品房开发市场，政府以低价夺地，然后以高价拍地，对房地产开发收取名目繁多的税费，从而导致房地产价格飙升，[2]再以抑制高房价为理由开征房产税。笔者认为，寄希望

---

〔1〕　造成高房价的真实原因在于：①土地供应者单一（政府），土地开发者单一（开发商），实质上形成了垄断；②高等教育大众化、城市化进程中释放出巨大的房产刚性需求；③长期以来银行存款实际的负利率以及货币超发带来的纸币贬值，目前赚钱的行业大多被垄断，公众投资渠道窄，投资房产成为资产保值增值的首选办法；④房价里包含了各种成本，伴随着通胀各种建筑成本一直在涨价，房价岂有不涨之理？

〔2〕　《国际金融报》记者调查统计得出，商品房从拿地开发到卖给购房者，其中涉及到向各级政府缴纳的税费一共7大类具体37项，占整个房屋销售金额比例低则50%，最高甚至超过70%。参见，卢元强等："房地产税费到底有多高"，载《国际金融报》2012年12月7日。

于通过房产税打压房价，实无异于缘木求鱼，作为一个基本的常识，任何与房子交易和持有有关的税收一定会推高房价，房产税一定会体现在租金或房价中，最终由租房者、购房者承担。在当前不明确房产税开征的目的，而且未对目前已经存在的与房地产有关的税费进行清理的情况下贸然开征，征收之后租房价格必然也将水涨船高，届时买不起房的人甚至可能连租也租不起房了。[1] 现在力主推出房产税的人，其真实意图是借公众对高房价深恶痛绝的情绪以及打压房价的呼声，为地方政府开拓一个取之不尽的税源，可谓处心积虑、用心良苦。但是，借民粹思想来趁机征税实际上是极其危险的，如果一旦无法兑现打压房价的承诺，而公众又切切实实的多了一项沉重的税收负担，最终必将导致民怨沸腾，使政府的信用扫地。

其次，贸然开征房产税将引发有关税负公平的道德风险。公平纳税是税法的基本原则，它源于税的事物本质，集中体现了税的内在法理与精神，深受古今中外学者的推崇并为当代许多国家的宪法所明文确立，税负公平原则已成为各国制定税收制度的首要选择。[2] 我国开征房产税，必须解决房产税公平纳税的问题。但是，目前我国房地产领域的情况非常复杂，光住房的类型就有很多种——单位福利房、公租房、商品房、小产权房、自有宅基地房、集资房、军产权房等，不一而足，让人眼花缭乱。这些房产的权利事实上是不平等的，对形形色色权利不平等的房产究竟该如何征税？此外，单从技术方面来讲，征收房产税就面临很多困难：是按人均面积征收还是按套数征

---

[1] "限购令"已导致国内许多大城市租房成本上升，因不堪房租上涨，近年来一些企业以及外来创业者纷纷选择"逃离北上广"。

[2] 高军：《纳税人基本权研究》，中国社会科学出版社 2011 年版，第 107～108 页。

收？是针对新增商品房征还是现有存量房均予征收？房子坐落的位置在市中心还是郊区，不管房屋新旧，不管楼层高低，不管配套设施差距是否一视同仁征收？等等，这些都必须由全社会经过充分的讨论达成共识后以立法的形式来确认。但是在我国，官员财产申报提了多年，至今尚且"在技术上做不到"，而在全国范围内要调查每家每户有几套房产、人均占有多少面积以及对每座房产进行估值，需要大量的专业人员以及投入巨大的人力、物力，这是一个比官员财产申报更复杂的任务，从逻辑上讲似乎更不可能完成。特别是现阶段中国民主法治尚不健全的国情下，人们完全有理由担心：一旦开征房产税，房价估值势必向权势者偏移，权势者定会有逃避房产税的办法，最终房产税极可能沦为落在普通人身上的沉重负担，事实上，翻开任何一部中国赋税史，可以发现这种情况在中国历史上是不绝于书的。

最后，征收房产税将极大加重普通纳税人的负担。一直以来，"与西方发达国家接轨"是有关部门宣称征收房产税的一个重要理由。但必须指出的是，我国目前所要征收的房产税与西方的房产税实际上并非同一概念。确实，西方国家一般都有房产税这一地方税税种，但问题在于西方国家一般以透明的直接税为主体税制结构，房产税是直接税，它直接针对房产而征收，房产的价值主要体现在土地使用权的增值上，而西方国家的纳税人是拥有房屋土地永久产权的。此外，在西方国家，房产税征收的目的在于为地方居民提供公共物品与公共服务，其征收与使用均为透明，纳税人有权随时进行查询和监督。我国情况不同于西方，我国是以不透明的间接税为主体税制结构，纳税人负担本已沉重，更何况我国实行特殊的土地国有政策，居民所购买的房产只有 70 年的土地使用权期限，房价中已经包含此前开发商为取得该土地开发资格而交纳的巨额土地使用权出让金，亦即购房者已交过直接税性质的土地租金，再征收房产税无疑属于重复征税，政府在制度上无法自圆其说。"民为邦本，本固邦宁"，征税不得侵犯纳税人生存保障，这是纳税人的基本权利同时也是政府道义上的责任。中国城市化进程中，政府已通过房地产手段吸取了巨额的民间财富，普通家庭往往需要竭尽几代之力才能购买一套普通商品住房，甚至很多人为此成为了"房奴"，再对其征收房产税于情何忍？此外，由于当前中国实行的并非完全意义上的市场经济，个人投资的渠道非常窄、股市的长期低迷与掠夺、长期的通货膨胀造成银行存款实际的负利率等因素的存在，决定了目前在中国实际能够资产保值的财产主要是房产，如果全面普遍地征收房产税，势必动摇全社会的资产基础。当前，我国基尼系数已超过国际警戒线，贫富悬殊问题的存在已是一个不争的事实，对于官员或富人而言，可以或凭借权势逃避征税、[1] 或根本不在乎征那点税、或通过房屋出租将房产税转嫁、或干脆"用脚投票"将包括房产在内的资产出卖转移资金到海外，[2] 但房产税对于已拥有住房的普通人来说则是实实在在的负担。而且，开征房产税势必需要招收更多的国家公务员并成立税务警察，势必将再加重纳税人的负担。在目前征税与用税均不透明，甚至连公众深恶痛绝、饱受诟病的巨额"三公消费"都无法遏制的财政体制下，征收直接税性质的房产税，将极大的刺激纳税人的"税痛"，纳税人必

---

〔1〕 例如，最近曝光的陕西神木县"房姐"龚爱爱，即拥有 4 个不同的户口。

〔2〕 亚当·斯密指出，"（资本所有者）很可说是一个世界公民，他不一定要附着于哪一个特定国家。一国如果为了要课以重税，而多方调查其财产，他就要舍此他适了，他并且会把资本移往任何其他国家，只要那里比较能随意经营事业，或者比较能安逸地享有财富。"——［英］亚当·斯密：《国民财富的性质和原因研究》（下），郭大力、王亚南译，商务印书馆 2007 年版，第 408 页。

然产生"我纳税，你享乐"的强烈抵触情绪，并采取各种方式逃避缴纳甚至公然拒绝缴纳，如果强制执行，可能存在诱发大规模社会冲突的风险。

四、解决地方政府财政危机之正道

近年来，伴随着我国经济的飞速发展，我国政府财政收入连年超 GDP 增幅而不断攀升。不过，虽然财政收入总额巨大，但地方政府却普遍出现了财政困境。[1]地方政府"土地财政"遂兴，一些地方政府卖地的收入占了地方财政收入半数甚至更多，形成"房价绑架财政"的局面。地方政府强力征地、拆迁招致了激烈的社会反抗，造成诸多严重的社会问题。近期以来，由于"限购令"等房价调控措施的采取，房地产交易萎靡，带来地方政府土地频频流拍，地方政府遭遇财政危机。继续维持高房价以保持土地财政格局固然不可取，因为土地是不可再生资源，土地财政本质上是一种掠夺型、不可持续的财政，但是否就必须以房产税来代替，笔者认为结论并非如此简单。当前，我国改革开放已进入攻坚阶段，很多体制性缺陷充分暴露出来，出现了政府权力日益扩张、社会不同阶层贫富差距过大、纳税人负担过重、群体性事件频发等诸多严峻的社会问题。值得警惕的是，目前存在着两个非常危险的信号：其一，几乎每出现

---

[1]　笔者认为，之所以会出现财政总额巨大而地方政府却缺钱的局面，主要原因：①分税制对地方政府剥夺过多，而且中央政府利用政治上的优势地位，经常会出台一些惠民政策，但结果却是"中央请客，地方买单"，地方政府往往苦不堪言。②巨额的政府投资与政府形象工程。长期以来，我国政府是一种生产建设型政府，政府直接参与市场竞争，历年生产建设性财政投入过高，此外地方官员青睐耗资巨大的形象工程，特别是自成功举办奥运、世博之后，一些地方政府热衷搞体育等赛事，动则耗费千亿财政。③政府机构过于庞大，"吃财政饭"现象严重。近年为缓解大学生就业压力，公务员还在不断扩招，再加上巨额的"三公消费"，使财政越来越不堪重负。

一个社会问题，政府首先就会想到用增税来解决，这似乎已形成了思维惯性与解决问题办法的"路径依赖"，而较少顾及民众的负担和税收法定的宪政原则。本质上这是一种行政本位与功利主义思维，它将复杂的社会问题简单化，对社会治理的理性化、法治化建设是极为有害的。其二，与西方国家议员们通常竭力抵制政府开征新税的做法不同的是，近年来我国各级人大代表也非常热衷建议开征新税，实际上这是一种严重的角色错位与背离。[1]古今中外的历史经验告诉我们，由政府来实际掌握征税的权力、决定征税事项，必然是重税的结果，因为不受约束的行政权力的欲望一定是无止境的。但是，在社会转型各种矛盾尖锐的时期，加税必须格外慎重，因为重税将极有可能压垮社会经济和突破民众的忍耐底线，使整个社会陷入动乱之中。笔者认为，解决目前我国地方政府的财政困境，当务之急在于推进国家机关与事业单位改革，通过大规模精简人员来解决长期以来"吃饭财政"所造成的"民之饥，以其上食税之多，是以饥"的问题，根本之道则在于：

1. 重构分税制与财政转移支付制度。1993 年中央政府单方面决定的分税制型塑了一个财权与事权不对等的央地财政关系，中央政府处于绝对的优势地位，财多而事少，地方政府则反之即财少而事多。实践证明分税制缺陷明显，与地方财政普遍捉襟见肘相对的是，近年来国家部委、国有大企业纷纷表现得财大气粗，"天价装修"、为完成预算每年年终突击花钱，以及国有投资企业海外投资失误导致巨额亏损等这类事件经常见诸报端。虽然每年我国中央财政转移支付的数额巨大，但对本质上属于宪政基本问题的财政转移支付事项却至今尚未实现法治化，

---

〔1〕 曹林："人民的代表为何也亢奋地喊增税"，载《中国青年报》2010 年 2 月 2 日。

实践中的随意化、不规范的操作，事实上的"会哭的孩子有奶吃"催生了"驻京办"、"跑部钱进"等腐败现象。纳税人完全有理由发出这样的疑问：地方政府没钱，直接原因在于分税制与财政转移支付制度的不合理，那为什么不可以进行宪政的意义上的重构？

2. 确立政府与市场的边界，摆脱政府投资的路径依赖。长期以来，受计划经济时代政府主导经济发展的思维影响，我国政府是计划投资型政府，奉行的是依靠政府拉动经济的发展模式。这种模式存在着天生的缺陷：首先，经济学理论以及人类社会长期的实践已充分证实，政府利用资源的效率必然低于民众个人支配、利用的效率。如果政府征收的税收过重，必然会产生国富民穷的后果，过多的资源集中到政府手中对社会而言并非幸事，至少降低了全社会对资源的利用效率。其次，政治经济学常识告诉我们，政府不同于市场，政府的职能是为社会提供市场无法提供或不能有效提供的公共物品和公共服务，如果政府直接参与市场竞争，必将利用自身的政策制订者的地位产生垄断，由于缺乏有效的外部监管，政府巨额投资必然带来普遍的低效甚至无效以及贪污、浪费等政府工程病。因此，宪政主义要求，政府的职能必须是有限的，社会和市场能够解决的问题，就不需要政府动用税款来解决。因此，在法治社会中，政府正确的角色定位不是赤膊上阵与民争利，而是提供包括公平的市场交易规则、独立公正的司法体系等在内的公共物品与公共服务，促进市场的发展，培植税基，通过法定的税收来源源不断获得财政收入。

3. 完善公共财政制度，实现财政的民主化。现代税收的法理基础是税收契约论，税收被理解为收入和支出的混合体，税收的用途必须严格限定在为社会共同体提供公共物品与公共服务上，"如果在赋税收入的使用上没有任何限制，这种收入就与政府中决策制定者的个人所得毫无二致"，[1] 而 Wicksell 更是一针见血地指出，"若不是期望政府利用税收来提供财货与劳务，以取得一些利益；在制宪前或制宪后没有一个人愿意付税"。[2] 事实上，在一个民主法治国家，涉税的事项均由纳税人来决定，奉行"以支定收"，即每个年度都由议会来具体讨论钱花在哪里、怎么花、花多少之后，再决定征多少税。纳税人纳税后，依法享有公共物品请求权与使用权，以及对税收收支情况的知情权和监督权。但遗憾的是，在我国，受与计划经济相适应的马克思主义国家学说的影响，长期以来我国政府将税收理解成权力关系，在财政理论方面奉行的是国家分配论，我国各级政府实际上是"以收定支"，收多少花多少，甚至以多征税作为业绩炫耀，而税款花在哪里则根本无需向纳税人汇报。当前全球化的背景下，随着市场经济的发展，公众民主法治意识高涨，公众已普遍意识到政府的税收来自于纳税人的财产，是纳税人供养了政府而非相反，基于每个人的自身体验，公众并不相信政府组成人员是什么"道德超人"，税收的"取之于民、用之于民"不能仅仅停留在口头的"宏大叙事"上，必须由广大纳税人来决定，并通过具体化、可操作的法律程序来保障，而不能靠"政府父爱主义"式的施舍。因此，必须采取措施完善我国人民代表大会制度，特别是应当大力进行预算的民主化与公共化改革，进而推动公共财政的完善，真正的实现人大代表对征税与用税的决定权。

---

〔1〕 ［澳］布伦南、［美］布坎南：《宪政经济学》，冯克利等译，中国社会科学出版社 2004 年版，第 286 页。

〔2〕 蓝元骏："熊彼特租税国思想与现代宪政国家"，台湾大学法律学研究所 2005 年硕士学位论文。

第三章 社会安全与法治 ◇

第一节 宪政视野中的当代中国环境危机〔1〕

近年来，伴随着我国工业化的进程，我国环境状况日趋恶化，特别是区域突发性环境事件不断，人们切身感受到了"中国的环境问题已经到了公共危机的阶段"。〔2〕针对当前全国性的愈演愈烈的环境污染、生态破坏的态势，众多有识之士从哲学、伦理学、经济学、公共管理学等多个视角对解决我国面临的环境危机进行了深入的探讨，提出了加强环境教育，培养全民的环境意识，建立绿色 GDP 核算体系和官员环境问责制度，加大执法力度和环境监管等诸多对策。笔者认为，中国的环境问题之所以恶化如斯，原因在于"环境问题在中国已经不是一个专业或者技术问题，而是上升到政治和社会问题"。〔3〕因此，

---

〔1〕 本节发表在《武汉理工大学学报》2008 年第 2 期。

〔2〕 周永坤："太湖蓝藻的警示"，载 http://guyan.fyfz.cn/blog/guyan/index.aspx？blogid=211456.

〔3〕 史颖："环境危机迫在眉睫"，载 http://finance.sina.com.cn/g/20050527/15551631449.shtml.

技术性的分析无法从根本上解决当前我国迫在眉睫的环境危机，只有从制度安排层面的宪政视角来进行分析，才能溯及环境危机的根源，并对症下药寻求解决之途径。

一、制度安排失当导致制度失灵

当代中国环境危机的根源在于制度安排失当从而导致制度失灵，具体表现在：虽然中央层面极度重视环保，比如，在观念上，中央提出"科学发展观"，倡导可持续发展模式，把环境保护放在现代化建设的重要位置，十七大又提出了"生态文明"的概念；在执法方面，环保总局屡次掀起"环保风暴"、"零点行动"等全国或区域范围内的环境执法行动，加大对环境违法犯罪行为的查处及整治的力度；此外，国家每年投入污染治理和环保科研的资金巨大；等等。但地方政府对保护当地环境却并无积极性，甚至充当污染企业的保护伞，从而致使环境法制形同虚设，使中央环境政策、措施在实施中变样走形。从有关报道中可以看出，在环保领域，地方政府和中央政府玩"捉迷藏"、做表面文章应付的现象极为普遍。这表明，现行的制度安排存在着严重的弊端。

1. 社会信息反馈的途径不通畅。首先，长期以来，官员事实上的行政任命方式决定了我国的政府体制是一个层层只向上负责的反应体制，它造就了政府工作人员报喜不报忧的心态。特别是对官员们不利的信息，由于涉及自身利益，出于"理性人"、"政治人"的角度考虑，上报的信息常常滞后且被严重扭曲。因此，正式的体制内的下情上达途径是一个扭曲的机制。

其次，政府对公民的权利和自由管制过多、过严，阻隔了体制外的下情上达的途径。受传统整体主义法律文化及前苏联体制的影响，长期以来政府在社会管理方面片面地强调"稳定压倒一切"，奉行单一的社会秩序至上观。[1] 公民环境维权这类合法、合理的权利诉求在实践中往往被视为对体制的威胁，被看作是破坏和谐的"群体性事件"，地方政府往往采用禁止报道、"截访"等手段封锁舆论，并动用公权予以打压。此外，由于新闻媒体的不独立，在我国地方新闻媒体呈现出浓厚的"地方化"特色，事实上受制于地方政府，往往沦为吹捧地方党政官员"政绩"的工具，难以发挥新闻舆论监督的功能。

由于社会的下情上达途径不通畅，决定了现行的体制是一个缺乏反馈、反思和自我纠错能力的机制，它使得下层的权利要求难以走到上层，地方政府在危机发生时往往出于官员"自保"的心态而封锁消息。如 2007 年太湖蓝藻大规模爆发导致无锡市民饮用水困难的消息即先由中央媒体而不是无锡的媒体披露的。事实上，一些地方官员可以长期包庇环境犯罪，甚至官商勾结在当地激起"人神共怒"却不被追究责任的一个重要原因就在于此。

2. 权力结构存在着严重的缺陷。第一，环保部门不独立，难以负起环境监管职责。按照我国现行的环境管理体制，环保部门是地方政府的一个职能部门，直接隶属于地方政府，人、财、物均仰赖于地方。环保部门一方面要依法保护环境、履行环保行政管理职责，另一方面又要服从地方政府、"服务地方经济发展"。因此，地方环保部门无法抵御来自地方保护主义的行政干预，更无法有效解决跨区域的环境问题。

第二，司法部门不独立，难以维护公众环境正义的诉求。众所周知，在现代社会中，司法是社会正义的最后守护者，司法的本质决定了司法独立是保障司法公正的前提。但在我国，

〔1〕 高军："试论当代中国的社会转型与法治路径选择"，载《理论与改革》2007 年第 4 期。

司法机关同样也存在着人、财、物仰赖地方的状况，实践中司法被要求为地方经济"保驾护航"。因此，在环境诉讼中，司法往往会遭遇来自地方政府强大的阻力，难以维持环境正义乃属必然。

3. 政府资源管制带来的权力寻租导致资源浪费与环境灾难。我国现行法律规定资源属于国家所有，由各级政府代表国家对资源进行管制。这种管制模式造成了我国资源基础性产权制度不明，产权所有者处于实际缺位的状态。由于缺乏市场的竞争，加之对权力尤其是对地方党政部门"一把手"的权力缺乏有效的制约，在资源定价方面存在过多的人为因素，结果容易造成权力寻租，致使环境资源陷入无所顾忌的滥用与难以遏制的流失的境况。

4. 现行的财政体制及官员任命、考核体制决定了地方官员任期内难以重视环保。首先，地方政府财政压力使然。我国现行财政体制实行的是中央和地方分权体制，但从财政分权的内容上看，中央与地方的权力分配明显不对称。2003年4月，世界银行在《东亚城市的转型》的报告中指出，在中国，69%的公共开支发生在地方政府，其中又有55%以上的公共支出发生在省级以下政府。中国的许多市县提供了近100%的失业保险和社会保障福利支出，县乡两级政府也提供了大部分重要的公共服务，包括70%的教育预算支出，和55%~60%的医疗卫生支出。[1]地方政府在承担义务的同时并没有获得足够的权力，中央对地方财力的剥夺过于严重，造成地方政府入不敷出，无力负担基本的公共开支。因此，地方官员任上考虑最多的就是发展经济，至于环境保护则无暇也无力顾及。近年来在我国，许

---

〔1〕 刘建辉："财政分权推动了中国经济发展？"，载《经济》2005年第8期。

多经济落后地区的地方政府迫于财政的压力，热衷于"招商引资"，不惜给予相关企业包括大幅度降低环保门槛在内的诸多"隐含优惠条件"，污染企业从经济发达地区向经济落后地区转移的现象已经大规模发生，并正在成为一种"污染国内跨地区转移"的趋势，值得警惕和深醒！

其次，"吃饭财政"导致地方环保部门自身利益寻租使然。在我国，国家机关机构臃肿、人员严重超标是一个由来已久、极为普遍的现象。政府机构臃肿，官多为患的局面用前中央组织部长张全景的话说，可以说古今中外都没有过。[1]这种现象也造成了现行的体制在某种程度上成了"吃饭体制"。一些地方环保部门，特别是县区一级基层环保部门人员严重超编，这些部门的领导考虑最多的是如何解决本部门工作人员的工资、福利问题。由于现行体制规定行政部门可以从"罚款"行为中提成，因此，一些基层环保部门遂纵容企业非法排污，以取得罚款为本部门利益寻租。

最后，政府官员的任命及考核方式使然。在我国，由于地方党政官员由上级决定，而非当地民众通过选举产生，长期以来，官员养成了只唯上，对上而不对下负责的习惯。同时，由于政府的行为缺乏法治化的制约，政府决策、执法、监管等行为几乎完全依靠主要领导党性和道德的自律，缺乏有效的纠错机制。特别是很多地方的县委书记、县长等主要领导属于省管干部，县一级的权力监督部门无法监督，而省级权力监督部门对其监督又鞭长莫及，遂形成"看得着的，管不着；管得着的，看不着"的权力监督真空的尴尬现状。在当前对地方官员考核过于重视单一而畸形的 GDP 指标的政绩观的激励下，大规模地

---

〔1〕　仲大军："税收高增长下的就业难题"，载 http://finance. sina. com. cn/review/20061231/08203211670. shtml.

出现地方党政官员们为了追求自己任期内的所谓"政绩",片面追求经济发展,不顾环境利益不择手段地搞一些急功近利的经济行为实属必然。

事实上,当前在我国,一些地方政府和污染企业之间已经形成了一种心照不宣的默契关系,地方政府财政需要这些污染企业的支持,因此,对其污染行为实质上听之任之,甚至充当污染企业的保护伞。例如,《扬子晚报》曾报道环保人员居然威胁环境污染举报者。[1]又如,2004年四川沱江两度污染,造成"近百万群众饮用水暂停供应,社会生产生活受到较大影响,沱江鱼类大量死亡的严重后果",但四川资阳却下发红头文件不准律师接沱江污染官司。[2]而江苏环保人士"太湖卫士"吴立红涉嫌以环保名义敲诈而被捕入狱,更表明了公众的环保维权和自主治理处境之艰难。从近年有关新闻媒体报道的情况来看,以上情况绝非个案。

二、通过政治体制改革,走出制度失灵困境

当代中国,"依法治国,建设社会主义法治国家"、"国家尊重和保障人权"已入宪,"建设社会主义政治文明"、"树立科学发展观"、"构建社会主义和谐社会"成为新时期党执政的目标。但是,必须看到,这些远大目标的实现不能只止于宏大词汇的叙述,更需要"具体法治",需要采取具体的措施来落实。我国政治改革严重滞后于经济改革已成为不争的事实,这一状况不仅直接制约了经济改革向纵深发展,而且也在一定程度上

---

〔1〕 周永坤:"太湖蓝藻的警示",载 http://guyan. fyfz. cn/blog/guyan/index. aspx？ blogid = 211456.

〔2〕 秦德良:"地方人大环境监督制度创新研究",载 http://www. law - lib. com/lw/lw_ view. asp？ no = 8211.

引发和加剧了腐败行为。[1]中国环境问题的解决，根本在于政府必须带头守法。但是，"强制私人尊重法比较容易，国家在此可起举足轻重的仲裁人的作用，而强制国家尊重法比较不易，因为国家掌握着实力"。[2]要求政府守法，则必须建立良好的由法律控制政府的政治体制。因此，只有坚定地推进政治体制改革，才能有望彻底解决我国目前所面临的环境危机，当前体制内"头痛医头、脚痛医脚"的执法环境将很难避免被体制痼疾所消解的命运。

1. 政治体制改革有赖于观念改革的先行。首先，良好政治制度设计的前提是承认"人性恶"。虽然实际上人性是不一的，承认"人性恶"带有自我贬低甚至作践的意味，很多人情感上难以接受。但是，正如休谟所认为的那样，"在设计政府制度和确定几种宪法的制约和控制时，应把每个人都视为无赖——在他的全部行动中，除了谋求一己的私利之外，别无其他目的。"[3]边沁认为，权力为私利所左右是"拥有权力外衣者的本性"，"即使他今天的确没有做什么错事，他今天一定已在思考，并且除非他惧怕公众有反映，他明天定会做这些事。"[4]而美国独立宣言的起草人、当过第三届总统的托马斯·杰弗逊则更是一针见血地指出，"信赖，在任何场所都是专制之父。自由的政府，不是以信赖，而是以猜疑为基础建立的。我们用制约性的

〔1〕　金太军："新世纪中国政治改革若干重大问题的思考"，载《江苏行政学院学报》2001 年第 3 期。

〔2〕　[法] 勒内·达维德：《当代主要法律体系》，漆竹生译，上海译文出版社 1984 年版，第 74 页。

〔3〕　[美] 斯蒂芬·L. 埃尔金等编：《新宪政论》，周叶谦译，三联书店 1997 年版，第 27~28 页。

〔4〕　[英] 约翰·基恩：《媒体与民主》，刘继红等译，社会科学文献出版社 2003 年版，第 15 页。

宪法约束受托于权力的人们，这不是出自信赖，而是来自猜疑"，"因此，在权力问题上，不是倾听对人的信赖，而是需要用宪法之锁加以约束，以防止其行为不端"。[1]

其次，应当重新审视社会秩序观、社会发展观和官员政绩观。长期以来我国奉行的整体主义意识形态在实践中把人工具化，"个人的权利只有在与整体目标相容的时候才具有正当性，而整体利益是可以随意解释的，大的有现代化、社会稳定、经济发展等等，而对这些价值的解释权掌握在各级领导人手中"。[2]诺贝尔经济学奖获得者印度籍的经济学家阿玛蒂亚·森在《以自由看待发展》一书中认为，社会发展与进步应更多地考虑到人的生活质量或者人的自由度。因此，应当改变"稳定压倒一切"的观念，重视公平、正义、自由、人权等价值，尊重并保障人的自由与追求幸福的权利，从可持续发展的"科学发展观"角度对"发展就是硬道理"进行重新审视，抛弃单一的以 GDP 为标准的官员政绩观。

2. 政治体制改革的核心在于实现权力产生及行使的民主化与法治化。第一，作为一项基本的政治常识，官员只有真正经民主选举产生，才会对选民负责，才不会"只唯上"。改革开放总设计师邓小平同志生前曾多次强调，"没有民主就没有社会主义，就没有社会主义现代化"。[3] 2005 年中国国务院新闻办公室发布的《中国的民主政治建设白皮书》中开篇即宣布"民主是人类政治文明发展的成果，也是世界各国人民的普遍要求"。

---

〔1〕〔日〕杉原泰雄：《宪法的历史——比较宪法学新论》，吕昶等译，社会科学文献出版社 2000 年版，第 22～23 页。

〔2〕周永坤："反映迟钝的法律"，载 http://guyan. fyfz. cn/blog/guyan/index. aspx? blogid = 258691.

〔3〕《邓小平文选》第 3 卷，人民出版社 1993 年版，第 116 页。

2007年党的十七大报告又提出了"扩大社会主义民主，更好保障人民权益和社会公平正义"的要求。这表明，民主作为一种普世的价值已为我国政府所承认和奉行。因此，在以上认识的基础上，应当切实采取实现社会主义民主的措施，改革长期以来政府官员事实上由上级行政任命产生的方式，充分发挥各级人民代表大会的功能，真正实现政府官员由民选产生，兑现我国宪法中"中华人民共和国的一切权力属于人民"的庄重承诺；第二，建立起适合中国国情的、以权力约束权力的、合理的分权体制，建立科学的监督体制，改变当前地方事务由党政主要领导个人说了算的现状；第三，在民主的基础上，建立法治化的、科学合理的中央与地方财政分权体制，增加地方法定的财政分配比例，充分保证地方财政收入，同时，中央对地方的财政转移支付实现民主和法制化；第四，实现权力配置的合理化，使环保部门以及司法部门在体制上完全独立于地方政府。只有实现了以上改革目标，才能使地方官员不可能置当地群众生命、健康、财产于不顾，而以牺牲环境为代价去片面追求GDP的增长，同时环保部门才能真正有效地行使监管之责，司法部门才能实现司法审判的监督职责，保障环境正义。

3. 政治体制改革的图景是确立"有限政府"。20世纪中期以来，西方国家经历了政府权力不断扩张，从消极不作为到积极作为，从近代的"夜警国家"发展到现代"福利国家"、"给付国家"的历程。但由于我国与西方有着不同的政治文化传统和历史背景，正如邓小平同志所言，由于"旧中国留给我们的，封建专制传统比较多，民主法制传统很少"，[1]现实表明，我国的情况与西方相反，不是政府管得太少，而是政府管得太多。

---

〔1〕《邓小平文选》第2卷，人民出版社1994年版，第332页。

正是由于法律制度及政治体制的不健全，需要政府来管，而政府越是管得多，体制就越是难以健全，陷入一种恶性循环之中。因此，笔者认为，当代中国政治体制改革政府角色应定位于：在为社会提供包括完善的法律及司法体系在内的公共产品基础上，建立"守夜人"式的"有限政府"，尊重社会"自生自发的秩序"，充分发挥市场配置资源的基础性作用，只有在市场失灵的领域，政府才能介入。

首先，放松政府对资源的管制，实现资源的市场化。制度经济学派认为，制度及其结构决定了人们在政治、经济和社会生活中的激励机制，决定了整个社会的经济绩效水平。当前我国环境污染与资源浪费的一个重要的原因在于政府资源垄断所带来的资源产权不明晰与官员的权力寻租。因此，必须改革政府垄断资源的方式，实现资源产权明晰化，使资源真正走向市场化。唯有如此，才能彻底改变当前资源粗放的利用方式，避免资源的浪费以及由此而导致的环境恶化。

其次，放松具体法律中及实践中对公民宪法基本权利的限制。在现代民主国家，虽然公民的权利得到了宪法的确认和保障，但这些法定权利并不会自动实现，"经典的宪法术语对公民权利作出的承诺不会自己变成现实。很多宪法条文都用最动听的词句来规定那些最令人向往的自由权利，在实践中却大打折扣"。[1]阿马蒂亚·森对历史上的饥荒研究表明：饥荒发生的本质原因在于专制体制以及该体制下的民众权利的丧失，在整个世界历史上，没有哪个拥有自由选举和民主出版的社会发生过饥荒。"与中国三年饥饿比，同一时期的印度，虽然民主体制无法防止下层民众的慢性营养不良，但是却有效防止了1943年

---

〔1〕 ［美］莱斯利·里普森：《政治学的重大问题——政治学导论》，刘晓等译，华夏出版社2001年版，第216页。

大规模饥荒在印度的重演，因为饥荒很快引起了媒体的注意和报道，印度政府及早地采取了补救措施，印度自从独立之后就没有再发生大饥荒，与此很有关系。"[1]事实上，只有民主政体才能保证政治的清明和有效地预防由于决策不民主、腐败等原因而导致的社会灾难。而对当代中国的改革而言，学者指出：仅有经济的发展而没有权利的发展是远远不够的。因此，必须从制度上保障公民的宪法基本权利能真正得到行使，具体而言：①完善我国宪法公民基本权利保障体系，建立我国的司法违宪审查制度，从宪法保留、法律保留的角度，审查现行法律、法规、规章中对公民宪法基本权利的限制性规定；②通过立法，保障民众的环境知情权和环保参与权，仿美国环境"公民诉讼制度"，建立我国环境公益诉讼制度；③尽快制定"新闻法"，保障媒体的新闻自由权利，改变地方媒体受制于地方政府的现状，以"第四种权力"——新闻媒体来约束权力。

和谐社会中的和谐应是一种动态的和谐，靠压制不让公众发出声音的"和谐"只能是"防民之口，甚于防川"。法治社会中，公众需要有合法的宣泄渠道，这样有利于下情上达，有利于对权力的监督。近年来，圆明园防渗膜事件、厦门PX项目风波，正是通过公众的参与，才使中央政府及时了解了真实情况，最终有利于事件的解决。因此，政府应当鼓励至少应当允许公民为权利而斗争。"只要有足够多的人强烈地要求运用和保护他们的权利，这些权利就会得到保护并得以运用，于是制度就能够发挥功能。如果没有这样一种要求和决心，无论是法院、

---

〔1〕 苏小和："面对阿玛蒂亚·森，我们只有羞愧"，载 http://www.tecn.cn/data/detail.php? id = 9567.

国会还是议会都爱莫能助。"[1]事实上，正是"基于公民权利基础上的、以保护环境为宗旨的广泛的社会运动与社会舆论，是阻止环境恶化的重要力量，而且是最根本的力量"，"没有公民意识的觉醒和来自公民社会的健康力量的支持，环保部门的努力，在最好的情况下也是孤军作战。弄不好就像西西弗斯——所有被他推上山顶的巨石又滚落下来，永世轮回。在最坏的情况下，扩大了的权力无非又带出新一轮的权力寻租游戏而已"。[2]因此，在当代中国，"环保领域是最可能成为社会主义民主法制的示范"，"中国必须用政治、政策、法律去保障公众参与，保障环境决策的民主化。"[3]

4. 政治体制改革的目的在于建立责任政府。

第一，在大力精简机构，坚决破除"吃饭财政"体制的基础上，各级政府应严格恪守行政伦理，坚决摒弃现行的环保部门从罚款中"提成"及类似的制度，政府及公务员不得从权力行为中获得任何利益。

第二，责任与权力相伴生，问责是对权力机关行使权力的必要制约。对于权力与责任的关系，有学者给予了形象的论述，"权力受其本性使然，一旦脱离了责任的规制，就注定会恣意妄为，践踏人间正义"，"如果权力是烈马，责任制度就是不可缺少的笼头。"[4]因此，应当建立并完善包括环境行政问责制在

---

〔1〕[美] 莱斯利·里普森：《政治学的重大问题——政治学导论》，刘晓等译，华夏出版社 2001 年版，第 216 页。

〔2〕郭巍青："解决环境危机：强化公民权利是根本"，载 http://news. sina. com. cn/o/2007 – 01 – 15/090111002363s. shtml.

〔3〕史颖："环境危机迫在眉睫"，载 http://finance. sina. com. cn/g/20050527/15551631449. shtml.

〔4〕齐延平："权力运行的底线道德与责任制度"，载《法商研究》2000 年第 6 期。

内的责任官员引咎辞职、官员弹劾、信任投票、罢免、质询等
制度，努力将我国政府打造为现代责任政府。

第二节　食品安全的法社会学思考[1]

近年来，食品安全问题牵动着亿万人心，苏丹红、瘦肉精、
地沟油、牛肉膏、三聚氰胺奶粉……，恶之花遍地泛滥，每一
次问题食品的曝光似乎都在考验着公众忍受的极限。"民以食为
天"，食品安全直接关系到公众的生命权、健康权，关系到党和
政府的执政能力与公信力，因此也受到了党和政府的高度重视，
近年来先后制定了《关于加强食品等产品安全监督管理的特别
规定》、《食品安全法》及其实施条例，甚至《刑法》修正案
（八）规定生产、销售有毒、有害食品"致人死亡或者有其他特
别严重情节的"可判死刑，此外还设立了国务院食品安全委员
会，开展了一系列食品安全专项治理和整顿，保障食品安全甚
至已被写进了2012～2015年国家人权行动计划，上升到人权保
障的高度。但遗憾的是，问题食品还是屡禁不止，甚至反而有
愈演愈烈之势。公众很愤怒，政府感到很冤枉，这些年明明做
了很多工作，但为何却收效甚微？笔者认为，当前问题食品的
大规模泛滥，是社会转型时期利益日趋分化，道德与自我约束
机制失灵，而法治政府与责任政府尚未建立的必然产物。表面
上看，食品安全直接涉及法律及法律的实施，是一个执法不严
的问题，深层次探究则直指制度和人心，并非简单地通过一纸
法令或执法部门的专项检查所能解决，从法社会学角度来剖析

---

[1]　本节发表在《团结》2012年第4期。

是一个典型的"法令不能改变社会"的问题。

一、食品安全问题产生的深层次原因

（一）食品安全的时代背景

1. 社会变迁所带来的挑战。当前，我们所处住的是一个大量生产的工业化时代与陌生人组成的社会。社会分工提高了劳动生产率，促进了社会财富的增长与社会进步，但是我们不可能再回到农业时代，在农业时代自己可以生产所需的大部分甚至所有食品，或者农业社会的熟人社会信任关系足以保证食品的安全。事实上，今天我们不知道自己每天所吃的蔬菜和大米中所含的农药、重金属是否超标？不知道火腿、罐头是否有毒？因为这些知识已远远超出了普通公众的知识结构与能力范围。因此，如果政府监管缺位，食品领域容易发生假冒伪劣泛滥的结果，严重者甚至会陷入"互相投毒"的囚徒困境。[1]

2. 全球化背景下小农生产的困境。全球化时代的到来，使数亿的小农被迫卷入市场的洪流。由于自身力量的微薄，大企业压迫小生产者，大型食品企业把成本压力和风险转给农户和下游小企业是普遍的现象，出现质量问题则把处罚风险推向农户和中小供应商。为维护食品价格稳定，我国农产品价格长期被压低。虽然近年来政府为农民提供各种补贴，但被地方政府和大型加工企业集团层层盘剥，利润微薄，利益驱动下的农民一样会"投毒"。[2]

---

[1] 试举一例：据《海峡都市报》报道，执法人员在古田县一个黑窝点查获35吨用工业柠檬酸泡制的可致癌金针菇，正准备销往福州一些食品加工厂和罐头厂。"这样生产的金针菇，你们自己敢吃么？"面对执法人员追问，老板显得有些尴尬，搓着手说："自家生产的，自己一般不吃。"

[2] 邢少文："食品安全的系统性危机"，载《南风窗》2012年第11期。

3. 消费方式超前于经济水平带来的伪劣商品泛滥。当前是一个消费主义盛行的时代，城市化、大众传媒、广告无时无刻不在向人们传递着"文明的"、"时尚的"消费方式，刺激着公众的消费欲望。但是，城乡二元结构以及东西部区域发展的不平衡，收入差距悬殊，公众特别是广大中低收入群体被"拖拽"进入超出其经济能力的消费（例如，红酒、牛奶等食品），城乡结合部、广大农村遂成为伪劣商品泛滥的区域。

（二）客观上很多食品安全问题并非监管所能解决

目前我国食品安全所面临的已非一城一池的失守，而是普遍的溃败，有毒食品大规模的泛滥已绝不能仅仅归因于监管不力，因为面临如此的规模，仅凭通过监管来阻却已回天乏力。据学者研究，产生问题食品的原因主要有三种：[1]

1. 技术的缺乏和无知引起的食品不安全。如某种添加剂或某种物质，在当下的科学技术条件下认为是安全的，但随着科技的进步，有可能在将来发现这些原本被认为安全的添加剂或物质是有高度风险的。例如，三聚氰胺和瘦肉精最早都曾是政府资助的科研项目成果，在一些专家对其益处的鼓吹得到了政府认可从而获准推广应用之后，其害处才被受害的公众以及另一些专家揭露出来。

2. 土壤、水资源污染等人类的行为，通过食物链传递间接造成的食品安全风险。造成污染的原因主要在两个方面：第一，农村土地产权结构带来的困境。改革开放农村分田到户，实行联产承包责任制，农民释放出巨大的生产热情，农村生产力得到解放。但这种"公有私营制"的缺陷亦明显，由于承包期短，一些地方还经常调整，"无恒产，则无恒心"以及分散式经营的

---

[1]　王锡锌："食品安全问题的监管"，载《中国法律》2011年第3期。

结果就是：形成了对土地的过度开发，过度使用化肥、农药的竭泽而渔式的生产模式。第二，由于以 GDP 为导向的畸形政绩考核机制，地方政府热衷招商引资，许多污染工业在"招商引资"的保护伞下纷纷进军农村，一些农村地区已经成为工业污染的重灾区，粮食被污染是必然的结果。

3. 故意人为引起的食品安全问题。事实上，食品安全并非简单的监管问题，食品监管主要针对的是上述第三种情形，即故意的、人为制造的风险，而对前两类技术风险以及环境污染所带来的食品安全问题，不是仅靠食品监管部门所能解决的，甚至很多时候政府本身就是问题之源。

（三）主观上问题食品泛滥的根源在于权力

长期以来，形成了一种单一的权力万能的思维，出了问题即怪政府没有管好。孰不知公权力在很多情况下往往恰恰就是问题产生的根源，政府扩权，社会空间、市民自治领域必然缩小，管制需要巨大的成本，特别是在民主法治不健全的情况下，管制必然带来权力寻租，在某种意义上甚至可以说，行政监管越严格，食品卫生问题反而可能会越严重。

1. 权力的缺位。首先，谈食品安全问题，首先无法回避"特供"这一长期以来一直隐性存在的制度。我国的中央集权体制决定了很多问题必须引起高层的"痛感"和关注才能解决，但"特供"使高层权力缺乏对食品安全问题深切的"痛感"。近年媒体报道，一些政府部门雇人种蔬菜专供机关食堂，这释放出这些政府部门已然放弃了食品安全严格监管职责的信号。其次，我国食品安全问题的直接根源在于执法环节，虽然设立了食品安全委员会、工商、卫生、质量监督、食品药品监督等众多执法机构，但由于这些部门的机制、职能并未理顺，其结果正如全国人大常委会委员黄丽满所指出的那样，"立法保食品安全只是纸上谈兵，执法环节落实不了"。

2. 权力的越位。①权力垄断经济。目前我国整个市场环境非常恶劣，能赚钱的行业大部分已被行政垄断起来，由于缺乏其他良好的投资机会，因此在食品等开放的领域内竞争异常激烈，但是由于高油价及高额路桥费带来的高额物流成本，以及市场的摊位费、超市的进驻费等，使食品企业经营艰难。为降低成本，同时还要满足消费者对食品的色香味要求，商家不惜添加有毒的添加剂。众多的大小食品企业造假、劣质事件影射出我们经营环境已经造成了底层的巨大的生存压力，到了不造假、不黑心就经营不下去的地步了。②税费过重。税费过重是一个老生常谈的话题，长期以来它一直是套在经营者脖子上的沉重枷锁。事实上，中国目前可以收取的各种税费如果合法足额交付的话，这个公司或者企业在市场上必然因不堪重负没有竞争力而倒闭，因此偷逃税现象极为普遍，但又使有关部门掌握了"选择性执法"的"合法伤害权"。近年来由于"金税工程"等税收电子化工程的普遍应用，偷逃税困难了，原税制的高税负问题就凸显了出来，首当其冲受到影响的则为个体工商户和民营企业。特别是当前经济持续低迷期间，众多中小企业破产、倒闭、或处于停工、半停工的状态，政府财政收入吃紧，税务部门遂开始"加大税收征管力度"，实有竭泽而渔之嫌。③"罚款经济"驱使有关部门"养鱼执法"。长期以来，一些承担公共事务管理职能的国家机关、事业单位，财政不全额拨款，要靠"创收"来自行解决，很多监督部门背后，都有一条潜在的执法利益链，这种公权力直接牟利的体制性寻租的结果就是形成了规模巨大的"罚款经济"。"行政权力部门化，部门权力利益化，部门利益法治化"，监管成了牟利的工具，一些行政机关已从"钓鱼执法"过渡到"养鱼执法"，主动担当犯罪企业的"保护伞",明码标价出售"违法权",收取"保护费"。[1]

二、现行体制无法从根本上解决食品安全问题

1. 治理模式的缺陷。当前,我国在食品安全治理模式上,采取的仍是传统的严刑峻法式立法、运动式执法的模式,这实际上还是一种权力主导的专政思维。这种模式看似严厉、声势浩大,但无法从根本上解决愈演愈烈的食品安全问题。①《刑法》修正案(八)在量刑上对食品造假作了严厉的规定,严重的可以判处死刑,立法者意图通过严刑峻法的威吓的功能,收"毕其功于一役"之效。但正如贝卡利亚所言,"刑罚的威慑力不在于刑罚的严酷性,而在于其不可避免性。"作为理性人与经济人,从法经济学、法社会学的角度,制裁所达到的社会效果,通常适用以下公式,即制裁震慑的力度乘以制裁实际发生的概率,如果被查处的概率较低,那就仍然不足以有效地遏制违法行为的发生。②长期以来,以高调的政治口号为符号特征的治理,空洞无物的政策宣传,代替了政府部门探索长效治理机制的努力。行政机关食品安全监管监测手段落后,热衷于传统式、突击式、运动式的检查,监管监测工作不能全程化、日常化。[2]往往一次大张旗鼓的"运动式执法"后,不良企业躲过风头,很快死灰复燃。

---

[1] 例如,记者在阜城县调查发现,工业明胶并不只是冒充药用明胶。废皮革含大量重金属离子,提取完明胶后,废渣中有毒有害成分更多,"有拿去做化肥的,有做鸡饲料的,这里的企业都是这么做的。"当地村民表示,"政府部门确实管理能力弱。明胶厂和作坊不需任何环保手续,生产季节一家交7000元费用,就可平安无事。"

[2] 事实上,司法机关在一定程度上奉行的也是"法律工具主义思维",例如2011年3月29日,最高人民检察院下发《关于依法严惩危害食品安全犯罪和相关职务犯罪活动的通知》(汇发〔2010〕38号),要求各级检察机关立即排查一批危害食品安全犯罪案件和相关职务犯罪案件的线索,立案侦查一批与食品安全有关的贪污贿赂、失职渎职的职务犯罪案件。

2. 价值理念的偏颇。长期以来，一直将效率、稳定的价值置于权利、公平、正义等价值之上。我国一直是将"解决十三亿人吃饭问题"作为政绩来宣传的，传统的观念是，解决十三亿人口温饱是个大问题，至于如何吃好、吃的安全是其次。这种观念在很多方面都有所体现：例如，①现行《刑法》关于食品安全犯罪的立法是将该类犯罪作为破坏社会主义市场经济秩序罪来处理的，并没有充分考虑到食品安全对消费者生命健康的危害。②立法将"政治影响"、"外部形象"、经济效率等的考量放在第一位，导致事实上内外有别的食品标准。[1] ③对违法企业惩罚过轻，《中华人民共和国食品安全法》虽然规定了惩罚性赔偿，但也仅仅是区区的 10 倍，不足以惩戒违法企业。在这样的制裁措施面前，一些食品从业者作出了所谓的"理性选择"，即造假或在食品中掺入违法添加物。

此外，近年来一个突出的现象是，一些地方政府只管 GDP和维稳，荒废了社会治理。正如笑蜀先生所指出的，"我们的体制框架，可以说主要不是为具体的社会治理设计的，在过去，它是为阶级斗争为纲服务；在当下，它主要是为 GDP 服务，即主要是为所谓发展服务。"[2] 由于 GDP 是考核官员的主要指标，地方官员纷纷开展 GDP 锦标赛，将"赢利"放到了首位，一切让位于 GDP，在一定程度上放弃了公共治理的职能，对于能为地方政府带来利益的"利税大户"，极尽保护之能事。[3]更为恶劣的是，一旦当地的食品生产企业的问题曝光，当地政

---

〔1〕 2008 年，前任蒙牛 CFO 在面对香港媒体的新闻发布会上说："我们发到香港的产品和出口的产品是一样的，保证比内地的产品质量更好、更安全"。

〔2〕 笑蜀："现有体制框架解决不了问题食品"，载 http://news. ifeng. com/o-pinion/zhuanlan/xiaoshu/detail_ 2011_ 04/13/5709335_ 0. shtml.

〔3〕 例如，"三鹿奶粉事件"曝光前，石家庄市有关部门已接到多起举报，但由于三鹿奶粉企业是当地的明星企业、利税大户，这些举报均被冷处理。

府往往却以"维稳"为借口，封锁消息，甚至干预司法审判。由于企业与官员的违法犯罪成本较低，例如 2008 年那次所有卷入三聚氰胺事件的政府官员和失职的监管人员，行政处分、降级处理者众，但获刑者少，最终大事化小、小事化了，风头过后一些被处分的官员又被任用而异地为官，因此法律对违法企业、对监管失察者起不到应有的震慑作用。

3. 制度安排的失当。据不完全统计，与食品监督相关的法律、法规有 100 多个，但在监管体制上，多部门、分段管理所带来的低效、扯皮现象一直未有根本改变，涉及到工商、质检、卫生、税收、药监等多个监管部门，这种对公共权力的分割设计，部门之间合作和协作机制的缺失，并没有驱使各监管部门很好地去履行其应有的职责。除了在运动式执法期间这些部门之间会有一些短暂的协作外，我们几乎看不到日常政府治理中常态的合作关系。同样严重的因素还有部门之间的利益争夺。现在，各政府监管部门越来越成为一个"特殊的利益主体"，自利倾向越来越严重，它们各自打着自己的小算盘：在有利可图时，相互争夺管辖权；在无利可图时，则玩起踢皮球的游戏。

4. 社会被管制的困境。食品安全是具体的社会治理，需要政府、社会、消费者的共同参与，需要自由的新闻、独立的司法体制，唯如此才能使造假者一经发现即得到及时的曝光受到法律的严惩。事实上，20 世纪作为消费者运动的世纪，在西方 19 世纪末 20 世纪初亦曾经历过问题食品泛滥的阶段，西方通过消费者运动揭露问题，并逐步通过立法、司法等途径予以解决。但是，在我国长期以来政府包办一切，事无巨细，政府管了太多管不了也管不好的事务，我国消费者行使宪法规定的言论、出版、集会、结社、游行、示威的权利受到较多的限制，甚至作为消费者组织的消费者协会亦为官方所包办，因此消费者主权的概念无法深入人心，更不可能像西方社会那样兴起大规模的消费者运动。事事依赖政府，但政府不是万能的，甚至政府本身就是问题之源，这就是当前所面临的困境。

三、食品安全问题的解决之道

笔者认为，目前我国食品安全领域出现的危机是一种系统性危机，涉及深层次的体制问题，扭转这种系统性的危机，需要的是整个社会的系统应对，而非简单的严刑峻法压制或是对政府监管的依赖抑或对资本逐利的道德批判，特别是在当前的经济与法治环境下，寄希望生产商血管中流淌"道德的血"更是根本靠不住的。

首先，科学与政府定位。政府是公民契约的产物，其存在仅具有为民众服务的工具性价值。解决食品安全问题，首要前提是必须取消形形色色的"特供"。作为市场的监管者和守夜人，政府必须把基本的社会治理当作自己的主要任务，当作自己合法性的主要来源，因此必须放弃"发展就是硬道理"、"稳定压倒一切"、"不顾一切保增长"的观念，确立科学的发展观，民众的幸福很简单：生活是为了活着，而不是为了增长。因此，在发展问题上，必须回到理性的生存概念，使社会在良性中发展。

另外，值得关注的一个现象是：与国内食品安全堤坝全面崩溃、诸多大超市出售的食品、大品牌甚至"国家免检产品"都已沦陷形成鲜明对照，同样是国内生产，我国出口的食品却鲜见安全问题。[1] 由此可见，我国食品安全问题的泛滥，根本

---

〔1〕　例如，2012 年 6 月 21 日，香港特区政府食物及卫生局局长周一岳接受专访时表示，在供港食物方面，国家质检总局、广东省都做了很多工作，现在供港食品的安全率达到了 99 999％，这在全世界都是很难得的。周一岳还感谢内地在供港食品方面给予香港很大支持。载《广州日报》2012 年 6 月 24 日。

原因其实并不在于食品的生产技术，而在于忽略了社会治理。因此，一方面，应当按照社会治理的一般规律，建立一整套现代国家普遍适用的法律制度和科学行政体制，防止出现权力部门相互推诿责任的现象。另一方面，政府地位应当中立，必须从赢利性行业退出，将赢利事业交给社会来做，政府的职责在于为社会提供公共物品与公共服务，促成良性市场秩序的形成，同时建立完善的社会保障机制，保障弱势人群的基本生存。

其次，建设公民社会。良好的法治环境需要整个社会的密切整合，如果仅靠执法者自身，便意味着执法系统会不断地扩大，执法成本会越来越高。中国的食品监督主要是政府动员的自上而下的执法模式，这种"政府父爱主义"、"政府动员型"模式的运作成本巨大，解决食品安全问题更需要的是一个自下而上的可持续的社会动员。因此，必须建设公民社会，给社会松绑，切实落实宪法所赋予的神圣的公民权利，保障司法独立与新闻自由，使国民可以和平、理性地反映政治和经济诉求。

再次，以公民权利为本位。中国商人之所以敢这么黑心，中国人之所以对公共事务普遍漠不关心，直接原因是没有社会责任感。但责任与权利是一体两面，很少有人能够在无权利的社会一直承担自己的责任。公民社会是一个权利与责任对等的社会，公民责任感是建立在公正的法律、执法与司法、公平正义为社会主流的基础之上。因此，政府必须切实保护公民的生命健康权、财产权、知情权、诉权等合法权利，保障私权，建立强大的私权体系，尤其是强大的消费者主权，保护与支持消费者合法的维权行动。同时，在权利与义务对应的基础上，建立食品行业组织的自我监管的连带责任机制。

最后，具体的法律、政策方面的对策。①反思土地"公有制神话"。目前土地公有制度，产权的不明确，"公有私营制"

的模式，容易导致以邻为壑"互相投毒"的"公地悲剧"。适时调整土地所有权制度，至少通过严格的立法来保证农民对土地的长期使用权，是十分必要的。②加大对农业生产的补贴，同时严格对农产品的检验。③目前环保领域普遍存在"两高一低"，即执法成本和守法成本高、违法成本低的现象，企业从"经济人"自利性出发，缺乏自觉守法的动力，必须修改环保法加大对违法企业的惩罚力度。④《中华人民共和国食品安全法》尽管引入了惩罚性赔偿，但数额仅有 10 倍的赔偿，应当修改立法，引入上不封顶的惩罚性赔偿。⑤鼓励公众举报食品违法，对举报人身份严格保密，查证属实的给予举报人重奖。

第三节　权利保障视野下的城镇化建设探析[1]

中国的城镇化建设早在 10 年前就已经开始并一直在推进。十一五规划中即专辟第 21 章"促进城镇化健康发展"，十七届三中全会通过的《中共中央关于推进农村改革发展若干重大问题的决定》指出"坚持走中国特色城镇化道路"，十八大把城镇化提升至国家发展战略的高度，报告全篇提及城镇化多达 7 次。笔者认为，从国际的视野来考察，城镇化是工业化之后的必然发展。将城镇化确立为中国未来发展的主方向之一，符合当前经济与社会的发展规律。但与西方国家内生型城镇化进程不同的是，目前我国的城镇化主要是一种依靠政府力量来推动的外生型模式。历史经验提醒我们，依靠行政力量来推动一种社会改造措施，如果缺少有效的制度性约束与权利保障机制，地方

---

〔1〕　本节发表在《云南民族大学学报》2013 年第 4 期。

官员出于政绩攀比的冲动，实践中往往容易异化成一种强制性的运动，特别是在目前存在土地财政格局，政府可以从征地中获得巨大利益的情况下，相信这样的担心绝非多余。当前，对于如何推动城镇化尚缺乏详细的顶层论证和规划，但从由国家发改委牵头编制的《全国促进城镇化健康发展规划（2011～2020年）》来看，城镇化建设将涉及到全国 20 多个城市群、180 多个地级以上城市和 1 万多个城镇的建设。[1] 城镇化规模之大为人类历史上所罕见，[2] 无疑将对社会产生极大的影响，因此必须慎之又慎，防止在实践中被扭曲成一种公权力侵犯农民土地权利的强制性运动。现代社会的基石是权利，法治的核心是权利保障，在"依法治国，建设社会主义法治国家"、"国家尊重和保障人权"入宪的今天，实有必要从权利保障的视角对城镇化建设进行审视。

一、城镇化建设过程中必须保障农民的土地权利

城镇化建设无法回避当前地方政府土地财政的现实。1994 年分税制产生的一个重要问题是：造成了央地之间财权与事权的不均衡，中央财多而事少，地方财少而事多，地方主政官员普遍面临巨大的财政压力。在中央政府的默许下，地方政府找到了一条通过土地牟利的"捷径"，地方政府土地财政遂兴。当前，我国农村土地集体所有制实践中造成了土地实际产权人的缺位，由于政府垄断了土地交易一级市场，农村土地无法直接上市交易，必须经过政府征收变更为国有土地之后才可以进入交易环节，在此过程中由于农民没有土地所有权，加之征地的

---

〔1〕 吴松："防止城镇化挤压社会消费空间"，载《中国经济导报》2013 年 1 月日。

〔2〕 见 2013 年 3 月 17 日李克强总理答记者问。

过程缺乏民主和监督，致使农村土地出让的大量增值收益被地方政府占有。[1]近年来，很多地方政府卖地收入通常占到地方财政收入的半数以上甚至更高，遂形成土地财政格局并陷入路径依赖而尾大不掉。实践中，地方政府利用行政权力强征农民土地甚至强拆农民房屋侵犯农民土地产权的现象普遍存在。

　　笔者认为，当前城镇化的核心问题是农民土地权利保护的问题，城镇化目标最终能否顺利实现的关键也在于此。目前的农村土地集体所有制与征地制度缺陷明显：首先，土地产权不明晰，农民不能将其拥有的土地参与土地市场交易，无法分享自己应得的土地增值收益，使得城乡贫富差距继续拉大。其次，由于农村土地无法实现市场价值，大批农民进城后，还占着农村的宅基地，造成"城里的房子买不起，乡下的房子卖不掉"的不合理现象。再次，农村土地征收补偿过少，土地使用成本过低，无法实现土地价格的资源配置作用，导致了大量浪费土地的短期行为。最后，政府俨然演变成赢利的公司，加剧了基层政府的腐败，因补偿过低而引发了大量农民与基层政府的矛盾乃至对抗，诱发大量群体性事件。众所周知，城镇化的目的是为了使农民生活得更富足、更幸福，而客观上土地是农民最主要的财富，只有实现土地的资本化与财富化，农民才能富裕。从世界范围的工业化和城市化进程来看，农民的收入增长主要有三个来源：出售农产品的收入、打工的收入以及分享地租上涨的收入。我国改革开放以来，农民得到了农产品买卖和打工

―――――――――――

　　〔1〕　国务院发展研究中心农村经济研究部韩俊领导的课题组的调查显示：土地增值部分的收益分配，有20%～30%留在乡以下，其中，农民的补偿款占5%～10%；城市政府拿走土地增值20%～30%；各类城市房地产公司、开发区、外商投资公司等等，拿走土地增值收益的大头，占40%～50%。新望："城市化正成为掠夺农民新途径"，载《财经时报》2005年10月9日。

的权利，但绝大多数农民还是很少能分享到城市化带来的地租收益。[1]因此，城镇化的前提是必须保障农民的土地收益。

城镇化建设过程中必须警惕地方政府以城镇化为借口进行圈地，警惕城镇化被扭曲为"房地产化"、"房地产下乡"。实践证明，现行的农村土地集体所有制事实上相当于官员所有制，征地由权力决定与主导，权利被排斥。在当前土地财政格局下，地方政府只要将农地一倒手即可从中赚取巨大的差价，[2]大利当前，任何宏大的意识形态说教、严厉的党纪政纪处分等均无法阻挡地方政府强征、强拆的冲动。事实上，保护土地产权最困难之处，并非私人之间的冲突，而是政府以及政府内部掌握权力的人利用公权力侵夺民田。在传统中国，为维护社会的稳定，任何一个正常的朝代都会严格制止皇亲国戚侵夺土地。如《唐律》中即明确规定了"禁止在官侵夺私田。倚仗职权侵夺私人土地者，一亩以下杖六十，三亩加一等，至杖一百以上，五亩加一等，最重徒二年"。清代初年，清王朝及时制止了满洲贵族的"圈地运动"，康熙八年曾下诏"令自后圈占民房地永行停止。今年已圈者，悉令还民间"。这些措施在一定程度上保护了土地产权制度，奠定了王朝经济政治稳定的基础。[3]而反面事

---

〔1〕 王小乔："变革土地制度的时机已经成熟"，载《南方周末》2007 年 10 月 11 日。

〔2〕 例如，某一位地级市的领导雄心勃勃地表示："我这个地级市一共有 100 万户农民，我准备用 3 到 5 年的时间把这些村庄全拆了，至少省出 70 万亩地，挣 7000 亿元钱，什么事干不了！"中央农村工作领导小组副组长陈锡文指出，和平时期大规模的村庄撤并运动"古今中外，史无前例"。杨涛："农民被'上楼'，权利摔'下楼'"，载《羊城晚报》2010 年 11 月 4 日。

经济学家吴敬琏教授在中国发展高层论坛上指出，以赚取土地差价推动的旧型城镇化，地方政府在造城运动中攫取的土地差价达 30 万亿元左右，未来新型城镇化需要改革土地产权制度。梁敏："吴敬琏批造城运动：旧型城镇化攫取土地差价达 30 万亿"，载《上海证券报》2013 年 3 月 25 日。

〔3〕 盛洪："'强拆'并非城市化所需"，载《南方都市报》2010 年 12 月 12 日。

例在中国历史上亦不绝于书，例如，王莽改制以王田制为名恢复井田制，将耕地重新分配，南宋末年宋理宗实行了名为出钱购买，实为强取豪夺民田而归官家所有的政策，均导致民怨沸腾最终加速了王朝的灭亡。因此，城镇化建设过程中必须防范地方政府对农民土地权利的侵犯，如果不能有效地保护农民的土地权利，政府将面临更加激烈的社会抗争，流失合法性资源。[1]

笔者认为，保护农民的土地权利，根本的途径在于把土地这一最重要的生产要素的产权归还给农民，通过法律的形式明确农民对土地的财产权，遵循市场经济规律，通过市场交易的方式来提高这种财产权的变现价格，让农村的资源要素和城市更加平等地进行交换。

1. 彻底解决农村土地问题的方案是赋予农民土地所有权。所有权是社会文明与社会稳定的基石，目前我国实行的土地双轨制是农村发展缓慢的重要根源。农村土地集体所有制事实上造成了所有权的虚置，使得农民土地归属预期不明朗、博弈能力底下。一方面，由于农村土地无法自由买卖，农民拥有的土地这一最重要的财产无法变现，以致投资和金融都无戏可作。另一方面，造成了城镇化的红利被主导土地流转的地方政府占有，农民失去进城的初始资本变现的机会，农民没有能力融入城市生活。事实上，那种担心农民拥有土地所有权之后会廉价出售自己的土地，将造成土地兼并、产生大量流民的想法仅仅

---

　　〔1〕　事实上，中央政府已认识到这个问题的严重性。2011 年 12 月 28 日，温家宝总理在中央农村工作会议上讲话指出：不能牺牲农民土地财产权降低工业化城镇化成本，对于土地承包经营权、宅基地使用权、集体收益分配权等法律赋予农民的合法财产权利，无论他们是否还需要以此来作基本保障，也无论他们是留在农村还是进入城镇，任何人都无权剥夺，必须大幅提高农民土地收益分配比例，等等。

是一种不切实际的幻觉。正如城市居民大都拥有房产，但并未大量发生市民将房产出售用来挥霍消费以致无家可归的情形一样，必须承认农民是经济人、理性人，农民决定是否放弃农地使用权，首先考虑的是出售农地是否比其自用更"值"，只有在其认可的价格条件下才有可能出售其土地。事实上，如果农民拥有了土地所有权，就可以有效地通过土地出售价格来制约城市化进程。目前，由于农民没有土地的定价权，农用土地向城市转化的利益大部分被地方政府所占有，普遍催生了地方官员只注重短期行为而根本不顾长期后果的现象。

2. 中间方案是允许农地直接入市交易。目前的征地制度是先将农村的集体土地转为国有后才能进入市场，由于农民无权参与讨价还价，因此无法实现从土地增值中获得充分的利益，这实际上是一种地方政府利用公权力剥夺农民土地增值收益的方式而不是等价交换，实践中制造了大量的社会冲突和矛盾。在目前直接赋予农民土地所有权尚在意识形态和宪法上无法实现的情况下，可以考虑开放垄断的土地一级交易市场，即农地不必经过国有环节而直接入市，这实际上就给予了农民对集体土地的处置权，而处置权则为所有权最核心的内容。事实上，早在 2008 年中共十七届三中全会就提出了集体土地和国有土地"同地、同价、同权"，但具体落实的步伐尚比较缓慢。[1]

3. 第三种方案是维持现行土地产权和交易制度，加大对失地农民的补偿力度。这是一种不改变现行农村土地产权、农村

---

[1] 近来，《广东省城镇化发展"十二五"规划》提出允许转户农民在自愿基础上通过市场流转方式出让承包地、房屋、合规面积的宅基地并获得财产收益。专家表示这一重大突破，意味着真正赋予了土地财产权概念，特别是宅基地和房屋的财产权概念。戴志勇："尽快土地平权，彻底打通城乡"，载《南方周末》2013 年 3 月 22 日。

集体土地交易主体、土地交易流程，不具有制度变革意义的折衷思路。目前我国政府采取的正是这一思路，2012 年 11 月 28日，国务院常务会议讨论通过的《土地管理法修正案（草案)》，对农民集体所有土地征收补偿制度作了修改，大幅度提高了征地补偿数额，而呼声甚高即将出台的《农村集体土地征收补偿条例》，就目前来看采取的仍然是这一思路。该方案的缺点在于仍然基于"政府父爱主义"的立场，由行政权力所主导，忽视了农民对土地的权利以及市场经济规律的作用。[1]

以上三种方案，其作用主要在于农民可以通过获得土地增值收益的途径实现资本积累，这样既可以缩小日益严重的贫富差距，也可以帮助其更好更快地融入城市，从而进一步提高城镇化的质量，城镇化建设中依靠内需拉动经济增长这一最重要的目的才可能会实现。另外，还可以提高城镇化推进的成本，逼迫各地在推进城镇化过程中注重土地的集约使用，提高土地的使用效率，在价格信号的指导下，土地资源必然流向更有效的地方。三种方案中，相比较而言，第一、二种方案具有制度变革的意义，更尊重权利、符合市场经济规律，如果实行无疑将释放出大量的财富与社会活力，但由于第一种方案目前面临宪法以及意识形态上的阻力较大，因此笔者倾向于第二种方案。

二、城镇化建设过程中必须尊重农民的自主选择权

城镇化建设是当前我国人口与资源红利逐渐消失、土地资源日益紧张、经济陷入困境的情形下所采取的应对之策，通过推动城镇化建设，可以拉动内需，消化过剩产能、推动经济结

---

[1]　道理很简单，该《条例》规定补偿多少倍，制订的当时看可能补偿力度不小，但市场、货币的币值等都处于不停的变动中，而规定的固定倍数则是僵化的，可能很快就会滞后于社会经济的发展。

构战略性调整，促进城乡一体化发展，为农业走向产业化规模化经营创造条件，保证经济的持续增长，其意义非常重大。但是，在论述城镇化的意义时必须认识到：从历史上看，城镇化是世界各国工业化进程中必然经历的历史阶段，它是农村人口不断向城镇转移，第二、三产业不断向城镇聚集，从而使城镇数量增加，城镇规模扩大的一种历史过程，这一过程是经济发展的结果，是遵循市场价格规律的自发、自然演进的过程。当前城镇化建设过程中，必须认识到城镇化本身并不是目的，它只是为了实现人的幸福的手段，不能为了城镇化而城镇化，特别是不能违背广大农民群体的意愿，农民进不进城，不能靠外力的强迫，就像改革开放之初农民进城务工一样，无非是由于城市农村收入的巨大差距所推动。因此，地方政府应当以城镇化的魅力而不是行政力量来吸引农民的聚集。农民进城定居的理由很简单，城里有赚钱和发展的机会，能够使其个人和家庭生活得更幸福、更有尊严。虽然总体上看，城镇化是中国工业化发展的必然趋势，但各地是否推进城镇化以及推进城镇化的进度如何，应当根据各地的具体情况，遵循社会、经济发展的规律来决定，绝不能演变成一场强制性的经济与社会运动。

但是，令笔者忧虑的是，近年来我国几乎每一项政策的出台，都会立即产生权力利益。在当前的体制下，由于中央高层大力提倡城镇化建设，经验告诉我们：这很容易在实践中演变成为各级官员"政治正确"的命题，甚至有可能会被制订为考核官员政绩的重要指标，各级官员在"为民做主"的思维下，整体中执行一个崇高的命令，"有条件的要上，没有条件的创造条件也要上"，容易演变成一种运动式的城镇化。特别是，在目前的土地财政格局下，"城镇化"很容易被一些地方政府利用，将中央的城镇化决策简单的理解为盖楼、"圈地造城"，最终城镇化被扭曲成"房地产化"，甚至沦为一些地方政府暴力拆迁的借口。笔者相信这种担忧绝非多余，早在2008年，国土资源部颁布了《城乡建设用地增减挂钩试点管理办法》（国土资发〔2008〕138号）。提出鼓励农村建设用地整理，城镇建设用地增加要与农村建设用地减少相挂钩，即所谓的"增减挂钩"政策之后，地方政府遂利用这项政策作为以地生财的新途径，纷纷打着"城乡统筹"、"城乡一体化"、"新农村建设"、"旧村改造"、"小城镇化"等口号，上演了规模浩大的拆村运动，推出诸如"村改社"、"宅基地换房"、"土地换社保"等等政策，低价征收农民宅基地，甚至以暴力手段强拆民房，逼迫农民上楼，将农民的宅基地复垦，用增加的耕地换取城镇建设用地指标，由此导致了不少被拆迁人自焚的惨剧以及与拆迁者暴力抗争等群体性事件。

地方政府如此热衷于威逼利诱让农民集中上楼居住，根本原因还是地方政府的逐利需求，而不是为了让农民生活得更美好。以上现象被学界形象的称为"新圈地运动"，其实质是一种满足土地财政与开发商需要的侵民运动，目的是通过"侵占农民利益来填补城市政府深不见底的财政亏空"。[1]政策制订者们几乎都笃定的认为农民渴望住楼房，"政府父爱主义"、"政府包办一切"往往是很多官员头脑中的固化思维，城镇化过程中发生的很多强征农民土地、强拆农民房屋的现象，往往还是打着"为农民好"的名义进行。可农民到底是如何想的呢？现实

---

　　〔1〕　2013年"两会"期间，据重庆市市长介绍，重庆10年时间里花了6千亿，怎么能做到债务不高呢？其奥妙就是土地储备。从2002年开始重庆就储备了40多万亩地，这十年用了20万亩，每亩地赚200万，这就4000亿，扣掉土地征地本身的成本，大约有两三千亿的额外收入。邓全伦："重庆土地生意"，载《时代周报》2013年3月21日。

情况又是如何的呢？在目前的农村征地补偿机制下，农民是利益受损者而非受益者，相当一部分农民因为失地沦为贫困者，政府在城镇化中通过征地再出售获益最大，其作用只能是抬高房价，使中国的经济发展越来越畸形化、泡沫化，面对城市高昂的房价，很多"被城镇化"的农民境况不但得不到改善，甚至可能沦为背负高额债务的"房奴"。

因此，必须警惕实践中出现运动式的城镇化，必须尊重农民的自主选择权。理由很简单：首先，从知识论角度出发，由于缺乏精确的、细致入微的信息，任何人、机构和团体都没有能力对复杂的社会进行全方位的规划和改造，试图按照人为的计划来大规模改造一个社会，结果往往是悲剧性的。斯科特对俄罗斯的集体化、坦桑尼亚、莫桑比克和埃塞俄比亚的强制村庄化的失败进行了研究，指出，在计划之初"他们特别相信，随着科学地掌握自然规律，人们可以理性地设计社会的秩序"，但是在这些国家市民社会如此软弱，这使得公民没有能力来抑制政府的行为，这些计划最终失败。[1] 其次，必须承认每个人是自治的、深刻地了解其自身的利益并为之而奋斗的个体。"对于一个人的福祉，本人是关切最深的人；除在一些私人联系很强的情事上外，任何他人对于他的福祉所怀有的关切，和他自己所怀有的关切比较起来，都是微薄而肤浅的。"[2] 康德指出，"人永远都是目的，而不能成为手段"，黑格尔指出，"法律的基本命令是：成为一个人，并尊重他人为人"。事实上，正是思想和生活方式的多元，才构成了丰富多彩的世界。任何人和机构

---

〔1〕 〔美〕詹姆斯·C. 斯科特：《国家的视角》，王晓毅译，社会科学文献出版社 2004 年版。

〔2〕 〔英〕约翰·密尔：《论自由》，许宝骙译，商务印书馆 2006 年版，第 91 页。

不能以"集体利益"、"更高目的"这样的名义强迫别人，每个人的幸福由自己把握，国家必须尊重个人偏好及个性化的需求，尊重个人的选择自由。就城镇化而言，农民进不进城，不能依靠行政手段来强制，"为农民好"不能成为强制的理由，更何况所谓的"为农民好"往往也只是决策者认为的"好"，农民是理性人，是不是"好"要靠农民自己来判断，农民最清楚自己的需求，农民有了钱在哪里生活会自己作出理性的选择。因此，必须去除政府父爱主义、"为民做主"的主客体际思维，城镇化进程中勿需政府包办一切，政府必须尊重农民的自主选择权，城镇化必须是农民自愿的选择，必须守住土地自愿流转这条底线，这条底线实际是权利底线，这条底线不仅关乎农民的尊严，更关乎农民的生存，如果被公权力所强行突破，将动摇社会稳定的基础。

三、城镇化建设过程中必须保障农民平等的享有市民的权利

城镇化并不是一个单纯的人口从农村迁移到城市的过程，如果在城镇没有就业支撑和服务保障，失去土地的农民将无法生存。因此，必须改变过去"要地不要人"的旧城镇化模式，通过以权利平等、社会进步为内容的各项配套改革，保障农民平等的享有市民的权利，实现从作为生产要素的劳动力城镇化向以人口、家庭为主的城镇化的转变，以此来实现人的城镇化，促进社会的文明与进步。

1. 保障进城农民的居住权。我国土地财政催生了高昂的房价，每年虽有上亿的农民进城务工，但其中绝大多数无法在城市购房落户，无法实现以家庭为单位的城镇化，超高的房价已经严重的阻碍了中国城镇化进度。笔者认为，解决城镇化过程中进城农民居住问题，必须通过市场的办法来进行，将希望寄托在政府大包大揽的保障房上是非常危险的，因为政府既无足够的资金和管理能力，也不可能准确的预见人口流动的方向和聚集地点。保障房很可能建成没人住，而有人愿意去住的，又可能在行政性分配过程中产生大量的权力寻租腐败。城镇化过程中，一方面，必须降低房价，使房子回归居住的基本功能，另一方面，应当赋予农民土地所有权或至少允许农地直接入市交易，使农民获得资产性收入，能进城买房。

2. 保障进城农民的就业权。城镇化的基础是工业化，是工业发展到一定程度后，人口自然聚集的过程。当前很多地方的所谓城镇化，往往是一种以发展经济为名，行掠取土地利益之实的"人为城镇化"、"伪城镇化"，以为将农民的地征掉，一次性补偿一笔征地款，再将农民赶上楼，就是城镇化了。事实上，城镇化建设的关键就在于解决城市产业支撑的问题，没有工业化做基础的城镇化就是无源之水、无本之木。但是长期以来，政府一直以做大 GDP 为任务，采取的是"投资性拉动经济"策略，大搞各种基础设施建设，这种不顾产出的恶性投资导致经济效率低下，严重挤压了民生。由于大型国企、金融行业的垄断、房地产行业的畸形发展，使得大量社会资金和资源转向投机性行业，民营企业承担的税收过高，加上名目繁多的收费、罚款、行政审批、年审、检查等，民营企业不堪重负，日益被挤占侵蚀。可以说，中国近年来经济发展的过程，其实质是逆城市化的过程。目前城镇化建设，政府必须回归民生经济，完善企业经营的法治环境，改善民营企业的生存投资环境，逐步减少政府管制，打破金融行业与国企的行政垄断，让民营企业平等参与市场竞争，通过减税来鼓励创业，尤其是创办小微企业，让资金回归到投资实业的正途而不是蜂拥到投机性的房地产行业。只有民营企业得到长足的发展，才能创造更多的城镇就业机会。

3. 改革户籍制度，实现公共服务均等化。当前，我国户籍制度是限制人身自由的最大障碍，附加于户籍之上的教育、住房、工作、社会福利等的差异，无不是阻碍农民进城的绊脚石。进城农民由于没有城市户口，享受不了城市人的教育、医疗、养老等公共服务，甚至连买房、买车都受到种种限制。长期以来，农民进城打工导致的留守儿童、空巢老人、春运大迁徙等问题，都和这些限制有关，形成一个人性被撕裂的社会悲剧。要实现真正的城镇化，必须从人格上平等对待农民，让他们用最小的成本，实现做城市人的梦想。因此，必须取消户籍制度，让农民工享有与城镇居民同样的社会保障和社会服务，由此而产生的公共设施与服务的投资需求，通过财政改革来解决，不能以地方财政难以承受为名，继续保持歧视性的户籍制度，阻碍劳动力的流动。

四、城镇化建设过程中必须保障农民的救济权

当前，土地财政的格局已然形成且渐趋固化，尚未看出有根本变革的迹象，地方政府普遍负债累累，对土地财政已形成深深的依赖，在央地财政格局未作根本调整之前，仅靠党性自觉或上级的督察，无法阻止地方政府通过剥夺农民土地权利而牟利的强烈冲动。目前如何保障城镇化建设不被地方政府扭曲为强征、强拆的借口？如何保障农民的土地权利不被侵犯？近年来，实践中发生的一些因征地、拆迁权利被侵害的农民以死抗争的极端事件，往往都是当事人在穷尽了一切公力救济途径而不得之后才采取的。因此，为防止城镇化建设变形走样，必须畅通权利被侵害者公力救济的途径，加强对地方政府各种形式强制土地流转行为的监督，使农民有冤能诉，以此来对抗地方政府或村官的侵权行为。

1. 实现司法独立。法治国必为司法国，法院在民主多元社会中担当整合的功能，法官是公民权利和法律的维护者，司法必须独立是法治社会的一项基本的常识，"没有这种独立，就无法防止立法权力和行政权力的滥用，也不能防止强化行政权力的强制力量的滥用。"〔1〕目前，我国司法存在的一个重大缺陷就是独立性差，事实上依附于地方党委、政府，司法的地方化现象严重，其所造成严重后果之一就是遇到以地方政府为被告的案件，法院往往拒绝立案，这使得《行政诉讼法》的相关条款空转，公众求诉无门，往往被迫走上漫漫的"上访"之路，积累了社会矛盾，造成诸多严重的社会问题。因此，必须赋予司法机关独立的地位，保护公众的诉权，以此来限制地方政府乱作为。

2. 保障表达自由。在现代社会，言论自由对政府决策具有重大的作用，它可以汇聚分散在民间的智慧，弥补个人、政治集团知识结构上存在的盲区，从而有效的避免政府决策的失误。我国《宪法》虽然规定了公民享有言论、出版、集会、结社、游行、示威等自由，但在"稳定压倒一切"的思维模式下，公民行使这些宪法基本权利受到了较大的限制。在当前"维稳"模式下，基层为达成某种行政目的，往往不择手段，"维稳"往往在现实中已沦为"维腐"。因此，必须果断的放弃"维稳"的思维，确立维权、维护法律的尊严就是最大的维稳的观念，以此观念为指导，首先，制订新闻法，去除新闻媒体的地方化，保障新闻自由，畅通体制内外的信息反馈机制；其次，放松对新兴网络媒体的管制，使基层的问题能得到及时的暴露，使上

---

〔1〕 ［英］A. J. M. 米尔恩：《人权哲学》，东方出版社 1991 年版，第 294 页。

层能够听到来自民间的真实的声音，使网络成为反腐的利器和社会矛盾的减压阀；第三，放松对社会团体登记的限制，培育公民社会，使公民社会能发出自己的声音，以公民社会的力量来限制地方政府的乱作为。

结语：

我国的城镇化与西方历史上的城镇化过程主要存在以下差异：①西方私有产权明晰，私有产权得到法律严格的保护，但我国特殊的农村集体所有的土地制度，造成农民土地权利的虚化，农民无法通过流转土地使用权、出卖宅基地及其上的房屋实现土地权利的资本化；②西方不存在制度化的二元对立的城乡体制，公民享有居住、迁徙自由，但在我国二元对立体制下，附着于户籍之上的教育、社会保障等制度，使得农民仅仅成为进城出卖劳动力的"农民工"，而无法实现家庭的城市化，严重束缚了城镇化进程；③西方有完善的市场化机制，城镇化是自生自发的市场所推动的，是伴随着产业变化的人口分布的自然变化过程，我国城镇化和土地财政、房地产行业纠缠在一起，地方政府在其中享有巨大的土地利差的利益，使得过程更为复杂，伴随着失地农民的抗争。笔者认为，依靠政府推动的城镇化进程，存在着巨大的经济、政治风险，历史经验告诉我们，举国体制的优势在于可以集中力量办大事，但问题是如果办了错事或在实践中走偏了方向，纠正起来亦会十分困难。避免城镇化风险的办法在于：政府应认识到开放社会中"人的无知"，即任何人、任何政府组成人员均存在着知识结构上的局限性，确立"治大国如烹小鲜"、"不以智治国"的理念，放弃政府包揽一切的思路，尊重自生自发的秩序，尊重人权、人的自主性，无为而治、顺其自然、因势利导。在城镇化建设的过程中，政府的主要任务是提高公共服务水平，创建法治政府，搭建要素市场平台，解除约束农民进城的束缚，保障农民土地权利，取消户籍制度，让人民自由流动，而城镇化的具体过程则应交给市场主体，由人的趋利避害的本性来用脚投票做选择。

第四节　完善社会保障法律体系初探[1]

党的十七大报告提出，"要以社会保险、社会救助、社会福利为基础，以基本养老、基本医疗、最低生活保障制度为重点，以慈善事业、商业保险为补充，加快完善社会保障体系"，要求做到人人享有基本生活保障，更加突出社会保障的公平性和普惠性。以党的号召和指向为契机，结合次债危机与欧债危机后的环境变化，加快完善我国社会保障法律制度，对于提高人民福祉，保护社会共同体中每一个成员有效地规避养老、疾病、失业等社会风险，保障全体人民公平地分享经济社会发展成果的权利，构建社会主义和谐社会具有重要意义。

一、完善的社会保障体系对经济社会的积极效用

社会保障是国家为社会成员提供一系列基本生活保障，使其在年老、疾病、失业以及丧失劳动能力等情况下，从国家和社会获得物质帮助和服务的制度安排。[2]社会保障体系是维护社会稳定、促进经济发展、保障公民权利的重要社会制度，2004 年我国将社会保障制度写进宪法，顺应了我国深入发展政

---

〔1〕　本节发表在《云南行政学院学报》2012 年第 4 期。

〔2〕　焦克源、刘鹏："完善社会保障制度与促进人的全面发展"，载《理论前沿》2007 年第 1 期。

治、经济、和谐社会的要求，开启了我国社会保障法治建设的进程，为建立健全社会保障法律制度提供了宪法依据。

社会保障体系为整个社会经济的正常运行创造了良好环境，增加社会经济的有序性，使国民经济和整个社会有机体得以持续、稳定、协调地发展，其对我国的经济社会效用具体表现在以下两个方面：

1. 完善的社会保障体系有利于促进市场经济的健康发展。党的十四届三中全会《关于建立社会主义市场经济体制若干问题的决定》指出，社会主义市场经济体制包括"现代企业制度、市场体系、宏观调控体系、收入分配与社会保障体系、法律体系等五大体系"。作为市场经济体制中至关重要的一大支柱，社会保障体系在经济发展过程中发挥着重要的作用，它能够调节社会总需求，平抑经济波动，发挥经济运行"减震器"的作用。[1]建立完善的社会保障法律制度，可以去除广大劳动者的后顾之忧，长期以来我国作为一个人口大国却一直存在的"高储蓄，低消费"、"内需不振"的状况将得以改观。此外，企业将退休人员养老的负担转移到社会后，企业的负担得以减轻，会将更多的资金用于生产环节，促进经济的稳定增长。与此同时，完善的社会保障体系还能够多渠道募集社会保障资金，并完成社保基金保值增值的要求，继而有条件的允许社保基金进入到一些投资领域，这样一方面可以推动经济发展，另一方面通过对股票、债券、基金、房地产等方式进行合理投资，可以促进社会保障基金的保值增值，对经济的发展起到正面影响。

2. 完善的社会保障体系有利于社会的和谐发展。在构建和谐社会的进程中，建立完善的社会保障体系是社会建设的一项

---

〔1〕 黄祖利："进一步完善社会保障、促进和谐社会的构建"，载《中共福建省委党校学报》2007 年第 9 期。

重要内容。党的十六届六中全会提出了 2020 年基本建立覆盖城乡居民的社会保障体系的目标，十七大更是具体绘制了社会保障体系的蓝图。由此可见，完善社会保障制度是广大人民群众共享经济社会发展成果的重要途径，也是构建社会主义和谐社会的基本要求。而且健全的社会保障体系，是人民生活的"安全网"、社会运行的"稳定器"和收入分配的"调节器"，是国家重要的安全保障制度。[1]建立完善的社会保障体系，能够消除社会成员对未来生存保障的忧虑，完成社会财富再分配，实现社会公平，是保持社会和谐与稳定的重要手段和制度保证。

二、我国社会保障体系的现状与不足

（一）我国社会保障体系建设取得的历史成就

我国社会保障制度始建于 20 世纪 50 年代初期，在没有任何现成经验的情况下，博取世界各国社保制度之长，尊重国情与借鉴国外经验相结合，[2]从 20 世纪 90 年代中期至今，进入到体制和制度创新阶段。我国社会保障体系改革通过多年变革取得的成就是巨大的，党和政府在维系经济改革和国民经济持续发展、保障国家政治稳定和社会和谐的同时，促使惠及亿万国民的社会保障体系改革实现整体转型，这在国际上是没有先例的。时至今日，我国社会保障体系已发展成为涵盖社会保险（包括医疗保险、养老保险、失业保险、工伤保险、生育保险）、社会救助（包括基本生活救助、灾害救助、专项救助）、社会福利（包括老年人福利、残疾人福利、妇女福利、儿童福利、教

---

〔1〕 孙志筠："以十七大精神为指导加快完善社会保障体系"，载《中国财政》2008 年第 4 期。

〔2〕 肖严华："'后危机时期'中国社会保障制度的完善"，载《学术月刊》2009 年第 11 期。

育福利、住房福利）三大系统和补充保障（包括企业年金、商业保险、慈善事业）、军人保障（包括军人抚恤、军人安置、军人保险、军人及军属福利）等制度在内的全面的社会保障体系。总结起来，经过 20 多年的艰难改革，我国社会保障体系改革取得了历史性的成就，实现了四方面的重要突破：

一是实现了社会保障理论上的革新。现阶段我国政治经济不断发生变化，社会保障的理论也相应发生了很大的改变。明确了社会保险属于必须劳动保障的理论，确立了劳动风险共担理念，明确了社会保障体系在社会中的经济地位，确立了社会公平与正义的意识。

二是制度转型任务基本完成，即从计划经济时代形成的国家责任、单位包办、全面保障、板块结构、封闭运行、缺乏效率的社会保障制度，逐步转化成政府主导、社会与个人共同参与、责任共担、合理保障、多层次的社会化保障体系。

三是我国已经初步形成了以社会保险、社会救助、社会福利为基础，以基本养老、基本医疗、最低生活保障制度为重点，以慈善事业、商业保险为补充的维护劳动者社会保障权益的多层次社会保障制度体系框架，社会保障覆盖面不断扩大，社会保障水平不断提高，基金收入持续增加。[1] 2010 年 5 项社会保险（不含新型农村社会养老保险）基金收入合计 18823 亿元，比上年增长 2707 亿元，增长率为 16.8%，基金支出合计 14819 亿元，比上年增长 2516 亿元，增长率为 20.5%。[2] 这些数据真实反映了我国社会保障覆盖面的扩大，使老年、失业、患病、

---

〔1〕 颜少君："社会保障制度的完善与劳动者权益保护"，载《中国劳动关系学院学报》2011 年第 4 期。

〔2〕 数据源于我国《2010 年度人力资源和社会保障事业发展统计公报》和《2010 年国民经济和社会发展统计公报》。

工伤以及低收入等社会群体的基本生活得到保障，并使其在一定程度上分享了社会经济发展成果。

四是社会保障法律体系初步形成，社会保障步入法制化轨道。《中华人民共和国宪法》明确提出国家发展社会保险、社会救济和医疗卫生事业，建立健全同经济发展水平相适应的社会保障制度，并规定公民有从国家和社会获得物质帮助的权利，为社会保障的依法建设提供宪法依据。此外，国家相继制定实施了《劳动法》、《妇女权益保障法》、《老年人权益保障法》、《残疾人保障法》、《公益事业捐赠法》、《社会保险法》等多部法律，国务院先后颁布了《失业保险条例》、《社会保险费征缴暂行条例》、《城市居民最低生活保障条例》、《工伤保险条例》等行政法规，还制定了下岗职工基本生活保障、深化养老保险、医疗保险、城镇住房福利制度改革政策，初步建立了国家社会保障法律法规体系，为依法推进各项社会保障体系改革奠定了坚实基础。

（二）我国现行社会保障体系存在的不足

我国社会保障体系经过近30年的快速发展，取得的成就令世人瞩目，但目前还存在着一些亟须解决的问题：

1. 社会保障体系的立法缺乏统一性。从社会保障立法的现状来看，我国目前尚无一部综合性的社会保障法律，只是零星颁布实施了一批法律、行政法规、部门规章及地方法规，并且仅涵盖医疗、行业保障等几个方面，尚未形成统一的社会保障法律体系。这样的现状可以说与对我国特殊转型背景下经济社会改革路径的过度依赖有关。我国经济社会转型具有"政经分离、经济先导、渐进改革、试点先行、目标坚定、模糊前进"的特点，在这样的模式下，社会保障制度改革更多的是摸着石头过河，社会保障制度的建制理念和政策选择等在实践中都带有明显的模糊性，改革目标和制度设计也在摸索中不断调整和修补。[1] 结果便是我国现行的社会保障体系内法律法规的出台时间不一、侧重点不同，相互间缺乏应有的衔接和协调、乃至局部还存在冲突，整体上也没有必要的价值引导和长期规划，社会保障的各方面发展失衡。在颁布的相关法律法规中，社会保险方面的立法占据相当大的比重，而社会救济、社会福利、优抚安置和社会互助等方面的立法则相对较为欠缺。立法的滞后和碎片化，导致我国目前社会保障工作在许多方面更多的是在依靠行政手段推行，行政职能大于法律作用，统筹城乡发展背景下社会保障事业的建设缺乏立法支持。

2. 社会保障立法层次尚偏低、缺乏稳定性。目前，社会保障方面权威的立法是 2010 年才颁布的调整社会保险法律关系的《社会保险法》，但时至今日仍然没有一部专门调整社会保障关系的基本法律。社会保障是关系国计民生的基本制度，在市场经济法律关系中的重要性越来越突出，作用也越来越明显，应当由国家立法机关以法律的形式予以规范，而现状则是社会保障的具体规定绝大部分由国务院、人力资源和社会保障部以决定、条例、通知等形式颁布，属于法律层面的社会保障规范性文件屈指可数。由于缺乏全国性的法律规定，社会保障立法层次较低，社会保障法律中责任追究和制裁办法力度不够，社会保障费的强制征缴缺乏可操作性，无法确保社会保障措施的有效实施。[2] 另外值得一提的是，我国目前社会保障法律制度之所以缺乏应有的稳定性，主要也是源于社会保障的相关立法动

---

[1]　雷晓康、席宣、王茜："十七大之后中国社会保障体系的构架与完善"，载《西北大学学报》2010 年第 1 期。

[2]　程艳："和谐社会视野下我国社会保障制度的完善"，载《政治与法律》2007 年第 2 期。

因往往是为应对社会生活中已发生的矛盾，或是特殊事件引发后有迫切需要时才制定，因此立法没有统筹全局的考虑，存在设计规划的缺陷，没有充分的前瞻性，事后弥补漏洞的应急政策更加动摇我国社会保障政策的稳定性。养老保险中划入个人账户的比例和养老保险金的计发办法的多次变化就是典型的例子。

3. 实施和监督机制凸显薄弱性。完整的法律规范应由行为模式与法律后果构成，如果法律规范没有规定相应的法律责任和制裁措施，就不可能发挥其应有的规范和强制功能。社会保障是全体人民共享经济发展成果的伟大事业，其重点在于法律的实施和政策的落实，才能让老百姓真切的感受到社会进步带来的福祉。长期以来，我国的社会保障法制建设工作滞后，虽然实践中也陆续出台了一些保障条例，但由于缺乏有效监督，难以得到贯彻实施，同时制度自身的控制机制较差，社会保障的受保对象、待遇提供者基本没有纳入监督的范围，因而监督控制无从谈起。[1] 我国已有的社会保障规范性文件，大多为政策性文件，缺少对法律责任的规定，无法确保社会保障的有效实施。法谚云，天下不患无法，而患法之不行。那些业已出台的法律法规，原则性过强、规范性不足，可操作性较差，实施机制较弱，筹资机制、给付机制、管理机制、运行监督机制等还没有法律意义上的规范措施，职能部门和相关负责人的法律责任更是缺少法律直接和明确规定，造成社会保障无法真正得到落实，容易导致社会保障基金的滥用和挪用。

4. 社会保障法律法规的适用范围窄。我国整个社会保障体系目前还是存在明显的结构性缺陷，享受社会保障的人员主要

---

〔1〕 赵秋梅、吴红智："完善我国社会保障体系的措施"，载《中国财政》2008 年第 18 期。

集中在城市，且仅覆盖到城镇机关、事业单位和国有企业职工以及城市集体、私营和外资企业的职工，大批自由职业者和个体劳动者的社会保障未能引起政府关切，特别是除五保户等特殊群体外的全国大部分农民更是没有什么社会保障，基本处于社会保障体系之外，更是缺乏相关的社会保障法律制度。这种现状显然不适应我国社会主义初级阶段多种所有制长期并存的格局，不能对全体劳动者提供基本生活保障，限制了劳动力在各种经济成分之间的合理流动，妨碍了企业经营机制的转换，也影响了社会保险分散风险功能的发挥。[1]总体而言，现行社会保障立法无论是数量还是层次上大多集中于社会保险和军人优抚安置领域，而对于弱势群体的社会救助、社会福利、医疗保障等有关项目的立法未得到足够重视。这些现实问题的延续，将妨碍社会保障体系的健全，严重影响到广大社会成员的积极性和创造性。从长远看，必然会加大社会收入分配差距，造成隐患和不安定因素，[2]进而影响社会的稳定和谐。

5. 社会保障水平不均衡。我国幅员辽阔，由于自然地理、历史、文化、国家政策等的影响，区域经济发展不平衡问题十分突出。东部地区经济比较发达，而中西部地区经济相对落后，这种状况造成了地区之间社会保障利益分配的不均衡。西部经济落后地区的社会保障程度远低于经济发达地区，这就使身处不同地区的居民享受到的社会保障利益差距很大。区域（地带）、省际、城乡的经济发展失衡以及收入分配与财富占有不平

---

〔1〕　张萍："政府在我国社会保障体制完善中的作用"，载《行政论坛》2009年第4期。

〔2〕　陈小霞："完善我国社会保障制度的途径探索"，载《前沿》2011年第12期。

衡，使我国社会保障制度的统一受到了严重制约。[1] 城乡社会保障水平的巨大差距是当前统筹城乡经济社会发展中急需解决的问题。在城市，广大居民可以享受到的社会保障包括各项社会保险、最低生活保障、残疾人就业、住房保障等一系列措施，直到 2009 年农村的上述制度才开始进入试点阶段，农村最低生活保障制度在部分地区刚刚起步，真正受益者仅占全国 8 亿农民的少数。由此可见，我国城乡二元结构下的农业人口和城镇人口在享受社会保障利益方面存在着巨大的差距，占人口大多数的农民群众却只享有非常微薄的社会保障。总而言之，我国的社会保障法律制度缺乏平等性，没有充分反映出社会保障体系"全民保障"的普遍性特征。

三、完善我国社会保障体系的对策

诚如前述，我国的社会保障体系还存在着诸多问题，已不符合当前经济社会的发展趋势，难以满足构建社会主义和谐社会的政治要求，针对性的完善我国社会保障体系已经刻不容缓。笔者认为，加快社会保障体系的法制化建设是我国当前最主要的任务，通过将社会保障体系以法律的形式进行固定，使社会保障事业能够"有法可依、有法必依、执法必严、违法必究"，推进社会保障体系的良性发展，保障全体社会成员的基本生活，维护国家社会的团结稳定，促进经济繁荣。

1. 明确社会保障立法模式。立法、执法和司法是法律制度建设和完善的关键环节，因此完善我国的社会保障体系，应当首先注重立法，为社会保障工作的开展和监督提供法律依据。笔者认为，结合我国国情和各项法律制度的建设历程，我国社

〔1〕 赵俊康："我国国情与社会保障体系的完善"，载《中国社会保障制度建设30年：回顾与前瞻学术研讨会论文集》2008 年 5 月。

会保障的立法模式应当采行母子法的模式：即以《宪法》和《立法法》为基础建立社会保障基本法，配套以包括社会保险法、社会救助法、社会福利法、优抚安置法等在内的社会保障单行法，扩充社会保障的行政管理、司法救济、法律责任等实质性内容，"以及与上述法律、法规相配套的若干条例、规章等，同时还要求社会保障法律体系中起主干作用的法律与起配套作用的法规、规章等之间要保持有机的联系，在内容上和谐一致、互不矛盾，符合法制统一原则和统筹兼顾、互相协调的原则。"〔1〕依照这样的立法模式，提高社会保障立法的层次，使其适用范围和影响范围更加广泛，社会保障法律制度的权威性和稳定性得到显著增强。因此更应当强调中央的集中立法，减少和分散地方立法，并且要实现行政立法向人大立法的转变，增强社会保障实施的权威性和强制力。总之，只有以法律的形式从社会保障的各个方面予以明确规定，才能保证社会保障体系的有效、方便、快捷，才能使社会保障权益真正惠及所有社会共同体成员。

2. 提高实施机制与监督机制的执行力度。立法的目的在于为执法和司法提供法律依据，也是为了保障执法和司法的顺利运行，同时执法与司法又是立法的实现手段，一套完善的法律制度倘若没有执行力或滥用职权缺乏监管，立法只能是徒劳无功。社会保障作用的有效发挥必须依靠强有力的实施机制，只有建立健全社会保障体系的实施机制和监督机制，才能确保社会保障体系的基本功能和效应得到充分发挥。因此，要尽快建立相关的社会保障体系的法律责任制度。突出强调社会保障体系内制度和政策本身的强制性，明确规定社会保障法律责任和

---

〔1〕　曾煜："试论我国社会保障法律体系之完善"，载《学习与探索》2006 年第 5 期。

制裁措施，设立专门的监督检查部门，全面负责各项社会保障制度落实情况的监督检查。重点加强我国社会保障基金在安全和保值增值方面的监督管理，加大对违法行为的惩罚力度，坚决追究责任人的法律责任。在保证基金资产安全性、流动性的前提下，实现基金资产的增值。[1] 同时笔者认为，可以适当考虑对于贯彻执行社会保障法律法规良好的政府部门、企事业单位等给予荣誉、商誉或资金上的奖励，从另一角度提高社会保障体系的执行力。因为处罚本身并非目的，处罚的目的是为了督促单位和个人认真遵守社会保障法律规定，由于处罚的前提是违法行为和不良的社会后果已经发生，此时的惩罚只能成为事后的前车之鉴，却无法做到事前预防。相反，激励机制不仅能够起到防微杜渐的作用，还能将监督方式变被动为主动，能够更好地为社会保障体系的良性发展保驾护航。

3. 完善我国社会保障的权利救济机制。权利的救济是社会保障受益者自下而上反映问题、寻求解决办法的路径，这样才能够确保社会保障信息在操作层面的良性互动。针对我国目前社会保障体系监管不力的现状，我国更应当保证社会成员权利救济渠道的畅通，以此增强社会监督的力量。就我国目前而言，权利救济方法有两个，一个是行政复议，另一个是司法诉讼。因此一方面要解决社会保障政出多门的问题，明确规定政府部门在回应权利人诉求时应当出具书面答复或告知不服行政处理后的申诉途径。另一方面就是要在我国现有的司法体制中设立专门审理劳动和社会保障争议类案件的机构，简化审判程序。对于争议较小、标的不大的案件实行一裁终局制，在节省司法资源的同时，为社会保障权益受到不法侵害的当事人提供及时、

---

[1] 赵奇峰："完善我国社会保障制度的策略分析"，载《思想战线》2009 增刊第 1 期。

便捷、有效的司法保护。此外，人民法院对社会保障领域里发生的违法犯罪案件，对欠缴社会保险费的企业采取强制的司法措施以追缴社会保险费，对拒不缴纳法定的社会保险费、拒不支付保险金、不正当使用保险基金、贪污挪用及侵占保险基金的行为进行制裁，充分保证在社会保障方面法律所具备的强制力和威慑力。[1]

4. 取消户籍分化，统一社会保障体系。户籍制度直接造成了我国城乡二元的经济结构，导致了城乡社会保障的差别待遇。这种与计划经济体制、封闭社会环境相适应的户籍制度，已远远不能适应市场经济、开放社会的要求，构成了对农民的制度性歧视。笔者认为，针对目前城乡社会保障利益分布不均的问题，应当从统筹城乡经济社会发展的角度出发，可以考虑暂时通过行政立法的方式提升农村社会保障水平，长期规划中还是应当消除户籍制度的城乡分化效果，在全国范围内建立统一的社会保障体系。在进行二元化社会保障体系改革时，应当立足我国现阶段生产力水平和综合国力，使国家、单位及个人的负担能够维持在一个适当的水平。[2]当前，应特别重视农民工的社会保障工作，根据农民工最紧迫的社会保障需求，秉承社会公平正义的理念，优先解决农民工工伤保险、生育保险、大病医疗保障以及农民二子女教育保障问题，逐步解决住房保障和养老保险问题。规定只要满足在本辖区内工作满一定年限或连续居住满一定期限，或拥有本地所属的固定资产，或连续缴纳社会保险满一定年限等条件，均可以享受城镇社会保障水平。

---

〔1〕 林晶："完善我国社会保障法律制度的原则及对策"，载《山西财经大学学报》2010增刊第2期。

〔2〕 张弥、王谢勇："对我国城乡社会保障体系建设与完善的问题分析"，载《科学社会主义》2011年第3期。

可以说，不取消城乡二元背景下的户籍制度，广覆盖、可移转、统一的社会保障体系改革就难以取得突破性的进展。统一城乡社会保障体系，取消户籍限制是落实宪法平等权条款，尊重社会劳动者，使劳动者平等的享受基本人权的体现，是社会保障法律制度的题中应有之意。[1]

5. 大力推行社会保障税。我国的社会保障资金主要来源于社会统筹、产业投资和社保基金，体现收入再分配职能的财政拨款难以形成社会保障类的预算支出。截至目前全世界已有100多个国家开征了社会保障税，我国现状则是部分省、市、地区实行由社保部门确定的社会保险费征收计划，地税部门负责征收管理，该模式的存在显然缺乏法律依据，且与"税收法定"的原则明显相违背。解决该问题的长远方法就是响应财政部的提议，通过全国人大的立法，推行社会保险费改税，增加社保基金的收入和社会保障产品的资金供给。费改税后由税务机关统一收取基本社保收入，有利于强化管理，提高征收效率，降低征收成本，税务监管与社会保障部门各司其职，也有利于社会保障部门集中精力管理好社保基金，提高资金使用效率。[2]社会保障税是当前仿效西方发达国家，筹集社会保障资金较为理想的手段，其开征将有利于统一税负，及时、稳定地筹集社保资金，减轻国家和企业的负担，同时也有利于建立和完善社会保障预算，从管理上缓解目前社会保障基金征缴困难的矛盾。

---

〔1〕 孙慧："关于完善我国社会保障法律制度的思考"，中国政法大学2007年硕士学位论文。

〔2〕 韩晓琴："完善社会保障制度的几点思考"，载《中国财政》2009年第24期。

结语：

　　就本质而言，社会保障体系是一种社会财富再分配行为，其对改革开放 30 年后的中国尤为需要，肩负着稳定政局、安定社会、给予市场信心、统筹城乡发展的重任，是构建社会主义和谐社会、繁荣社会主义市场经济的坚实保障。随着我国政府职能的转变以及提供公共服务产品责任的强化，完善我国社会保障体系建设的决策理念和制度安排日趋成熟，相信在不久的将来，有着全球 1/6 人口的中国将基本建立起社会保险、社会救助、社会福利、慈善事业相衔接的覆盖和惠及全体城乡居民的平等的、完善的社会保障体系。

第四章 人权与法治 ◇

第一节 论当代中国宪政文化建设[1]

有宪法未必实现宪政，宪法仅是宪政的前提之一，是实现宪政的必要而非充分条件，如今在学术界这一观点已成为基本通识。从世界范围来看，当今不立宪的国家已几近于无，而且各国宪法中有关人权保障等条款的总体差别也不甚大，处于趋同的倾向，但是实际上真正实行宪政的国家却仍然为数不多。回顾中国立宪史，自晚清政府颁布《钦定宪法大纲》以来，中国立宪已逾百年，然宪政之路举步维艰。究其原因，固有多端，然宪政文化之缺失乃为其深层次之原因。这里所谓的宪政文化，指的是人类在追求和创建宪政这一政治形式的政治历史实践中，形成的有关宪政的意识形态。具体而言，它包含了建立一系列的制度，培养人们对宪法发自内心的尊崇，以使宪法规范得以落实，保证宪法最高权威的实现。[2]因此，结合中国百年立宪

---

〔1〕 本节发表在《云南行政学院学报》2007年第4期。
〔2〕 高殉："宪政文化：我们的追求"，载《法学论坛》2004年第4期。

的历程，探讨宪政的文化基础，对当代中国的宪政建设不无裨益。

一、宪政文化是西方的舶来品

宪政是西方文化传统所内生的一种现象，是西方社会、文化自然演进的结果。当代中国的宪政文化建设，必须追溯到西方文化的源头对西方文化作巡礼，以探寻宪政文化的历史根源。

1. "性恶论"假说——制度建设的前提。西方"性恶论"来源于基督教的"原罪说"，即人类远祖亚当、夏娃犯下的原罪，认为人身上有其不可消解的罪恶，在完美的神性与不完美的人性之间，永存幽暗。[1]基于这种发自对人性中与生俱来的阴暗面和人类社会根深蒂固的黑暗势力的正视和警惕的幽暗意识，西方文化对人性持保守的态度。"谁认为绝对权力能纯洁人们的气质和纠正人性的劣根性，只要读一下当代或其他任何时代的历史，就会相信适得其反。"[2]休谟认为，"政治作家们已经确立了这样一条准则，在设计政府制度和确定几种宪法的制约和控制时，应把每个人都视为无赖——在他的全部行动中，除了谋求一己的私利之外，别无其他目的。"[3]"一切有权力的人都容易滥用权力，这是万古不变的一条经验"，"有权力的人们使用权力一直到遇有界限的地方才休止"。[4]在西方思想史上，这类论述俯拾皆是已成通识。正是基于对人性的怀疑而产

---

[1] 参见张灏：《幽暗意识与民主传统》，新星出版社 2002 年版。

[2] [英] 洛克：《政府论》（下），叶启芳、瞿菊农译，商务印书馆 1996 年版，第 56 页。

[3] [美] 斯蒂芬·L. 埃尔金等编：《新宪政论》，周叶谦译，三联书店 1997 年版，第 27~28 页。

[4] [法] 孟德斯鸠：《论法的精神》（上），张雁深译，商务印书馆 1997 年版，第 154 页。

生的对拥有权力的政府的不信任感激发了有限政府以及限制政府权力的具体的制度设计，由此构筑了宪政理念的理论假定前提。

2. 社会契约理论——政府产生及其权力正当性的来源。在西方政治法律思想史上，社会契约理论是源远流长影响深远的理论。它设想了在自然状态下，人人拥有权利，没有权威的管理，不可避免地造成纷争的可怕景象。为避免纷争，于是人们自愿订立契约，将自己的"自然权利"让渡给共同体，共同体的政治权力的正当性来源于共同体成员的委托，并受到契约宗旨的约束，而公民的政治义务也是因自愿的契约而成为必然。古希腊智者学派的代表人物普罗泰戈拉、安提丰较早地提出了社会契约的思想。[1]伊壁鸠鲁最早从理论上系统阐述了社会契约思想，"用社会契约观点来说明法律，认为公正是社会的、彼此约定的产物"。[2]而在西方文化之"灵"的犹太文化中，圣经就被视为犹太民族与上帝耶和华的一种契约。在中世纪早期，西方就形成了这样的观念："统治者和被统治者之间的关系本质上是契约关系"，"尽管王权自身有着神圣起源，但特定君主取得王权的基础是他与人民的双方契约。"[3]中世纪国王和贵族的关系是一种契约关系，而领主与农民的关系虽有较大的任意性和专断性，但它仍带有契约关系的特点。城市形成后，也按那个时代日耳曼人的习惯，以契约的形式确认城市的地位、权利以及城市内部关系和事务。许多城市和城镇是依靠一种庄严

---

〔1〕 严存生主编：《西方法律思想史》，法律出版社 2004 年版，第 21~22 页。

〔2〕 谷春德、张宏生：《西方法律思想史》，北京大学出版社 1990 年版，第 23 页。

〔3〕 〔英〕戴维·赫尔德：《民主的模式》，燕继荣等译，中央编译出版社 1998 年版，第 91 页。

的集体誓约而建立起来的，这些誓约是由全体公民为捍卫曾公开向他们宣读的特许状而作出的。在某意义上，特许状是一种社会契约；实际上，它是近代政府契约理论产生的主要历史渊源之一。[1] 近代资产阶级革命时期，格劳秀斯完成了由古代契约论向近代契约论的最终转型，霍布斯、斯宾诺莎、洛克通过其社会契约论主张共同开创了西方的自由主义传统，此阶段的契约论在很大程度上去除了超验色彩，更具有工具性的特点，从中逻辑地推演出了宪法产生的必然性。1620 年由一批移居北美的清教徒签订的"五月花公约"是其较早的实践，而美国《独立宣言》、美国宪法、法国《人权宣言》是其政治上的实践，宪法实质上成为社会契约的法律表现形式，它阐明了国家权力根源于人民以及国家权力的正当性问题，确立了个人对国家的主体地位，凸显了保障人权的精神底蕴，为近代宪政国家理念铺平了道路。

3. 权力分立与制衡——政府权力行使的规则。在政治法律思想方面，西方文化一直有权力多元的传统。早在古希腊社会，就产生了在政治法律思想史上影响巨大的柏拉图设计的君主制、贵族制和民主制相混合的"混合政体"学说。亚里士多德也把民主政体和寡头政体相混合的政体作为一种理想的政体，而且亚里士多德还更进一步，第一次系统地提出了国家权力分立的观念，认为只有实行国家议事、行政和司法三种机能的分工，才能建立一个良好的政体。古罗马思想家波利比阿进一步发展了制约、均衡和分权理论，他使用的混合政体概念不仅包括希腊人所说的各种社会力量之间的混合与平衡，还包括国家权力体系不同组成部分和机构之间的制约与平衡，不仅指出了权力

---

〔1〕 〔美〕哈罗德·J. 伯尔曼：《法律与革命——西方法律传统的形成》，贺卫方等译，中国大百科全书出版社 1993 年版，第 476 页。

分立的思想，而且还提出了权力制衡的观念，认为任何一种权力都不能超越其他权力。古希腊混合政体政府在西塞罗的政治法律理论中得到继承和完善，西塞罗的混合政体的基础是和谐理论以及所有人的自由和平等，他比古希腊人更加强调不同政体因素之间的均衡。不仅如此，他还要求在国家权力和公民权利之间实现平衡，而这里所谓的平衡就是今天我们所讲的"牵制"。中世纪的托马斯·阿奎那也是主张混合政体理论的，并巧妙地运用《圣经》来论证混合政体的正当性。至近代资产阶级革命时期，分权政府取代了混合政体理论。洛克为现代分权理论奠定了基础，提出立法权、执法权及对外权分立的思想。孟德斯鸠主张权力不但应当分立，而且还应当相互牵制以达到某种平衡，提出立法、行政与司法三权分立理论，其分权思想已被历史证明有相当的真理性，被思想界推崇为权威的思想。康德从哲学上证明了三权分立的普适性以及三权之间的彼此协作、彼此从属的关系。黑格尔则创造了与政治国家相对应的市民社会理论，主张在分权的基础上不同权力之间形成牵制的关系，其中特别强调司法的独立地位，指出司法应独立于政治国家。美国建国之初以杰斐逊为首的民主党人和以汉密尔顿为首的联邦党人都主张分权，并主张三权应当相互制约与平衡，防止一权独大，并将该理论运用于政治实践，结出以分权为基础的美国宪法之硕果。[1]

在政治实践方面，西方也同样一直有权力多元的传统。在政体上，古老的雅典机构设置上不但职能相对分立，还含有一定制衡因素。即便是古罗马，虽然建立了统一的帝国和中央集权的体制，但罗马社会却蕴涵了许多导致权力多元和制衡的潜

---

〔1〕 参见周永坤：《规范权力——权力的法理研究》，法律出版社 2006 年版，第 333~365 页。

在因素，这些因素在欧洲中世纪的特殊环境和土壤中，发展成为权力多元和制衡的种子。事实上，欧洲中世纪宗教与世俗、王权和教权的分立和对抗，没有强大的中央集权国家，法律也呈现出多元的状况：教会法庭倾向于适用教会法；行会法庭则适用商法；而城镇中的其他一些法官又倾向于寻求适宜的规则——首先是地方习惯或法规，其次是在大学法学者的帮助下用"欧洲普通法"来弥补空白。[1]在资产阶级革命期间，构成英国政治权力格局的阶级基础虽有所变化，但仍然是国王、新贵族和代表平民的资产阶级的三足鼎立局面。在此期间所形成的一系列宪法性文件和惯例仍然是多元政治权力之间斗争和妥协的直接产物。美国同样继承了英国以多元的利益集团为载体的政治权力多元与制衡的传统，宪法和宪政实践中确立了分权与制衡原则。

4. 法律至上与法律信仰——法治原则得以生成的根源。在西方文化中，"法律的历史性与法律具有高于政治权威的至高性这一概念相联系"，[2]法律高于政治是西方一贯的传统。古希腊时期，苏格拉底倡导"服从法律是公民的最大义务"，苏格拉底从容选择饮鸩而亡而不愿意逃亡，以自己的生命实践了对城邦判决的服从。亚里士多德认为"法律是正义之树上结出的果实"，亚里士多德和古罗马思想巨匠西塞罗都认为理性的和正义的法应该具有普遍约束力。甚至罗马皇帝狄奥多西在一封信中也指出："如果君王自愿承受法律的拘束，这是与一个统治者的尊严相称的说法；因为甚至我们的权威都以法律的权威为依据。

---

〔1〕〔美〕格伦顿、戈登、奥萨魁：《比较法律传统》，米健等译，中国政法大学出版社 1993 年版，笫 17 页。

〔2〕〔美〕哈罗德·J. 伯尔曼：《法律与革命——西方法律传统的形成》，贺卫方等译，中国大百科全书出版社 1993 年版，第 476 页。

事实上，权力服从法律的支配，乃是政治管理上最重要的事情。"[1]这些思想对以后欧洲中世纪产生了深刻的影响。托马斯·阿奎那在神学一统天下的中世纪为法治争得一席之地，他认为立法者（皇帝）应当受自己制定的法律的约束，按照上帝的判断，一个君王不能不受法律的指导力量的约束，"应当自愿地、毫不勉强地满足法律的要求"。欧洲中世纪由于日耳曼法中古老的"王在法下"传统的影响，加上"由于不能形成一个绝对的至高无上的人格化的权威，而是权威的多元格局，这就为'法律至上'观念的生长提供了土壤和前提条件。"[2]"自12世纪起，所有西方国家，甚至在君主专制制度下，在某些重要的方面，法律高于政治这种思想一直并广泛讲述和经常得到承认。"[3]在英国，"在同专制王权的斗争中，普通法成为议会政党手中的强大武器，因为普通法在长期的历史发展中，形成了某种韧性，它的繁琐的和形式主义的技术，使得它能够顽强地抵制来自上级的进攻。自那时起，英国人便把普通法看作基本自由的保障，用它保护公民的权利、对抗专制权力的肆虐。"[4]

5. 自然法思想——法律信仰的超验基础。自然法思想将法律与正义联系在一起，将正义喻为法律的内在属性，所有的法律都要接受最高的、永恒的自然法的评判，不正义的法律不是法律。自然法为法律赋予了神圣性，是法律至上的理论基础，同时也为法律信仰奠定了超验的基础。法国著名法学家马里旦

〔1〕〔意〕托马斯·阿奎那：《阿奎那政治著作选》，马清槐译，商务印书馆1963年版，第123页。

〔2〕何勤华：《外国法制史》，法律出版社2001年版，第140页。

〔3〕〔美〕哈罗德·J.伯尔曼：《法律与革命——西方法律传统的形成》，贺卫方等译，中国大百科全书出版社1993年版，第11页。

〔4〕〔德〕K·蒋威格特、H·克茨：《比较法总论》，潘汉典等译，贵州人民出版社1992年版，第355页。

这样认定自然法:"真正的自然法观念是希腊和基督教思想的一种遗产。"[1]在古希腊,智者学派即对自然法思想做了初步的表述,经过苏格拉底、柏拉图、亚里士多德,到斯多葛学派则提出了完整的自然法理论。到古罗马,西塞罗继承并进一步发展了斯多葛学派的自然法思想,认为自然法是由上帝创造的,符合人的自然本性的,超越国家、民族和时代的永恒不变的法。中世纪经院哲学巨子托马斯·阿奎拉将自然法与神法予以融合,创造了他的永恒法、自然法、神法和人法的四种法的分类,并且在坚持自然法不变的前提下,承认自然法具有某种可变的思想,为现代自然法的复兴提供了重要的依据。到了近代资产阶级革命前夜,格劳秀斯、斯宾诺莎、霍布斯、洛克、孟德斯鸠、卢梭等一批古典自然法思想家系统地论述了自然法与国家和法律的起源,为资产阶级革命提供了理论武器,而美国理性主义自然法学家杰斐逊、潘恩、汉密尔顿,则进一步将人民主权、社会契约思想发展为系统的宪政思想。英国资产阶级革命、美国独立战争和美国宪法的诞生、法国大革命和法国《人权宣言》的诞生则是自然法思想在政治上的实践,其成果直接体现为宪法中的法治原则,其标志之一就是用法律控制国家权力。至19世纪,由于法律实证主义的兴起,自然法思想曾一度处于沉寂的状态,但"二战"后又迅速地勃兴,产生了马里旦、菲尼斯、富勒、罗尔斯等一批有巨大影响的自然法学家,而且现代分析法学派的代表人物哈特也向自然法靠拢,提出了"最低限度自然法"的概念。

---

[1] [法]马里旦:《人和国家》,霍宗彦译,商务印书馆1964年版,第79页。

二、百年中国立宪史的反思

与西方宪政文化形成鲜明对照的是，在中国传统法律文化中是找不到保障人权、权力分立与制衡、法律信仰等这些内容的。相反，从总体上来看，中国传统法律文化呈现的是重刑、专制、法律工具主义等特征。晚清中国立宪完全是由于西方列强外来的压力，西方的宪法植入中国传统法律文化的土壤，结果证明结出的只是一颗苦涩的果实。

近代中国，自鸦片战争战败以后，第二次鸦片战争、中法战争、中日甲午战争、八国联军侵华战争等战争一场接着一场，中国一败再败，一个接一个的不平等条约的被迫签订使中国蒙受巨大的耻辱，民族危机一次一次地加深。近代中国中华民族面临的严重生存危机使救亡和自强成为知识分子的使命，伴随着民族危机的加深，从学习西方器物"师夷长技以制夷"的洋务运动到设议院、开国会的"戊戌变法"，当时先进的中国知识分子所想到的只能是从他们所认为的导致西方列强富强的诸因素的超市货架上取出自己所看中的东西，以期为我所用，实现富国强兵的目的。"救亡压倒启蒙"，使得人们没有足够的条件和从容的心态从本源意义上来体味宪政文化的内在价值，特别是日俄战争中"立宪的日本战胜不立宪的俄国"对中国知识分子产生了强烈的刺激，负笈东瀛学习法政以期实现救国的目标成为其时有志青年的理想及时代追求。因此，对中国的败亡进行救赎的现实需求使得近代知识分子们不约而同地在宪法与宪政之间建立了必然的联系，借用近代中国"体用之争"中体用的概念，可以说"富强为体、宪政为用"是近代以来中国影响最大、最深远的一个宪政文化范式。在这里，宪政这个概念并不具有道德信念的诉求，也不具有任何价值的归属，它只是作为一种被人们寄予厚望的可能有用的物品而已，因此，它明显的带有工具性特质。这一范式的背后所隐藏的逻辑结论是：人们一旦发现宪政根本没有用，或者是不如当初想像的那样有用时，宪政的末日也就为时不远了。[1]事实上，20世纪上半叶中国的宪法变迁史已充分地证实了这一点。"20世纪上半叶中国的宪法变迁史简直不堪回首。它以'君权宣言'开始，以破坏宪政的'临时条款'结束，历时41年（1908－1949）。其间宪法性文件变动频繁。经立法机关（含宪法起草委员会）通过的各类宪法、临时宪法（约法）、宪法草案共15件——其中胎死腹中的宪草5部，真真假假的宪法共10部，平均约4年出台一部宪法，不到3年一部宪法或宪法草案"，"在全国范围内生效的宪法（哪怕是形式上）一天也没有过"。[2]宪法在这里仅仅是因为在宪政政治的历史潮流滚滚不可阻挡的形势下，当政者为了缓和国内矛盾为做粉饰而使用的道具罢了。

　　新中国立宪的历程同样也可以证实"富强为体、宪政为用"范式影响的深远。在革命战争年代，特别是在抗战后期反对国民党一党专制的斗争中，毛泽东曾以宪政为武器向国民党政府争民主、争自由、争人权，他提出要"废止国民党一党专政"，实行"新民主主义宪政"，并明确提出了建设"自由民主的中国"这一概念。但在新中国宪法颁布之后，毛泽东对宪政便不再提及。之所以如此，乃是根源于他对宪政和宪法的认识。他在1940年发表的"新民主主义宪政"中指出："宪政是什么·就是民主政治。""世界上历来的宪政，不论是英国、法国、美

---

　　〔1〕　李海涛："论宪政文化在中国的变迁及影响"，载《南京政治学院学报》2003年第1期。

　　〔2〕　周永坤："中国宪法的变迁——历史与未来"，载《江苏社会科学》2000年第3期。

国，或者是苏联，都是在革命成功有了民主事实之后，颁布一个根本大法，去承认它，这就是宪法"。在他看来，既然新中国已经建立并且业已宣布"一切权力属于人民"，民主就已经成为了事实，宪法也将之固定，因此无需再谈宪政了。因此，在建国后，宪政处于被冷落的处境，特别是由于 10 年"文化大革命"的影响，在很长的一段时期内，宪政政治一直遭到漠视和批判，被认为是资本主义的政治制度，是资产阶级虚伪的超阶级的民主的体现，法治这个概念也受到了批判，甚至连法制在很长的时间内都未受到重视，而是习惯于用政策和政府行为解决问题，党政不分、国家和政府不分，不承认政府的权力需要约束，不承认政府的权力和公民权利有冲突，即使有冲突，也绝对是公民的私权毫无理由的让路。在这种思维支配下，宪法本身即承载着政治期望和富强的寄托，因此，从建国后就形成了一个每当新领导人上台或政治、经济政策转轨即修改宪法的惯例，在这里宪法完全被赋予工具性价值。在这种思想的支配下，建国后，从 1949 年 9 月中国人民政治协商会议通过并颁布的宪法性文件《共同纲领》开始，先后产生了 1954 年、1975年、1978 年和 1982 年四部宪法，而且现行的 1982 年宪法至今也已有 4 次修正，作为国家根本大法的宪法一直处于不安定的状态。当前，中国正处在"依法治国，建设社会主义法治国家"的伟大历史进程中，宪政成为追求的目标，除了应进一步完善宪法文本之外，更为重要的是必须解决深层的宪政文化建设问题。如果不唤起公民的宪政意识，不去改良中国传统公法文化中的非法治思想，实现宪政政治的理想仍会成为泡影。

三、当代中国宪政文化建设的途径

当代中国，在经济高速发展取得巨大成就的同时，由于长期忽视了宪政文化建设，现实中，存在着诸如政治体制改革严重滞后、制度反腐机制远未建立、人民代表大会制度不能充分发挥作用、部门利益立法现象严重、政府官员的特权意识较为普遍等问题，至于反腐败形势日益严峻、公民的法律意识落后普遍缺乏守法的自觉性等现象则更是有目共睹，可以说，建设宪政国家任重而道远。历史已充分证实了"光有宪法，没有行宪的社会环境，没有护宪的法律机制，是不可能实现真正的宪政的"，[1]因此，宪政文化建设已成为摆在我们面前的一个迫切需要解决的重大课题。但是，必须认识到的是：宪政文化的构建是非常复杂的系统工程，绝不是一朝一夕所能够完成的，从总体上看，它是基于整个社会发达的市场经济、民主政治、宪政意识互动的必然结果。

（一）发展市场经济，构建宪政文化的经济基础

宪政制度的经济基础是市场经济，没有市场经济的发展和繁荣就不可能有对宪政的需求以及宪政的发展。市场经济是市场在资源配置中起基础性作用的经济，其前提在于产权的明晰，它的特征是自由贸易、公平竞争，因此，从根本上来说，市场经济就是权利经济、规则经济、法治经济。市场经济天然地要求法治，随着经济的发展和人民生活水平的提高，公民的私有财产普遍增加，对财产乃至更广层面的人权保护都必然会产生更迫切的要求，也只有发达的市场经济才会产生对权利和法治的强烈要求。从"经济人"假设出发，每个人都是自己利益的主人，都会理性地计算以实现自己利益的最大化，所以市场经济要求生产经营者自主决策、自负责任，市场经济不迷信权威，它天然地排斥政府以及任何特权的干预。在市场经济发展的推

---

〔1〕 杨海坤主编：《宪法学基本论》（序），中国人事出版社2002年版，第7页。

动下，2004 年我国修宪的两大亮点是将保障人权和保护私有财产权写入《宪法》，当前，制定统一民法典的任务也早已经提上了国家立法的日程，可以说，市场经济的进一步深化与发展已成为我国宪政发展的强大推动力量。

（二）推动民主政治的发展，构建宪政文化的政治基础

宪政文化的基础是民主政治，构建宪政文化，必须大力推动民主政治建设的进程。首先，要坚持和完善人民代表大会制度。人民代表大会制度是我国的根本政治制度，是实现人民当家作主的最重要的途径，也是我国社会主义政治文明的重要制度载体，是我国实现民主政治，建设社会主义政治文明的重要内容，也是构建宪政文化的制度基础。因此，必须坚持和完善人民代表大会制度，切实发挥人大的监督作用，改变人大监督软弱无力的状况。其次，要改革和完善我国的选举制度。当前，在我国现行选举制度中对候选人的宣传介绍还很不充分，选民或代表投票的盲目性还很大，为保障切实能代表人民利益的代言人当选为人大代表，必须采取两方面的措施：一是将竞争机制引入人大代表选举制度。为了提高候选人的角色意识和责任意识，改变过去"你要我当代表"为"我要当代表"，增强候选人的透明度，保障选民的知情权，培养选民对选举的热情，保证选举的公开性、公正性，应当将竞争机制引入人大代表选举制度。竞争机制不仅仅包括已经实行的差额选举制度，更重要的是要建立鼓励候选人向全体选民展示其素质与参政议政能力，接受全体选民考评的竞选制度。二是扩大直接选举的范围。现代国家对议员或代表的选举大多采用直接选举方式，少数国家实行间接选举。直接选举是选民意志的直接表达，间接选举是选民意志的间接表达，因此从某种意义上讲，直接选举层级的高低和范围的大小是民主程度高低的重要标志，间接选举只

是一种初级的民主。目前，我国采取直接选举和间接选举并用的原则，《中华人民共和国全国人民代表大会和地方各级人民代表大会选举法》第2条规定："全国人民代表大会的代表，省、自治区、直辖市、设区的市、自治州的人民代表大会的代表，由下一级人民代表大会选举。不设区的市、市辖区、县、自治县、乡、民族乡、镇的人民代表大会的代表，由选民直接选举。"多层次间接选举在我国的存在，在特定的历史条件下曾有一定的合理性，但其弊端也显而易见，它一定程度上削弱了选民和代表的联系，淡化了选民对代表的监督，模糊了选民与代表间的责任关系。我国是社会主义国家，社会主义作为比资本主义更先进的制度，为了创造比资本主义更高的民主，就必须提高直接选举的层级。因此，进一步扩大直接选举的范围，已成为我国民主政治的必然要求。

（三）培养公民的宪政意识，构建宪政文化的思想基础

宪政意识就是尊重宪法、维护宪法及坚决实施宪法的信念、风气和习惯，其核心在于宪法的至上性和权威性得到尊重。培养公民的宪法意识不能毕其功于一役，是一个任重道远，难以解决但又必须解决的问题。

首先，培养公民的宪政意识、保证宪法的至上性和权威性的关键在于宪法有效的实施，即宪法确实"有用"而不是一纸空文，只有这样，才能使公民真正地从内心里去服从并信仰宪法。确保宪法"有用"的关键在于必须建立健全我国的违宪审查机制。在我国，宪法中并不缺乏公民权利条款，其内容虽然与当代有关国际人权公约以及大部分法治国家宪法的公民权利条款略有差距，但差距并不十分明显。我国宪法实施除了存在上述的宪法权利条款不具有直接的司法适用性外，还在于宪法的权利保障条款经常会受到一些具体的立法甚至司法解释的不

合理的限制，宪法所确立的公民基本权利受到了克减甚至剥夺。在这方面典型的当为《集会游行示威法》及《国家赔偿法》，经过立法的限制，宪法中所确立的公民集会、游行、示威及要求国家赔偿的权利在实践中根本难以行使，以至于被戏称为"不准集会游行示威法"和"国家不赔法"。事实上，在现代法治国家，确立对基本权利或自由进行限制的立法原则以及对其进行解释的原则条款乃通常之做法。例如，《美国宪法修正案》第1条开宗名义即规定了"国会不得立法条款"，第9条还规定，"不得因本宪法列举某种权利，而认为人民所保留之其他权利可以被取消或忽视"，第10条规定，"本宪法所未授与合众国或未禁止各州行使之权力，皆由各州或人民保留之"。《加拿大宪法》第1条规定，"加拿大权利与自由宪章保障在宪章上开列的权利与自由，只服从在自由民主社会中能够确凿证明正当的并且由法律规定的合理限制"；第52条规定，"加拿大宪法是加拿大的最高法律；任何法律如果不符合宪法的规定，其不符合的部分是不发生效力或者是无效的"；第26条规定，"本宪章对于某些权利与自由的保障，不应解释为否定加拿大现存的任何其他权利或者自由的存在"。日本、德国、俄罗斯等国家宪法中均存在大量的类似条款。因此，有必要仿效现代法治国家的通常做法，在宪法中确立对基本权利或自由进行限制的立法原则以及对其进行解释的原则条款，并在此基础上确立我国的违宪审查机制。值得欣慰的是，在我国，通过发生在广州的孙志刚事件所折射出中国法治建设中存在的缺陷，使越来越多的人意识到违宪审查机制的重要性，以及没有这样的机制可能给我们国家带来的严重后果，建立违宪审查机制，从而保证宪法的全面实施目前已成为我国学术界的共识并为执政党所认同。

其次，政府守法对培养公民的宪政意识示范作用巨大。富勒在《法的道德性》一书中将"政府行为同公布的法律要求一致"明确地列为其"法的内在道德"的八项要求之一。而一位英国学者这样写道:"政府是一个感染力极强的以身示教的教师,不论教好教不,它总在以自己的楷模行为教育整个民族","如果政府本身触犯法律,蔑视法律,从而会孕育社会的无政府状态"。[1]可以说,政府是公民守法最好的老师和榜样,有文明的、守法的政府才会有自觉守法的公民。因此,应当以国务院出台的《全面推进依法行政实施纲要》中所提出10年内建设"法治政府"为目标,政府在执法中应当奉行克制、比例、法律保留、法无明文授权即无权、政府越权行为无效等原则,在作出行政决定前应当履行告知义务,关系到公民生活的重大事项必须进行公开听证,遵守正当的法律程序。当然,政府守法不是简单地通过说服、教育以及先进人物的自觉性等主观的意愿就能够达到的,关键在于,"如要使'法律规则'得以坚持,宪法就必须确保任何人都不能凌驾于法律之上。拥有政治权力的人必须同受其权力管辖的那些人一样服从法律程序。这一点对于从法律上保护包括人权在内的各种权利来讲,其重要性十分明显"。[2]因此,必须抛弃那种传统的对党政干部那种无依据的、抽象的、纯粹乐观的性善论假设,因为人类的历史已充分证明:对人性盲目的乐观,只能导致专制的悲剧性后果,而从令人感觉不快的"人性恶"观念出发去构建制度,却最终产生了法治。因此,只有在"人性恶"的基础上,建立相应的权力控制机制才能真正实现政府守法的目标,除此之外别无他途。

---

[1] 杨海坤主编:《跨入21世纪的中国行政法学》,中国人事出版社2000年版,第18页。

[2] [英]A.J.M.米尔恩:《人权哲学》,王先恒等译,东方出版社1991年版,第295页。

最后，保证司法的独立性与权威性对培养公民的宪政意识不可或缺。在一个社会里，普通公众同法律打交道的途径除了与政府的接触外，还有一个重要的途径是与法院及法院判决的直接与间接的接触，普通公众的法律意识通常直接来源于在此过程中的情感与体验。徒法不足以自行，"法律不仅想成为用以评价的规范，而且欲作为产生效果的力量。法官就是法律由精神王国进入现实王国控制社会生活关系的大门。法律借助于法官而降临尘世"。[1] 因此，在法治社会中，法律与正义的直接代表与象征就是法官，因此，在西方社会法官常被喻为"教堂外的教士"，是"社会的精英"、"有修养的伟人"和"正义之路的开拓者"而享有极尊崇的地位。司法的权威来自于司法的公正，为保证法院审判的公正，以司法机关独立及法官独立为内涵的司法独立是基本的要求，"没有这种独立，就无法防止立法权力和行政权力的滥用，也不能防止强化行政权力的强制力量的滥用。"[2] 而事实上，"司法独立的价值在于它能使法官在作出判断时不必害怕遭到报复，使他们能脱离外界的影响"。[3] 因此，在现代西方国家，司法独立已成为普遍公认的一项宪法原则。我国现行宪法虽然确立了独立审判原则，要求人民法院审理案件时，以事实为依据，以法律为准绳，排除任何行政机关、社会团体和个人的干涉，但我国的独立审判原则与西方国家的司法独立不同，西方国家的司法独立除了司法机构独立于立法、执法机构外，更重要的是表现为法官独立审判，不受任何干涉。但是

---

〔1〕〔德〕拉德布鲁赫：《法学导论》，米健、朱林译，中国大百科全书出版社1997年版，第100页。

〔2〕〔英〕A. J. M. 米尔恩：《人权哲学》，王先恒等译，东方出版社1991年版，第294页。

〔3〕〔美〕彼德·G. 伦斯特洛姆编：《美国法律词典》，中国政法大学出版社1998年版，第103页。

在我国，由于实行"条块结合，以块为主"的司法机关的机构设置和领导体制，司法呈现出深厚的"地方化"特征，这种体制难以保障诉讼正义的实现，因此司法改革势在必行。

第二节　公民基本权利宪法保障论绎 [1]

众所周知，人权是宪法的起点和归宿，宪法常被称作"自由公民的大宪章"，现代世界各国均在宪法中写入了大量的公民基本权利条款。当前，除少数国家以外，绝大多数国家均确立了宪法"是国家的根本法，具有最高的法律效力"的地位，"但宪法的这种最高法规范性，有时却会因为法律等下位的法规范或者违宪性质的权力行使，而产生受到威胁或扭曲的事态"，"因此，有必要在事前防止可能招致宪法崩溃的政治动向，或者预先在宪法秩序之中建立事后可以纠正的措施。这种措施，通常被称为宪法保障制度"。具体而言，宪法保障制度可以分为"宪法自身所规定的保障制度"以及"尽管宪法中没有规定，但可看作是基于超宪法性质的根据而被肯定的制度"。[2] 对公民宪法基本权利而言，如何使其不至于沦为仅仅停留在书面上的"纸上的权利"，考察现代西方国家的现行宪法，可以发现，一些国家的"宪法自身所规定的保障制度"能为我们提供有益的经验。

---

〔1〕　本节发表在《云南行政学院学报》2007 年第 6 期。

〔2〕　〔日〕芦部信喜：《宪法》，林来梵等译，北京大学出版社 2006 年版，第 327 页。

一、宪法中确立分权的政治制度

人类历史的经验表明：对公民权利而言，最大的威胁不是来自与其地位平等的个人，而是来自于政府。近代启蒙思想家认为，防止政府滥用权力，就必须避免权力过于集中，将立法、行政、司法三权相互独立、分别委托给不同的人或团体行使，三者之间分立与制衡可以达到防止权力腐败的目的。英国近代的政府体制是分权的最初表现形态，被称为"自由和优良政体的重大秘密"。[1]法国《人权宣言》第16条则明确宣称，"凡权利无保障和分权未确立的社会就没有宪法"。现代西方各国在政治体制选择方面，大都确立了三权分立原则。"西方国家的'有限政府'和'三权分立'的政治理论原则，是由宪法加以确定，并在宪法约束力的作用下，得以实施的"。[2]美国宪法本身即按照典型的三权分立结构而形成，而有一些国家的宪法中则直接宣称三权分立为其指导原则，例如，《俄罗斯联邦宪法》第10条明确规定，"俄罗斯联邦的国家权力根据立法权、执行权和司法权分立的原则来实现"，"立法权、执行权和司法权的机构是独立的"。

在三权中，各国宪法对司法权独立极为重视。与立法和行政机关更容易为政治上的权宜之计和民众的要求左右相比，司法部门更具备保护少数者权利的资格，因为司法权不但可以通过限制立法、行政权力的滥用来间接地保障公民权利，而且可以直接有效地对公民被侵犯的权利予以救济。但是，由于"司法部门既无军权，又无财权，不能支配社会的力量与财富，不

---

〔1〕 〔英〕M. J. C 维尔：《宪政与分权》，苏力译，三联书店1997年版，第3页。

〔2〕 李步云主编：《宪法比较研究》，法律出版社1998年版，第154页。

能采取任何主动的行动。故可正确断言：司法部门既无强制又无意志，而只有判断"，[1]因此，司法机关的独立显得至关重要。"没有这种独立，就无法防止立法权力和行政权力的滥用，也不能防止强化行政权力的强制力量的滥用"。[2]司法独立的核心是法官独立，它要求法官在审判案件时，作为独立的个体存在，不受来自外界压力的干涉，唯法是从。目前，世界上大多数国家都在本国宪法中确立了法官独立的原则，例如，德国基本法第97条第1项规定："法官是独立的，只服从法律。"日本宪法第67条第3款规定："所有法官依良心独立行使职权，只受本宪法和法律的约束。"意大利宪法第101条第2款规定："法官只服从法律。"俄罗斯联邦宪法第120条规定："法官是独立的，只服从于俄罗斯宪法和联邦法律。"在当代，司法独立的价值已被文明社会所公认，作为现代西方社会的一项宪法性规范，被视为"法治的真谛"，并为《司法独立世界宣言》、《关于司法机关独立的基本原则》和《司法独立最低标准》等国际文件所确认。

除了在宪法中规定原则性的"司法独立"条款外，许多国家的宪法中均不遗余力地规定了大量的"司法独立"保障性条款，对法官的任职年限、任职条件、任职程序甚至法官任职期间的薪金问题都作了规定。例如，以简洁、惜墨如金著称的美国宪法却对法官的任职及薪金作了如下规定："最高法院与低级法院之法官如忠于职守，得终身任职，于规定期间应受俸金，该项俸金于任期内不得减少。"《德国基本法》第97条第2款规

---

〔1〕〔美〕汉密尔顿：《联邦党人文集》，程逢如等译，商务印书馆1980年版，第391～392页。

〔2〕〔英〕A. J. M. 米尔恩：《人权哲学》，王先恒等译，东方出版社1991年版，第294页。

定，"终身定职的专职法官不得违反其意愿在其任期届满前将其撤职或停职（终身或暂时的）或调职或命令其退休，除非根据法律并按法律规定的方式作出司法裁决。立法可以限定终身职法官的退休年龄。在法院的组织或管辖地区发生变动时，法官可以转至另一法院或被免职，但应保留其全薪。"《俄罗斯联邦宪法》第121条规定"法官终身制"，"法官的职权只能基于联邦法律规定的程序和理由予以剥夺或中止"，第122条进一步明确了，"法官不受侵犯"、"非经联邦法律规定的程序，法官不得被追究刑事责任"。日本宪法对法官任职保障规定得十分详细，第78条规定，"法官除因身心故障经法院决定为不适于执行职务者外，非经正式弹劾不得罢免。法官的惩戒处分不得由行政机关行使之"。第79条和第80条更是详细规定了最高法院和下级法院法官任职条件、任期、任命程序、罢免程序、退休年龄、报酬等。

二、宪法中规定公民基本权利的直接适用性

"没有救济就没有权利"、"救济先于权利"，这两句古老的法谚道出了救济对权利实现的决定性意义。事实上，"一种无法诉诸法律保护的权利，实际上根本就不是什么法律权利"。[1]对宪法规定的公民基本权利而言，也同样如此。由于宪法所确认的公民基本权利，需要通过将这些基本权利具体化后的普通法律来实现，但是，普通法律可能会存在对基本权利的误读、曲解或缺漏，所以普通法律并不能完全替代宪法本身对基本权利的保障作用。虽然宪法中规定的这些公民基本权利看上去很美，但如果当它们在实际生活中被侵犯时无法得到有效的救济，

---

[1] 程燎原、王人博：《赢得神圣——权利及其救济通论》，山东人民出版社1993年版，第349页。

则这些规定对公民并无实质性的意义。"在现代法制社会的权利救济体系中，诉讼救济是最主要、也是最有效的救济方法，而宪法诉讼则是保障公民基本权利的最终性的救济途径"。[1]"公民基本权利的司法保护不仅是体现宪法至上的途径，也是提高公民宪法意识的重要手段"。[2]当前，承认宪法公民基本权利的直接效力，实行公民基本权利的宪法诉讼，已成为世界性的宪政惯例。[3]在英美法系，宪法基本权利从来就有直接效力。英国和美国的法院都可以直接适用宪法性法律，而同样属于英美法系国家的加拿大，其宪法第24条"如果本宪章所保障的任何人的权利或者自由被侵害或者被否定时，他可以向管辖法院申请，以便获得该法院根据情况认为适当的和公正的补救"的规定，明确宣示了基本权利条款的直接适用性。大陆法系国家则多数通过宪法中明文规定基本权利的直接适用性，例如，德国基本法第1条中规定了宪法基本权利作为可直接实施的法律，使立法、行政和司法机构承担义务。第19条中规定，任何人的权利如遭到公共机关的侵犯，可向法院提出诉讼。如管辖范围没有明确规定，可向普通法院提出诉讼。《俄罗斯联邦宪法》第15条第1款规定，"俄罗斯联邦宪法在俄罗斯全境具有最高法律效力、直接作用并适用"；第18条规定，"人和公民的权利与自由是直接有效的。它们规定着法律的意图、内容和适用、立法权和执行权、地方自治的活动并受到司法保证"；第46条规定，

---

〔1〕　费善诚："我国公民基本权利的宪法诉讼制度探析"，载《浙江大学学报》2001年第4期。

〔2〕　朱福惠："公民基本权利宪法保护观解析"，载《中国法学》2002年第6期。

〔3〕　周永坤："论宪法基本权利的直接效力"，载《中国法学》1997年第1期；费善诚："我国公民基本权利的宪法诉讼制度探析"，载《浙江大学学报》2001年第4期。

"保障对每个人的权利和自由提供司法保护"、"对国家权力机关、地方自治机关、社会团体和公职人员的决定和行为（或不作为），可以向法院投诉"。葡萄牙 1982 年宪法第 18 条第 1 款规定："关于权利、自由与保障的宪法规定，得直接适用"。

三、宪法中确立宪法解释原则

如前所述，由于宪法所确认的公民基本权利本身是概括的和原则的，需要通过普通法律来进一步界定和落实。因此，如何保证这些普通法律能真实地贯彻宪法的意图、原则和精神，确立宪法解释的原则是非常关键的。正如学者所言，"宪法既然作为一种规则，来规范政治和社会的基本形态，就必须将在很大程度上左右国民的生活，所以明确什么是已被制定的规则的解释论是不可或缺的，也是不可被轻视的。如果疏忽这项工作的话，就会使已制定的规则模糊不清，进而导致执政者可以轻而易举地滥用权力，而国民却难以阻止其对权力的滥用。"[1]基于此，许多国家直接在宪法中确立了宪法解释的原则。

首先，只有宪法的最高法律地位得到确认，才可以使宪法基本法的地位得以确立，真正成为统率其他一切法律的"母法"，故在世界各国的宪法中，大都规定了宪法与普通法律的关系，多数国家明确规定了宪法比普通法律具有更高的法律地位，同时宣称违反宪法的法律和其他规范性文件一律无效。[2]例如，日本宪法第 98 条规定"本宪法为国家的最高法规，与本宪法条款相违反的法律、命令、诏敕以及有关国务的其他行为的全部或一部，一律无效。"加拿大宪法第 52 条规定，"加拿大宪

---

〔1〕 〔日〕杉原泰雄：《宪法的历史——比较宪法学新论》，卢昶译，社会科学文献出版社 2000 年版，第 3 页。

〔2〕 李步云主编：《宪法比较研究》，法律出版社 1998 年版，第 154 页。

法是加拿大的最高法律；任何法律如果不符合宪法的规定，其不符合的部分是不发生效力或者是无效的。"《俄罗斯联邦宪法》第 4 条第 2 款规定，"俄罗斯联邦宪法和联邦法律在俄罗斯联邦全境拥有至高无上的地位"；第 15 条第 1 款规定，"俄罗斯联邦宪法在俄罗斯全境具有最高法律效力、直接作用并适用。俄罗斯联邦所通过的法律和其他法律文件不得同俄罗斯联邦宪法相抵触"。

其次，在宪法中，尤其经常在宪法序言中确立自然法、社会契约、人民主权等原则，用以表明国家创立的由来、制宪的根本指导思想，这些原则往往成为解释公民权利条款的基础。[1]例如，美国宪法序言极其简洁，宣称的立法目的只有四项，其中即有"树立正义"、"增进全民福利"的内容。日本宪法序言规定，"匡政源于国民的严肃信托，其权威来自国民，其权力由国民的代表行使，其福利由国民享受。这是人类普遍的原理，本宪法即以此原理为根据。凡与此相反的一切宪法、法律、法令和诏敕，我们均将排除之。"俄罗斯联邦宪法则在其序言中提到了"确认人的权利和自由、公民和睦与和谐"、"善良与正义的信念"、'是国际社会的一部分'"，并在第 45 条第 2 款中规定，"每个人都有权以法律未予禁止的一切方式维护其权利和自由"，承认公民有对基本权利予以私力救济的自然权利。

再次，宪法中确立公民基本权利的基础性地位，有的规定了其地位永久而不可侵犯，有的规定了基本权利的基本内容不得受侵害，有的则直接宣告某些基本权利属宪法保留内容，不得受到任何限制。例如，《日本宪法》第 11 条规定，"国民享有的一切基本人权不能受到妨碍。本宪法所保障的国民的基本人

---

〔1〕　陶涛："论宪法渊源"，载《社会科学研究》2002 年第 2 期。

权，作为不可侵犯的永久权利，现在及将来均赋予国民"；第 97 条规定，"本宪法对日本国民所保障的基本人权，是人类为争取自由经过多年努力的结果，这种权利已于过去几经考验，被确信为现在及将来国民之不可侵犯之永久权利"。德国基本法第 1 条即宣告"人的尊严不可侵犯。尊重和保护人的尊严是全部国家权力的义务"，规定了宪法所列的基本权利"作为可直接实施的法律，使立法、行政和司法机构承担义务"；第 19 条在规定对基本权利予以限制的法律保留原则的同时，规定"基本权利的基本内容在任何情况下都不得受侵害"；第 20 条甚至规定，"所有德国人都有权在不可能采取其他办法的情况下，对企图废除宪法秩序的任何人或人们进行反抗"，这里赋予了德国公民的反抗权。俄罗斯联邦宪法第 16 条规定，宪法本章（第 1 章宪法制度基础）条款构成俄罗斯联邦宪法制度的基础，非经本宪法规定的程序不得修改。本宪法的其他任何条款均不得与俄罗斯联邦宪法制度基础相抵触；第 56 条第 3 款则明确规定了，"不应限制俄罗斯联邦宪法第 20、21、23（第 1 款）、24、28、34（第 1 款）、40（第 1 款）、46～54 条所规定的权利和自由"；第 64 条规定，宪法第 2 章"人和公民的权利与自由"条款"构成俄罗斯联邦个人法律地位的基础，非经本宪法规定的程序不得修改"。而美国宪法修正案第 1 条则更是开宗名义地规定了"国会不得立法条款"，规定国会不得就"确立宗教或禁止信教自由、剥夺人民言论或出版的自由、剥夺人民和平集会及向政府陈述救济的请愿权利"。1982 年葡萄牙宪法第 19 条第 4 项明确规定，宣布戒严不能侵犯生命权、人格完整、个人身份、个人的公民资格与公民权利、刑法的非追溯性、被告人的抗辩权及信仰自由与宗教自由。

值得关注的是，以上这些规定都是针对国家权力而言的，尤其针对的是立法权力，因为通过具体的立法对宪法基本权利予以克减的现象一则较为普遍，二则一旦发生这种情况对公民基本权利的侵犯将普遍而严重。洛克认为，议会立法权仅仅表明它代表人民的意志去发现法律，并不能说明它拥有压迫者的力量。[1]因此，宪法通过以上条款或其他类似条款的规定，确立了立法权同行政权、司法权一样是受限制的国家权力，立法权的行使必须遵守某些基本的原则、尊重基本的人权。虽然，在战争或紧急状态下，公民的某些权利或自由可以被克减，但生命权、免受奴役和酷刑等某些权利和自由不得被克减，更不能被取消。

再者，宪法中规定了对宪法基本权利条款解释的原则，特别规定了对基本权利条款予以限制时应该采取最有利公民权利的方式，必须遵循法律保留原则。法律保留是依法行政原则的重要内容，它源于分权结构模式下的法治理念，即对民意机关的信任和对行政权力的恐惧，意指在特定领域的国家事项应保留由立法机构法律规定，行政权惟有依法律规定作为，它强调任何情况下对基本权利的限制都必须以代议机关通过的法律为准。例如，加拿大宪法第 1 条规定，"加拿大权利与自由宪章保障在宪章上开列的权利与自由，只服从在自由民主社会中能够确凿证明正当的并且由法律规定的合理限制"。德国基本法第 19 条规定了对基本权利予以限制的原则是"根据本基本法，某一基本权利可以受法律限制或依法予以限制，就此而言，这种法律必须普遍适用而不仅适用于个别情况。此外，这种法律必须列出基本权利，指出有关的条款"，并规定"基本权利的基本内容在任何情况下都不得受侵害"；第 20 条第 3 项规定，"立法权

---

〔1〕　〔英〕洛克：《政府论》（下），叶启芳、翟菊农译，商务印书馆 1997 年版，第 91~92 页。

应服从宪法秩序；行政和司法权受法律和正义的制约"；此外，德国基本法中还通过两个条款规定了对自由进行限制的"法律保留原则"，第 2 条中规定，"个人的自由不可侵犯。只有根据法律才能侵害这些权利"；第 104 条第 1 款规定，"个人的自由只能受到正式法律的限制，并只能遵照正式法律中规定的方式受到限制"。另外，第 10 条第 1 款"邮政和电信秘密不可侵犯"条款中同样也规定了"这种权利只能依法予以限制"的法律保留原则。俄罗斯联邦宪法第 55 条规定了对宪法基本权利和自由予以限制的三项原则，"①俄罗斯联邦宪法中列出的基本权利和自由不应作出否定或损害人和公民的其他普遍公认的权利和自由的解释。②在俄罗斯联邦不得颁布废除或损害人和公民的权利和自由的法律。③人和公民的权利和自由，只能在捍卫宪法制度基础、他人的道德、健康、权利和合法利益、保证国防和国家安全所必需的限度内，由联邦法律予以限制"。

最后，宪法中规定对宪法未明文规定的公民基本权利事项的处理。英美法系国家宪法中一般作宪法未明文涉及的权利由人民保留的宣示，例如，美国宪法修正案第 9 条规定，"不得因本宪法列举某种权利，而认为人民所保留之其他权利可以被取消或忽视"；第 10 条规定，"本宪法所未授与合众国或未禁止各州行使之权力，皆由各州或人民保留之"。加拿大宪法第 26 条规定，"本宪章对于某些权利与自由的保障，不应解释为否定加拿大现存的任何其他权利或者自由的存在"。而大陆法系国家一般则在宪法中引入国际公约适用条款，有的国家甚至直接规定了国际公约优先宪法而适用。例如，《日本宪法》第 98 条第 2 款规定，"日本国缔结的条约及已确立的国际法规，必须诚实遵守之"。《德国基本法》第 25 条规定，"国际公法的一般规则是联邦法律的组成部分。它们的地位优于法律，并直接创制联邦境内居民的权利与义务"。《俄罗斯联邦宪法》第 15 条第 4 款规定，"普遍公认的国际法原则和准则及俄罗斯联邦国际条约是俄罗斯联邦法律体系的组成部分。如果俄罗斯联邦国际条约确立了不同于法律所规定的规则，则适用国际条约规则"；第 46 条第 3 款规定，"每个人都有权根据俄罗斯联邦的国际条约诉诸于维护人权与自由的国际组织，如果现有受法律保护的所有国内手段都已用尽的话"。《荷兰宪法》第 66 条规定，"如果国内法的适用与任何国际协定的规定相矛盾，则国内法在王国范围内不予执行，而不管国际协定的生效是在国内法之前或是之后"。

四、宪法中确立违宪审查制度

违宪审查制度是指根据宪法规定，拥有宪法解释权和宪法监督权的特定国家机关，依照一定的程序，审查和裁决一切法律、法令、命令与处分是否符合宪法；审查和裁决一切行为，包括立法行为、司法行为、行政行为及其他社会组织和个人的行为是否合乎宪法规定，以维护宪法权威，保证宪法全面实施的制度。[1] 目前，世界上大部分国家都实行了违宪审查制度。违宪审查制度作为宪法最为重要的保障制度，是现代国家限制公权力、保护公民权利的最有效的手段，对于忠实地实施宪法，维护宪法的权威，保障人权起到了巨大的作用。当前，违宪审查的模式主要有以下三种，大部分均通过宪法或宪法惯例予以确立。

1. 由立法机关或国家最高权力机关行使违宪审查权。英国政治实践中奉行传统的"议会至上"原则，英国法院的组成和职能直接由议会决定，法院对议会负责，因此，法院不能审查

---

〔1〕 郑天锋："完善我国违宪审查制度的思考"，载《人大研究》2004 年第 5 期。

议会立法的合宪性，议会的立法如果违宪，只能通过议会自己来修正或废止。追随英国模式的主要是前苏联和东欧国家。由最高权力机关负责审查违宪固然有它的好处，即具有权威性，如它真能行之有效，则是最理想的一种方式。但是实践表明，除英国由于具有悠久的法治和议会至上的传统，能较好地运用这一制度外，其他由最高权力机关负责违宪审查的国家的违宪审查几乎都流于形式，没有多少效果。苏联解体和东欧剧变之后，原来实行由国家最高权力机关负责违宪审查的独联体各成员国和东欧各国，大多数都改变了原来的违宪审查体制，大多转由宪法法院负责违宪审查。当前，从世界各国的宪法现状来看，由立法机关负责审查的国家已为数不多，在实践中，立法机关有效行使违宪审查的国家几乎没有。[1]

2. 普通法院在进行具体诉讼案件的审理之际，作为解决案件之前提，在必要的限度内对所适用之法条进行违宪审查（即附随性违宪审查制度）。美国通过建国初期的"马伯里诉麦迪逊案"确立了由普通法院通过普通司法程序，在对具体案件审理而附带性进行违宪审查的模式，自马歇尔创立该模式以来，"法律须经法院审查才具有合法性"的思想在美国人民心中已经根深蒂固。美国学者认为，"马伯里诉麦迪逊案中宣布的司法审查已经成为我们宪法机器中绝对必需的部件，抽掉这个特制的螺栓，这部机器就化为碎片。"[2]美国的违宪审查制度对许多国家的宪法发展都产生了巨大的影响，不少国家纷纷效仿，例如，日本宪法规定："最高法院为有权决定一切法律、命令、规则以及处分是否符合宪法的终审法院"。菲律宾宪法规定："一切涉

---

〔1〕 李步云主编：《宪法比较研究》，法律出版社 1998 年版，第 392~393 页。

〔2〕 ［美］伯纳德·施瓦茨：《美国法律史》，王军等译，中国政法大学出版社1990 年版，第 40 页。

及条约、政府协定或法律合宪性的案件，应由最高法院全庭审讯和判决"。墨西哥宪法也规定最高法院有权审理"关于法律违宪的案件"。据统计，当前共有 64 个国家采用此种违宪审查方式。[1]

3. 由特别设立的宪法法院进行与具体诉讼毫无关系的抽象性违宪审查（即抽象性违宪审查制度）。这种审查模式的基本理念是：随着政治实践的发展，需要打破国家权力的传统分类，去寻找一种凌驾于行政权、立法权和司法权之上的一种新的制衡力量即第四种权力，去负责监督前三种权力，以确保它们在宪法的范围内运行。采取这种违宪审查模式的主要是一些原先采取议会审查违宪模式的欧洲大陆国家。由于立法监督模式存在着严重的不足，二战前，美国的"司法审查"制度及其对基本权利的保护，对于欧洲大陆一直有神话般的吸引力，许多国家都曾试验过美国司法审查制度，但结果却不尽如人意。立法监督模式的不足，在二战期间暴露无遗。二战后，欧洲大陆国家，如德国、意大利等国纷纷摒弃了"议会至上"的观念，改变了议会监督宪法的传统模式，宪法中纷纷确立了建立了适合大陆法系国家的自宪法法院进行违宪审查的制度。例如，德国基本法通过第 93 条确立了联邦宪法法院违宪审查的权力及其权限，并通过第 100 条"成文法与基本法相适应"条款规定了违宪审查的具体办法。实践证明，这一转变是成功的。[2]

结语：

列宁指出，"当法律同现实脱节的时候，宪法是虚假的；当

---

〔1〕 参见李忠：《宪法监督论》，社会科学文献出版社 1999 年版，第 35 页。

〔2〕 参见李忠：《宪法监督论》，社会科学文献出版社 1999 年版，第 32～34 页。

它们是一致的时候，宪法便不是虚假的"。[1] 宪法是一国的根本大法，作为保障每个人权利的"社会契约"，宪法在规定大量的公民基本权利条款的同时，更需要建立有效的公民基本权利保障机制。戴雪曾说过，"承认个人自由权的存在并无丝毫的困难，亦无甚益处。其实在的困难乃在于如何使其实行保障"。[2] 如果缺乏有效的保障措施，不论宪法规定得多么完善，这些基本权利条款终将沦为一纸空文。上述西方国家公民基本权利保障制度由于本身就规定在作为根本法的宪法中，具有至上性和权威性，对于保障宪法公民基本权利从"纸面上的权利"落实到"实际的权利"起了重要的作用，同时对完善我国宪法公民权利保障制度有如下启示：

1. 应当通过宪法在权力之间进行合理的分权。要保障公民权利的实现，在权力配置上必须使政府的权力得到有效制约，防止权力过于集中，防止各级政府在权力行使过程中，异化公权力，随意侵害公民的基本权利。当前，我国宪法中权力制约的机制尚不十分合理，虽然三权分立原则不符合我国的具体国情，但作为当代世界大多数国家所奉行的一项公理性原则，其中所蕴涵的通过权力制约权力的合理内核，对完善我国权力制约机制不无借鉴参考价值。另外，应当重视司法权对权力制约以及保障公民基本权利的作用，并通过在宪法中规定具体的、可操作的条款来保障司法独立。当前，我国《宪法》第126条规定的"人民法院依照法律规定独立行使审判权，不受行政机关、社会团体和个人的干涉"不够科学。这里采用的是列举排除的方式，而没有采取现代法治国家通常所采取的总括规定的方式，而且这里所谓的独立行使审判权或司法独立，指的是整

---

[1]《列宁全集》第15卷，人民出版社1959年版，第309页。
[2]《邱汉平法学文集》，中国政法大学出版社2004年版，第318页。

体独立，而不包括法官个体独立，因此它有别于为当代文明社会所公认的、作为现代西方各国宪法惯例所指的司法独立，应当予以完善。[1]

2. 应当在宪法中明文规定公民基本权利条款的直接适用性。我国当前司法体制中，法院的个案裁判中不适用宪法规范，实践中，如果公民宪法基本权利被侵犯，只要这种侵犯没有具体法律规定相关的法律责任，司法则无法过问。由于宪法不能进入司法领域中，就使得这一部分权利的争议不能得到有效的解决，这种状态的存在极大地损害了宪法的权威和尊严。学者认为，当前，我国已具备实现宪法基本权利直接效力的条件。[2]因此，从维护人民主权、建设法治国家的角度出发，有必要在宪法中确立公民基本权利条款的直接适用性，在公民宪法基本权利受到侵犯但却没有具体的法律能给予有效救济的时候，赋予公民宪法诉权，公民可以直接以宪法基本权利被侵犯为由，向法院提起诉讼。

3. 应当在宪法中明确规定宪法解释的原则。当前，我国宪法是通过列举的方式来规定公民基本权利的，对于宪法中所未列举的但属于国际人权公约及世界各国宪法所普遍公认的属于公民基本权利的如迁徙自由、罢工自由等权利，在实践中不受宪法的保护。而且，宪法中所规定的公民基本权利往往在具体的立法中被克减。典型的如宪法中的公民集会、游行、示威的权利以及请求国家赔偿的权利，在经过《中华人民共和国集会游行示威法》以及《中华人民共和国国家赔偿法》限制后，以

〔1〕　参见周永坤："关于修改宪法第 126 条的建议"，载《江苏警官学院学报》2004 年第 1 期。

〔2〕　参见周永坤："论宪法基本权利的直接效力"，载《中国法学》1997 年第 1 期。

上权利在实践中很难实现。因此，应当或在宪法中规定，宪法所未明文列举的权利皆由人民所保留，不应受到任何轻视，或规定对宪法未明文规定的公民基本权利事项，引入国际公约适用条款，以有效地保障公民的基本人权。同时，应当在宪法中确立对宪法基本权利限制的宪法保留和法律保留原则，规定一些基础的公民基本权利受宪法直接保护，不得受法律的限制，而其他的公民宪法基本权利虽可以受到法律的限制，但此处的法律仅指狭义的立法机关按照立法程序通过的规范性文件，行政立法不得限制基本人权。

4. 应当在宪法中确立适合我国国情的、有具体程序保障的、切实可行的违宪审查制度。我国《宪法》第 5 条规定，"国家维护社会主义法制的统一和尊严"，"一切法律、行政法规和地方性法规都不得同宪法相抵触"。第 67 条规定由全国人大常委会负责解释宪法，监督宪法的实施。根据以上规定，当前我国宪法确立的违宪审查制度是最高国家权力机关的审查制，这一宪法监督模式，存在着违宪审查主体模糊不清、缺乏相应审查程序等缺陷，无论从理论上讲多么优越，但实践证明是行不通的，[1]因此，必须对之予以完善。

第三节　语同音与人权保障[2]

语言权是一项基本的人权，其内涵和外延较为广泛，主要包括群体语言权和个体语言权两个部分。群体语言权指同类人

---

〔1〕　苗连营："关于设立宪法监督专责机构的设想"，载《法商研究》1998 年第 4 期。

〔2〕　本节发表在《延边大学学报》2009 年第 6 期。

群学习、使用、传播和接受本民族语言、国家通用语言和其他交际语言的权利，其中特别强调的是群体保存、发展其语言以及群体语言不被歧视的权利。个体语言权则包括语言学习权、语言使用权、语言传播权和语言接受权。[1] 正如人权所关注的主要是少数者的权利，而正是由于少数，才更彰显出对之予以特别保护的意义那样，语言权关注的重心始终是弱势人群（少数民族群体、个体）的母语权利，其义务主体主要为政府。在当代世界，语言权保护受到国际社会以及各国的普遍重视。《世界人权宣言》第 27 条，《经济、社会及文化权利国际公约》第 13、15 条，《美洲人权公约·经济、社会和文化权补充议定书》第 16 条以及《非洲人权和民族权宪章》第 17 条第 2 款所规定的文化权利中均含有语言权保护方面的内容。为了强调语言多样性的重要，从 2000 年起，联合国教科文组织把每年的 2 月 21 日定为"世界母语日"。2001 年在《实施教科文组织〈世界文化多样性宣言〉的行动计划要点》中，第 6 项明文规定了"提倡在尊重母语的情况下，在所有可能的地方实现各级教育中的语言多样化，鼓励自幼学习多种语言。"自 1971 年以来，联合国和有关部门先后发布了 20 多个包含语言权的法律和宣言。目前在很多国家，语言权已发展成为一种宪法性权利，加拿大的语言法律专家图里研究了 147 个国家的宪法，发现其中 110 个国家设有语言权条款。[2] 在我国，众所周知的是我国通用语言为普通话，《宪法》第 19 条第 5 款规定了"国家推广全国通用的普通话"。但是，宪法作为"高级法"的特点决定了其条款必然具有高度的概括性、抽象性和政策性的特征，该普通话条款亦

---

〔1〕 苏金智："语言权保护在中国"，载《人权》2003 年第 3 期。

〔2〕 周庆生、王杰、苏金智主编：《语言与法律研究的新视野》，法律出版社 2003 年版，第 39 页。

然。如何理解该普通话条款，实践中出现的一些对普通话作强制性要求的做法是否合宪等等，这些问题关系到公权力行使的合法性以及对文化多样性、公民语言权、工作权等基本权的保护等诸多问题，故有必要对之进行学术上的探讨。

一、对我国宪法"国家推广全国通用的普通话"条款的理解

由于"国家推广全国通用的普通话"这一条款高度概括、简练，在理解上容易产生歧义：何谓"推广"？采取什么方式"推广"？"全国通用"如何理解？等等。由于宪法为国家根本大法，包含法律上的基本秩序以及基本的价值判断，由此建立价值秩序，为保证宪法在实践中得以正确的实施，并维护其在法规范层级中最高性地位，必须首先对宪法条款的内涵加以确定，以避免立法者在具体化宪法条款时滥用其立法形成自由，进而保障公民基本权利不受违宪的立法限制。但是，在我国，作为法定有权解释宪法的全国人大常委会迄今尚未对该条款作出相应的立法解释（在我国，作为法律适用的司法机关无权在审判中解释宪法）。因此，笔者尝试运用规范宪法解释的方法对该条款进行学理的阐释。

1. 文义解释。是指按照法律条文的字面含义及通常使用方式，以阐明法律的意义和内容。宪法普通话条款中，在"普通话"前使用的是"全国通用的"而非"国家通用的"定语。从词义上理解，"全国"指的是区域范围，"全国通用普通话"指的是普通话社会应用的客观状况，绝无贬低或歧视其他语言之意。[1]因此，该条款并无确立普通话的官方地位之意。《国家通用语言文字法》中"通用语言文字"前面的定语为"国家"，

---

[1] 王培英："关于语言的民族性与社会性的关系问题"，载《黑龙江民族丛刊》2002 年第 1 期。

与宪法普通话条款表述不一致，其含义亦应理解为"全国"。

2. 历史解释。是指以制宪的相关历史资料为依据，以期发现制宪者意图的一种解释方法。考察现行宪法的制定过程可以发现，在第五届全国人大常委会第 23 次会议上，宪法修改委员会副主任委员彭真在《关于中华人民共和国宪法修改草案的说明》中，使用的是"国家推行全国通用的普通话"的表述。[1] 但正式通过的宪法将"推行"改成了推广，虽然只有一字之差，却表明了不同的态度，即"推行"表达的是一种不容置疑的、强制性的态度，而"推广"则相对比较柔和。但是，"推广"所采取的手段亦可分为强制性的和鼓励性的两种，具体哪一种解释更符合宪法的精神，则另需结合体系解释等方法。

3. 体系解释。任何一部宪法都是一个有机的整体，其内容、条文、结构之间互相联系、密不可分。因此，对某一宪法规范进行解释时，不能孤立地进行，而要将该规范置于宪法这一大的系统之下，综合考虑宪法的精神、原则以及该规范与其他规范的联系，以整体的观点来阐明该宪法规范的内涵。美国最高法院怀特法官曾指出："我以此作为宪法解释的基本原则：任何宪法条文不得与其会条文相分离而孤立地加以解释。应考虑规定某一特定事项的全部条文，并作出使宪法的实质性目的的实现的解释。"[2] 运用体系解释的方法，考察宪法普通话条款相关的条款规定：①我国《宪法》第 4 条规定"中华人民共和国各民族一律平等"；"各民族都有使用和发展自己的语言文字的自由"，这表明了宪法在语言文字权利方面贯彻各民族平等的原

---

〔1〕　许崇德：《中华人民共和国宪法史》，福建人民出版社 2003 年版，第 698 页。

〔2〕　〔美〕詹姆斯·安修：《美国宪法判例与解释》，黎建飞译，中国政法大学出版社 1999 年版，第 27 页。

则。进而，可以推论出宪法保障各民族的语言权（群体语言权）。②"国家推广全国通用的普通话"条款出现在宪法第19条第5款中，该条第3款规定国家"鼓励自学成才"，第4款规定国家"鼓励集体经济组织、国家企业事业组织和其他社会力量依照法律规定举办各种教育事业"，这两个条款中均出现了"鼓励"这个词，从中可以看出立宪者的态度。因此，紧随其后的普通话条款中的"推广"，应解释为采取鼓励性手段的"推广"。

4. 目的解释。是指根据制宪的目的来阐明宪法规范的方法。现代宪法最重要的目的及核心内容为保障人权。宪法公民基本权作为一开放性、发展性的概念，其保障并不以宪法明文规定为限，宪法解释应顺应世界宪政潮流，通过对高度概括、抽象、含义不明晰条款的解释，以达保障人权的目的。就宪法普通话条款的立法目的而言，众所周知，我国存在着大量的方言，不少方言彼此间不能互通，这种状况不利于经济发展和文化交流，需要积极推广全国通用语言——普通话。但是，正如教育部语言文字应用管理司司长杨光在第89届国际世界语大会上所指出的那样，推广普及普通话，并不是要消灭方言，而是要使公民在说方言的同时，学会使用国家通用语言，从而在语言的社会应用中实现语言的主体性与多样性的和谐统一。因此，对宪法普通话条款中的"推广"，以及《国家通用语言文字法》第3条"国家推广普通话"和《广播电视管理条例》第36条第2款"广播电台、电视台应当推广全国通用的普通话"中的"推广"，从目的解释的角度，应当理解为非强制性的、鼓励性的"推广"。

5. 合宪解释。宪法为一圆融的整体，所有宪法条文有机地结合在一起，通过其文字的内容及所表达的精神，形成一整体的宪法秩序。这其中，宪法的精神是宪法的灵魂，是维系宪法生存的基础，它兰非是一个完全的抽象物，主要通过宪法基本原则这一载体表现。解释宪法时必须遵守宪法的精神和基本原则。否则，宪法的权威、法制的统一都难以为继。[1]在我国宪法中，"依法治国，建设社会主义法治国家"、"国家尊重和保障人权"等条款集中体现了宪法的精神和灵魂。宪法保障公民基本权的本质，在于要求国家为公民提供自我开展与决定的空间，以促进人的最大可能的自我实现。国家应尽可能维护丰富的多元文化基础，为公民提供多样而丰富的自我实现的机会。而公民的自我发展与自我实现，其前提之一即在于作为文化交流、文化接受所必备的工具——语言。因此，结合《宪法》第33条第2款"中华人民共和国公民在法律面前一律平等"的规定，可以推论出我国宪法尊重和保护公民个体的语言权。"国家推广全国通用的普通话"强调的是政府负有推广普通话，为公民学习、使用普通话提供便利条件和环境的义务。对公民而言，有权自由学习、使用其所选择的语言，学习、使用普通话是公民的权利而非义务。因此，《国家通用语言文字法》第4条"公民有学习和使用国家通用语言文字的权利。国家为公民学习和使用国家通用语言文字提供条件。地方各级人民政府及其有关部门应当采取措施，推广普通话和推行规范汉字"，以及第9条"国家机关以普通话和规范汉字为公务用语用字。法律另有规定的除外"，第10条"学校及其他教育机构以普通话和规范汉字为基本的教育教学用语用字。法律另有规定的除外"等条款正确贯彻了宪法普通话条款的精神。

6. 社会学解释。社会学解释是伴随着社会法学的兴起而产

---

〔1〕 杨海坤：《宪法学基本论》，中国人事出版社2002年版，第352页。

生的一种新的宪法解释方法，是指运用社会学上利益分析、目的衡量、效果预测等方法来解释宪法规范的方法。它在美国的违宪司法审查解释中占了极为重要的地位，并对很多国家的宪法解释制度产生了影响。从社会学的角度来看，文化的多样性承载着人类丰富多彩的文明。国家在现代多元开放的社会中，对于多元存在且互具竞争性的各式文化事务的开展、接受及支持，应自我节制，保持中立地位，应尊重和宽容少数或弱势的文化社群的文化差异并保护其发展。[1] 在我国，保护包括各少数民族语言、汉民族方言在内的各民族、各区域文化的多样性具有重要的意义，尤其是在普通话事实上已经成为全国通用语言，大部分公民能运用普通话进行交流的今天，保护方言、保护文化的多样性，更彰显出时代的紧迫性。

通过以上规范的宪法解释，可以得出以下几点：

1. 我国不存在法定的官方语言，各民族语言一律平等，即我国宪法保障各民族的语言权（群体语言权）。但美中不足的是，与立法和实践中对少数民族语言实质性保护相比，我国对汉民族的方言重视和保护显得相形见绌，不仅相关的立法条款阙如，即使《国家通用语言文字法》第 16 条中规定了有关方言的条款，但亦未从正面保护的角度进行立法，而只是规定了可以使用方言的四种例外的情形，与对少数民族语言通过《宪法》条款明文予以正面保护相比，不可同日而语。

2. 我国宪法尊重和保护公民个体的语言权。宪法中的普通话条款属于政策性条款，其目的在于国家通过采取鼓励的手段，以达到推广普通话，便利经济、文化发展及人们相互之间交流的目标，并非歧视普通话以外的少数民族语言和汉民族方言。

---

[1] 许育典："文化国与文化公民权"，载《东吴法律学报》第 18 卷第 2 期。

但颇为遗憾的是，我国相关立法中尚缺乏"禁止歧视方言"以及政府及相关公共部门负有为不懂普通话的公民提供帮助的义务等条款。

3. 学习及使用普通话是公民的一项权利而非义务。作为权利，权利人可以放弃，法律设定该权利的目的主要在于课以政府为公民学习、使用普通话提供便利条件的义务。

二、实践中，对普通话作强制性要求的一些做法有违宪法精神

现代宪政国家，不满于近代传统的形式法治主义，而追求以人性尊严为中心的实质宪政国家，即正义国家。具体而言，则要求宪法、法律均为"良法"，所有的法律、法规及政府的行为不得违反宪法，不得侵犯公民的基本权利。以此观照，笔者认为，现实中对普通话作强制要求的一些做法有违宪法精神，侵犯了公民的语言权及其他一些相关权利。

1. 侵犯了公民人格尊严及语言选择的自由。自 1990 年以来，国家教委、国家语委陆续发出各级各类学校普及普通话的通知并进行检查评估，国家语委提出了 2010 年普通话在全国范围内初步普及，21 世纪中叶以前普通话在全国范围内普及的目标。在这种情况下，各地政府部门，特别是各地的学校，在贯彻过程中实施了很多限制方言流通的行政手段。例如，开展"推普先进城市"、"全国语言文字工作先进集体"、"推普优秀单位"等评比。"上好焉，下必甚之"，实践中产生了一系列问题，举学校为例，一些学校规定，如果有学生在班级、校园内使用方言，会被扣"操行分"，影响班级评比。至于在现实中，则随处可见"说普通话，做文明人"之类的标语，这类标语不免含有方言粗俗、不文明，使用普通话才是文明、高雅的行为之意，在某种意义上侵犯了说方言的公民的人格尊严。事实上，在这样的一种压制性氛围里，说方言的公民会感受到强大的压力，从而被迫选择学习或说普通话，因此，其学习、使用语言的选择权事实上被侵犯。

2. 不利于文化多样性的传承。语言学专家敬文东先生曾在其《被委以重任的方言》一书中，对"方言"符号已转化为弱势文化的全权代表发出了宿命般的忧虑，他认为，方言是中国多元文化的承载者，方言的式微及消失，在某种意义上，就是文化的差异性和丰富性在缩减。笔者认为，在现代社会，大众传媒对多元文化的传承负有重要的责任。但是，在我国，恰恰正是由于对大众传媒的管制，削弱了方言的话语权，损害了文化多元性的传承。《国家通用语言文字法》第 16 条规定了可以例外使用方言的四种情形，即"国家机关的工作人员执行公务时确需使用的；经国务院广播电视部门或省级广播电视部门批准的播音用语；戏曲、影视等艺术形式中需要使用的；出版、教学、研究中确需使用的"。但更低位阶的法规、规章，往往增加了诸多作为上位法的《国家通用语言文字法》所未规定的限制。例如，浙江省政府颁布的《浙江省实施〈中华人民共和国国家通用语言文字法〉办法》与在此基础上又增加了"在规定时间内播放；电视播放的，还应当加配规范汉字字幕"的限制性规定。而作为广播电视行业主管部门的国家广电总局，其做法与浙江省的《办法》相比，则更是有过之而无不及。2004 年10 月 13 日，广电总局发出《关于加强译制境外广播电视节目播出管理的通知》，禁止播放方言版的译制片。2005 年 10 月，广电总局进一步要求所有电视剧都"讲普通话"。广电总局的做法，在相关行业及整个社会激起轩然大波。事实上，浙江省及广电总局的以上诸种限制性规定，违反了《宪法》和《国家通用语言文字法》的立法精神，侵犯了作为大众传媒受众的公民的语言选择权，从根本上不利于多元文化的传承。

3. 对公民工作权的行使可能会造成不必要的妨碍。公民工作权受宪法保障，对某些职业作普通话方面的强制性要求，可能会妨碍公民行使其工作权。举教师行业而论，按照《〈教师资格条例〉实施办法》第 8 条第 2 项的规定，在申请认定教师资格者的"教育教学能力"中，对普通话水平的要求是"普通话水平应当达到国家语言文字工作委员会颁布的《普通话水平测试等级标准》二级乙等以上标准"，"少数方言复杂地区的普通话水平应当达到三级甲等以上标准；使用汉语和当地民族语言教学的少数民族自治地区的普通话水平，由省级人民政府教育行政部门规定标准"。在我国，对于未达到以上规定的普通话标准的公民，将不能取得教师资格，亦即不能从事教师工作，无论是从幼儿园、小学、中学到大学等各层级、各类型以及各学科的教师，皆然。事实上，这种一刀切的做法，未尽合理，对公民工作权的行使势必造成不必要的妨碍。

三、对普通话作强制性要求做法的违宪性审查标准探讨

自宪法产生之日起，制宪的目的及核心任务就在于约束公权、保障人权。而事实上，对公民权利最大的威胁即来自于政府，"假如我们相信政府具有永远正确的秉赋且永远不会走极端，宪法便没有必要设定这些限制了。"[1]因此，设立一种确保宪法得以实施的违宪审查制度并发展出一套精致的违宪审查理论，对保障宪法得以正确实施，保护公民基本权利得以免于被公权侵犯极为必要。笔者认为，我国已存在全国人大常委会违宪审查制度，但其实际能发挥的作用有限，关于这一方面已

---

〔1〕［法］贡斯当：《古代人的自由与现代人的自由》，阎克文、刘满贵译，商务印书馆 1999 年版，第 11 页。

有诸多论述，本节不再赘述。笔者于此仅试图从法理上，对普通话作强制性要求做法的违宪审查标准进行探讨，认为对普通话作强制要求属于对公民基本权利的限制，应当遵循法治国基本理念中的依法行政、比例原则等基本原则。

1. 依法行政原则。所谓"依法行政"，强调的是"法的支配"，德国著名行政法学家奥托·迈耶认为"依法行政"是法治国的不二法门。具体而言，包括三项要素：①法律之法规创造力。凡规定有关人民自由、财产权的法规，应受法律的支配；②法律优位。即法律对于行政权的优越地位，以法律指导行政，行政作用而与法律抵触者无效。③法律保留。一切行政作用虽非必须全部从属于法律，但基本权之限制则非以法律制定不可。[1]不过，此为旧时之"全部保留"说，另一说则为"重要事项保留说"（亦谓"重大性理论"）。"重要事项保留说"认为国家对人民的自由及权利予以限制，必须通过法律方式进行。但法律不能事无钜细靡遗，一律加以规定，其属细节性、技术性的事项，法律得以明确性的授权予主管机关以命令规定之。[2]

以此观照，前述的《浙江省实施〈中华人民共和国国家通用语言文字法〉办法》比《国家通用语言文字法》第16条增加了"在规定时间内播放；电视播放的，还应当加配规范汉字字幕"的限制性规定，2004国家广电总局发出《关于加强译制境外广播电视节目播出管理的通知》要求禁止播放方言版的译制片，2005年10月广电总局要求所有电视剧都"讲普通话"等等，由于这类规章、行政命令与人大立法相比，欠缺民主正当

[1] 城仲模：《行政法之基础理论》，三民书局1994年版，第5页。
[2] 陈新民：《法治国公法学原理与实践》（上），中国政法大学出版社2007年版，第142页。

性，且并无法律明确的授权，其突破上位法律的规定，对公民自由权利增加了法律所无的限制，无疑违反了依法行政原则。

此外，相关规范性文件在规定以普通话证书作为申请教师资格的必备要件上，亦不无瑕疵。事实上，我国《教师法》及《教师资格条例》中，均未将取得普通话等级证书作为申请教师的法定要件。但《教师法》10条第2款"中国公民凡遵守宪法和法律，热爱教育事业，具有良好的思想品德，具备本法规定的学历或者经国家教师资格考试合格，有教育教学能力，经认定合格的，可以取得教师资格"中的"有教育教学能力"是一个不确定的概念，对此，《教师资格条例》第6条对之予以了解释，即"'有教育教学能力'应当包括符合国家规定的从事教育教学工作的身体条件"，但亦并未明确是否应包括普通话要件在内。2000年教育部第10号令《〈教师资格条例〉实施办法》明确规定"有教育教学能力"包括普通话水平在内的最高层次规范性文件，该《办法》第8条规定了申请认定教师资格者的"教育教学能力"中普通话应达到的等级水平，并在第12条规定了"普通话水平测试等级证书原件和复印件"为申请教师资格认定所提交之必备材料之一。笔者认为，对申请教师资格者作普通话水平要求有必要性，但由于该要求不可避免地影响到公民工作权的实现，属于对公民基本权的限制，甚至已侵入了作为公民基本权与工作权之核心领域，断然非属无关紧要之细节性、技术性内容，宜通过法律予以规定，至少亦应通过以法律明确性授权为基础的行政法规予以明文规定。因此，通过教育部的部门规章对涉及公民工作权核心内容之一的要素予以规定，与法律保留原则未尽相符。

2. 比例原则。比例原则是以"方法"与"目的"的关联性切入，检视国家行为的合宪性，避免人民自由与权利遭受过度侵害。

第一，妥当性原则。指行政机关所采取的限制手段须适当及有助于所追求目标之达成，如果经由一措施或手段之帮助，使得或帮助所欲达成的成果或目的达成，那么这一措施或手段相对于该目的或成果即为妥当。《国家通用语言文字法》第10条第1款规定，"学校及其他教育机构以普通话和规范汉字为基本的教育教学用语用字。法律另有规定的除外。"因此，规定教师应当具备必要的普通话水平属妥当之要求。

第二，必要性原则。一个合妥当性的手段尚必须合乎必要性，可称为最少侵害原则。即行为不超越实现目的的必要程度，在达成目的有多种手段时，须采取侵害人民权益最小的手段。以此观照：新闻节目禁用方言合乎必要，正如传播学专家蔡铭泽先生所指出的那样，"新闻是传播政令、上传下达的工具"，故应当尽可能使用最多人听得懂的普通话。但是，作为广播电视主管部门的广电总局，发文要求禁止播放方言版的译制片，以及要求所有电视剧都"讲普通话"，无疑超越了必要性的范围。

第三，衡平性原则（狭义比例原则）。指对于基本权侵害程度与所欲达成的目的，须处于一种合理且适度的关系，采取的方法与所造成的损害不得与所欲达成的目的利益显失均衡。有学者指出，从听音方面说，一般人对自己母语中的音位对立听觉特别敏锐，而对非音位对立听觉比较迟钝。从发音习惯方面说，自幼形成的发音时口形、舌位变化的习惯，成年之后要加以改变就很困难。[1]事实上，这种机械、僵化的普通话水平考试，对于一个和普通话差别并不大，与说普通话的人交流并不存在大的障碍的方言区人们而言，达到教师资格所规定的相应

---

〔1〕 张怡春："方言情结与普通话推广"，载《盐城师范学院学报（人文社会科学版）》2000年第3期。

等级亦非容易，习此而不能从事教师职业，似未尽合理。虽然《国家通用语言文字法》第 10 条第 1 款规定，"学校及其他教育机构以普通话和规范汉字为基本的教育教学用语用字"。但众所周知，对幼儿园及中小学教育，特别是汉语语文教育而言，负有为学生提供普通话教育的职责，故该法第 10 条第 2 款即随之规定了"学校及其他教育机构通过汉语文课程教授普通话和规范汉字"。由于"汉语文课程"承担教授普通话的任务，而该课程主要为幼儿园及中小学教育所开设，故对幼儿园及中小学汉语语文教师普通话水平作适当的要求显属必要。但《〈教师资格条例〉实施办法》第 8 条规定申请认定教师资格者的教育教学能力中，对从幼儿园、小学、中学到大学等各层级、各类型的教育，以及不同学科的教师未作区别对待，而一视同仁，则显然与衡平性不合。

结语：

我国宪法中普通话条款属于政策性条款，其目的在于鼓励采用鼓励性、倡导性的方式推广普通话，学习和使用普通话是公民的权利而非义务。当前通过"普通话达标"等多种方式，推广普通话在相当一些地方及部门已成为一项"政绩"，形成一种无形甚至有形的压力。一些单位规定普通话必须人人过关，未达到相应普通话等级的人必须交费参加"普通话培训"，实际在某种程度上已异化成为一种旨在通过收取"考试费"、"教材费"、"培训费"等各种名目的费用的"创收"模式，以致形成了一个普通话培训、考试的利益链，严重背离了国家推广普通话、学习和使用普通话是公民的权利而非义务的初衷，违反了宪法的精神，不具备"目的合理性"。对于实践中那种声称是为了受众的利益而强制推广普通话的理由，笔者认为，这其实是一种典型的"家父主义"心态。事实上,"对于一个人的福祉,本人是关切最深的人;除在一些私人联系很强的情事上外,任何他人对于他的福祉所怀有的关切,和他自己所怀有的关切比较起来,都是微薄而肤浅的。"[1] 因此,对于是不是需要学习、使用和接受普通话,只有本人才有决定的权利,其他任何人都无权代其决定。

笔者认为:①语言仅仅是一种交流的工具,普通话亦然,在性质上普通话并非天然优于方言。对于推广普通话而言,事实上,只有改革开放和市场经济才是最大的客观动力。当前,随着工业化、市场化、城镇化步伐的加快,普通话事实上已经成为了必备的交际工具。当母语无法应对新的生活环境、处理社会人际关系、解决工作事务时,人们势必产生学习、使用普通话的愿望。政府只需为公民学习、使用普通话提供相应的便利条件即可(此亦为政府法定的义务),根本无须操心通过行政的手段强制公民接受或掌握普通话。②自1956年《国务院关于推广普通话的指示》发布之日起,经过五十多年的推广,我国各地区人民已基本掌握了普通话,在沟通上已不存在大的障碍,反观地方文化日益萎缩,今后工作的重点应当放在传承丰富多彩的地方文化、彰显地方特色方面。③对普通话作强制性的要求,属于对公民基本权利的限制,必须符合法治国家依法行政原则及比例原则。

---

〔1〕 〔英〕约翰·密尔:《论自由》,许宝骙译,商务印书馆2006年版,第91页。

第四节 同工同酬探讨[1]

同工同酬是指用人单位对于从事相同工作，付出等量劳动且取得相同劳动业绩的劳动者，支付同等的劳动报酬。从本质上来说，同工同酬出于人类本性的自然需求，是社会公平原则的体现。但是长期以来，我国大多数企事业单位中同工不同酬的现象比较普遍。用人单位根据员工身份或户籍的不同，把员工分为正式工、临时工、劳务工、农民工等，非正式工各方面的待遇都明显低于正式工。有报道说，深圳几乎所有的事业单位都存在着不同比例的聘用人员。然而，同一份工作，聘用人员工资待遇还不到正式工的1/3。[2]而山西一家国有企业，正式工和临时工的实际收入差距甚至高达10倍。[3]在实现社会公平正义，构建社会主义和谐社会的今天，同工不同酬的现象在我国普遍存在，令公众无法继续容忍，成为社会关注的一个焦点话题。

一、同工不同酬现象存在的原因

1. 同工不同酬现象是计划经济时代遗留的产物。我国改革开放迄今已经三十多年，虽然计划经济时代所派生出来的一系列用工制度、工资分配政策和保险福利政策都已过时，并被宣

---

[1] 本节发表在《上海企业》2007年第10期。

[2] 渤颂："'同工同酬'的杂感"，载 http://www.sinopecnews.com.cn/shzz/2006-01/28/.

[3] 白天亮："相同工作收入最高差10倍，按劳还是按身份分配?"，载《人民日报》2007年7月16日。

布废止执行。但是，长期以来，二元户籍制度基础上造成的二元对立的社会结构、社会等级观念，以及计划经济时期固定工制度遗留问题难以及时清除。由于现行的国有企事业单位的工资管理体制将劳务工工资列于工资总额以外，这就决定了这些单位不可能用太多的成本去雇佣劳务工。另外，在这些单位中，掌控着社会资源的既得利益者不愿意放弃既得利益，不肯让体制外的人分享体制内的好处。因此，国有企事业单位中用工制度改革阻力重重，同工不同酬的现象也更为突出。

2. 法律制度不健全，导致用人单位自主用人权的滥用。用人单位拥有自主用人权，工资待遇由用人单位自主决定是市场经济发展的必然要求。但是，与之相伴随的是，从"经济人"的角度出发，用人单位必然追求利益的最大化。尤其在当代中国，市场化过程和城市化过程同时发生，就业形势严峻、劳动力市场供需比例严重不平衡，用人单位成为买方市场，在这种背景下，用人单位有采用同工不同酬以减少薪酬开支，降低用工成本的话语权和动力。然而，由于国家对同工不同酬的问题缺少具体而明确的法律界定和处理办法，同时，现有的法律法规落实不严、监管乏力，非正式工特别是农民工利益表达机制缺位，在一定程度上助长了同工不同酬现象的存在。

3. 地方政府职能的缺位。改革开放以来，在长期以 GDP 作为地方官员政绩考核主要指标的背景下，地方政府为了吸引外资，事实上采取了以农民工作为廉价劳动力发展社会经济的策略，这就是学者概括的所谓经济发展的"低人权优势"，在对待同工不同酬的问题上，一些地方政府事实上采取了听之任之的态度。

二、同工不同酬的危害

1. 同工不同酬现象的存在，构成了对劳动者的歧视，侵犯了劳动者的合法权益。按照国际劳工组织的定义，就业歧视是指"根据种族、肤色、性别、宗教、政治观点、民族血统或社会出身所作出的任何区别、排斥或优惠，其结果是取消或有损于在就业或职业上的机会均等或待遇平等。"我国学者认为，就业歧视是指用人单位在招聘过程中或劳动关系建立后，对招聘条件相同或相近的求职者或雇员基于某些与个人工作能力或工作岗位无关的因素，而不能给予其平等的就业机会或在工资、晋升、培训、岗位安排、解雇或劳动条件与保护、社会保险与福利等方面不能提供平等待遇，从而取消或损害求职者的平等就业权或雇员的平等待遇权的现象。[1]同工不同酬，按身份决定薪酬标准，属于典型的歧视行为，它侵犯了劳动者的平等就业权和发展权，同时侵犯了劳动者的人格尊严，使受歧视的劳动者产生"二等公民"、低人一等的挫折感，对前途失去信心。

2. 同工不同酬，以身份而不是以工作能力或工作业绩的差别来确定同等劳动报酬的高低，属于典型的不公不义，它伤害了社会上所有善良人的正常情感，伤害了公众对社会公平的期待与信仰，妨碍了社会的稳定与和谐。康德说："如果没有了正义和公道，人生在世就不会有任何价值。"[2]社会公平正义是社会和谐的基本条件，只有在公平正义的社会氛围里才能激发劳动者的积极性、创造力。同工不同酬现象的普遍存在，加剧了社会经济的不平等，加重了社会群体之间的隔阂和冲突，它在削弱低薪职工的积极性、创造性的同时，也使体制内的高薪职工无形中产生优越感而不求上进。受歧视的劳动者由于很难

---

〔1〕 瑜术红："反就业歧视法律问题之比较研究"，载《中国法学》2005 年第 1 期。

〔2〕 〔美〕艾德勒·范多伦编：《西方思想宝库》，《西方思想宝库》编委会编译，吉林人民出版社 1988 年版，第 949 页。

通过自身的努力去改变境遇，往往会产生被剥夺感和抵触情绪，对社会不予认同，部分人甚至在不平衡心理的支配下铤而走险，成为社会稳定的重大隐患。

三、我国实行同工同酬的必要性

1. 同工同酬是市场经济发展的要求。首先，经济的健康、可持续发展有赖于社会进步观念的支持。公平正义是社会主义和谐社会的一个重要内涵，也是社会发展的首要价值选择，同工不同酬显然与其要求背道而驰。其次，人类历史发展以及我国改革开放的经验均证明，市场经济发展的过程就是一个不断打破身份束缚，劳动者"从身份到契约"，社会流动性不断增强的过程。只有彻底打破二元对立格局，建设城乡一体的、同工同酬的、统一的劳动力市场才能进一步深化我国市场经济改革的进程。最后，经济学常识告诉我们，当一个国家处于人均GDP 1000 美元至 3000 美元时，是社会结构深刻变化、社会矛盾激化的高风险期。当前，我国正处于这样一个关键时刻，必须警惕出现那种在经济增长的过程中，因一部分人的利益得到满足，但更多人的利益受损而出现的两极分化和贫困化，从而产生严重社会动荡的"拉美现象"或"拉美病"。实现同工同酬，让所有人平等的分享改革开放的成果是我国必然的选择。

2. 同工同酬是落实我国国内法规定的要求。我国《宪法》第 33 条第 2 款规定，"中华人民共和国公民在法律面前一律平等"。平等就业权属于平等权的范畴，而平等就业权则应包括起点平等、过程平等、结果平等，同工同酬是其中的当然之义。《劳动法》第 12 条规定，"劳动者就业，不因其民族、种族、性别、宗教信仰不同而受歧视"；第 46 条明确规定，"工资分配应当遵循按劳分配原则，实行同工同酬"。另外，《教育法》、《妇女权益保障法》、《民族区域自治法》等法律法规对就业和职业平等各方面的问题都作了规定。因此，在我国，实现同工同酬、保障和促进公民平等就业是实现我国宪法和其他法律所规定的公民平等权和劳动权的一项国家义务。

3. 同工同酬是我国政府必须承担的一项国际义务。在当代，《联合国宪章》、《世界人权宣言》、《消除一切形式种族歧视国际公约》、《消除对妇女一切形式歧视国际公约》、《公民权利与政治权利国际公约》、《经济、社会及文化权利国际公约》等一系列国际公约，从国际人权法的角度确立了平等原则和禁止歧视原则，保护同工同酬属于其中的应然之义。在消除就业歧视方面，国际劳工组织功不可没。"有一份体面的工作"是国际劳工组织倡导的社会目标。国际劳工组织在作为其章程组成部分的《费城宣言》中指出："全人类不分种族、信仰或性别，都有权在自由和尊严、经济有保障和机会均等的条件下，谋求其物质福利和精神发展。"国际劳工组织于1951年和1958年，分别通过了《男女同工同酬公约》及《消除就业和职业歧视公约》。1998年，国际劳工组织在《关于工作中的基本原则和权利宣言》中，将包括《消除就业和职业歧视公约》在内的八项国际劳工公约列为核心的国际劳工标准，要求"即使尚未批准这些公约，但仅从作为劳工组织成员这一事实出发，所有成员国都有义务真诚地并根据《章程》的要求，尊重、促进和实现关于作为这些公约之主题的基本权利的各项原则"。作为联合国常任理事国和国际劳工组织的重要成员国，我国批准、加入了一系列禁止歧视的国际公约。我国于1990年和2005年，分别批准了《男女同工同酬公约》及《消除就业和职业歧视公约》。加入以上公约，即表明了中国政府应承担在消除就业和职业歧视方面的国际法上的责任。

四、我国实现同工同酬的具体措施

针对国内普遍存在的同工不同酬现象，有学者深刻地指出，我们可以将用工双轨制下的同工不同酬归之于社会转型时期的体制阵痛，但市场化已经开始这么长时间了，阵痛依然没有得到改善，这就不是市场的问题，而是制度的问题了。[1] 在我国，同工不同酬现象的长期普遍存在是体制性的问题，其根本原因在于政府的失灵。由于追逐超额利润是资本的本性，因此不可能寄希望于用人单位良心发现主动地实现同工同酬，实现同工同酬的关键在于政府必须有所作为。

1. 经济发展的目的是为了人，必须将人、人的尊严、人的幸福生活确立为社会发展的首要价值，抛弃"效率优先、兼顾公平"以及长期以来靠低廉劳动力吸引外资、扩大出口的经济发展模式。当前，中国的廉价出口商品在国际上屡遭反倾销调查，靠低廉劳动力吸引外资、扩大出口的经济发展模式不仅未能使劳动者从大量廉价商品的出口中获得好处，而且还严重损害了劳动者的健康和其他合法权利，损害了社会的公平正义。当前，实现同工同酬，让劳动者平等地分享经济发展的成果具有时代的迫切性。

2. 实现同工同酬，有赖于改革的进一步深入。首先，改革城乡户籍管理制度，废除城乡二元对立的社会管理模式，将在城市就业的农民平等的纳入城市社会保障制度。其次，针对同工不同酬现象大量存在于国有企事业单位的现状，加大国有企事业单位用工制度改革步伐，摒弃不合理的分配制度，促进用工制度由身份管理向岗位管理转变，实行全员聘任制，从体制

---

〔1〕 李龙："同工不同酬就是身份歧视"，载《广州日报》2007 年 7 月 17 日。

上消除员工的身份差别，真正实现同工同酬。

　　3. 立法应做出明确的回应。①消除现行有关法律存在的缺陷。例如，目前，《劳动法》第 12 条关于"劳动者就业，不因其民族、种族、性别、宗教信仰不同而受歧视"的规定由于采取的是明文列举的方式，范围过于狭窄。建议将户籍、身份等补充列入不得歧视的范围，同时补充概括式规定，以便执法部门和司法部门能够根据时代发展的要求给予扩大解释，以最大限度的保障人权。②以现行的《劳动法》、《劳动合同法》、《妇女权益保障法》等法律为基础，尽快制定"工资法"、"反就业歧视法"等法律，并针对我国同工不同酬现象普遍存在的现状，制定专门的"同工同酬法"，最终建立完备统一的反就业歧视法律体系。③规定用人单位就业歧视、违反同工同酬义务的法律责任。霍贝尔说过，"法律必须有牙齿，必要时会咬人，尽管并不时时使用"。耶林认为，"没有强制力的法律是一把不燃烧的火，一缕不发亮的光"。当前，我国许多劳动方面的立法虽然往往规定了同工同酬、禁止就业歧视的原则，但由于缺乏明确的法律责任条款，实践中无法操作，最终只能停留在字面上，沦为一种摆设。④明确平等就业权受侵犯的救济方式。众所周知，对权利而言，"无救济即无权利"、"救济先于权利"，这道出了权利的实质。"凡权利受到侵害时应有法律救济之方法，此为权利本质"。[1]"很难设想有一种没有救济办法的权利；因为缺少权利和缺少救济办法是互为因果的。"[2]当前，按照劳动部在《关于贯彻执行〈中华人民共和国劳动法〉若干问题的意见》

　　[1]　[英] 威廉·韦德：《行政法》，徐炳译，中国大百科全书出版社 1997 年版，第 95 页。
　　[2]　[英] 威廉·韦德：《行政法》，徐炳译，中国大百科全书出版社 1997 年版，第 475 页。

中的规定，农村劳动者、公务员所遭遇的就业歧视问题不能运用现行劳动法的有关条款加以解决，必须予以修改。⑤立法彻底打破垄断部门的利益。当前在我国，每一个垄断部门的背后都有相应的立法来保证其部门利益，而这些法律往往由这些部门自身制定。这种状况的存在，严重违背了社会公平正义的原则。事实上，从古希腊、古罗马开始，法代表着正义，"法不是为个别人制定的，而是普遍地针对所有人"（乌尔比安），[1]"个别法是立法者为了某些利益引入的、背离法原理的一般规则的法。"（保罗）[2]"那些只是依据部分人的利益制定法律的国家，不是真正的国家"，[3] 已成为通识。从自然法的角度来看，那种出于维护自身利益，由部门自身制定的法根本不具备法的品性，必须予以废除。

4. 加强反就业歧视方面的执法。首先，在实现同工同酬、反对就业歧视方面，政府应做出表率。长期以来，同工不同酬、就业歧视的现象在我国政府机关中并不罕见。例如，同一地区不同行政机关之间，或同一行政机关内部的不同部门之间，做同类事务的公务员实际的待遇往往相差悬殊。此外，各级行政机关在招收公务员时，经常附加年龄、户籍、身高、视力等多种不合理的限制。政府部门本身带头搞同工不同酬，进行就业歧视，在这种情况下，要求其负责同工同酬、反就业歧视方面的执法岂非缘木求鱼？其行为又怎能具有公信力？其次，鉴于我国同工不同酬、就业歧视严重的现状，笔者认为，有必要借

[1] [意] 桑德罗·斯奇巴尼选编：《民法大全选译：正义和法》，黄风译，中国政法大学出版社1992年版，第56页。

[2] [意] 桑德罗·斯奇巴尼选编：《民法大全选译：正义和法》，黄风译，中国政法大学出版社1992年版，第58页。

[3] [古希腊] 柏拉图：《法律篇》，张智仁、何勤华译，上海人民出版社2001年版，第715页。

鉴美国和我国香港地区有关经验，成立反就业歧视委员会。"反歧会"主要负责接受有关投诉，有权进行独立的调查，协助在雇员和雇主之间进行调解，在调解无法达成和解的情况下，可协助雇员向法院提起诉讼。在就业歧视严重，或事涉公众利益的情况下，它有权直接诉诸法院。

5. 完善平等就业权的司法救济途径。众所周知，法律就其自身而言本是死物，只有被运用才具有生命力。在法律适用方面，"法官就是法律由精神王国进入现实王国控制社会生活关系的大门。法律借助于法官而降临尘世。"[1]法治国家的实践证明，"如果没有独立的、拥有司法审查权的、容易接近、能实施这些权利的司法机关，那么，包括平等权在内的基本权利保障就只是一堆空洞的浮词丽句"。[2]事实上，在现代社会，法院在社会发展中的作用巨大。在社会发展的关键时刻，一个案件的判决，往往能改变长期以来的不合理的制度和落后的观念。例如，美国历史上著名的"布朗诉教育委员会案"最高法院的判决，对消除种族歧视实现种族平等起了巨大的作用，在美国人权发展史上具有划时代的意义。因此，应当完善平等就业权的司法救济途径，通过立法将侵犯公民平等就业权明确列入诉讼的受案范围，充分发挥人民法院在实现同工同酬促进社会进步中的作用。

6. 保护公民"为权利而斗争"。耶林在其著名的演讲《为权利而斗争》中提出，所有的权利都面临着被侵犯、被抑制的危险，权利的前提就在于时刻准备着去主张权利，要实现权利，

---

[1] [德]拉德布鲁赫：《法学导论》，米健、朱林译，中国大百科全书出版社1997年版，第100页。

[2] [美]路易斯·亨金、阿尔伯特·J. 罗森塔尔：《宪政与权利》，郑戈、赵晓力、强世功译，三联书店1996年版，第135页。

就必须时刻准备着为权利而斗争。为权利而斗争是对自己的义务，主张权利是对社会的义务。[1] 人类历史发展证实，"经典的宪法术语对公民权利作出的承诺不会自己变成现实。很多宪法条文都用最动听的词句来规定那些最令人向往的自由权利，在实践中却大打折扣"。"只要有足够多的人强烈地要求运用和保护他们的权利，这些权利就会得到保护并得以运用，于是制度就能够发挥功能。如果没有这样一种要求和决心，无论是法院、国会还是议会都爱莫能助。因此，最终能使公民权利变为现实的是人民的政治意愿，正是这种意愿创造了宪法并让它在现实生活中发挥作用。在任何社会中，自由都要靠人民自己去争取和守护。"[2] 在保护公民公平就业权方面，我国目前仍然沿用的是计划经济时代的国家保护模式。例如，我国《宪法》虽然明文规定了公民有结社的权利，但事实上劳动者只有加入官方工会的自由，而不能自行组织工会。另外，我国宪法尚未确立罢工自由。当前，由于形势的发展，在我国一些地方，出现了资本与地方政府权力结合，当权者为富人说话，政策为富人制定的现象。如果任这种趋势发展下去，将是非常危险的，严重的可能会危及我国社会主义政权的稳定。遏制这种局面的进一步发展，仅仅依靠中央政府的权威来压制是远远不够的。我国政府应当放弃"稳定压倒一切"的思维方式，改变传统的对"群体性事件"一味予以压制的"安全高于人权"模式，采取"安全与人权并重"模式，并逐步过渡到"人权优先"的模式。通过立法，切实保障劳动者通过自身的维权行动来争取同工同酬，反对就业歧视，具体而言，即遵循国际惯例，立法赋

---

〔1〕 ［德］耶林：《为权利而斗争》，郑永流译，法律出版社2007年版，第1页。

〔2〕 ［美］莱斯利·里普森：《政治学的重大问题——政治学导论》，刘晓译，华夏出版社2001年版，第216页。

予广大劳动者组织工会以及罢工的权利，同时，尽快制定"新闻法"，放松对新闻媒体的舆论管制，并以此为基础，培育我国的公民社会，培育公民的自治精神，通过国家与公民社会的互动，最终实现包括同工同酬在内的社会公平正义，才是正确有效的选择。

结语：

当代中国，"依法治国，建设社会主义法治国家"、"国家尊重和保障人权"己写入《宪法》。党的十六届四中全会以来，全面建设小康社会、构建社会主义和谐社会，在以人为本的科学理念指导下，实现社会的"公平正义"已成为我国经济、社会发展的主旋律。同工不同酬现象的普遍存在，与主旋律格格不入，并造成了严重的社会问题。因此，我国政府应当切实履行国际法及国内法上的义务，果断采取措施，实现同工同酬。同工同酬的实现，对于消除我国就业方面的制度性歧视以及人们心理上的歧视，培育和提升我国公民的权利意识和平等观念，促进社会的进步，加速我国社会主义和谐社会建设的进程必将具有深远的意义。

第五章　司法与法治 ◇

第一节　刑事和解：自生的司法秩序 [1]

　　刑事和解从它诞生之日就非议不断，学界以及司法实务部门也是争论不休。此现象也充分说明，刑事和解作为纠纷解决方式是极为不成熟的。在很多问题上，学界以及司法实务部门没有达成共识。有学者指出，学界关于刑事和解的研究主要包括两个方面，一个方面偏重于理论介绍，主要内容是译介西方刑事和解或恢复司法的理论与实践；另一个方面侧重于立法上的制度构建，主要内容是论证中国是否以及应当如何在立法上确立刑事和解制度。[2] 应该说，这种对学术现象的评介是十分到位的。从已发表的学术论文来看，大多数学者都是遵循这两种研究路径。当然，我们也不能够否认这两种研究路径所具有的理论和现实意义。这两种研究路径对于刑事和解的研究仍然具有十分重要的意义。需要指出的是，学界以及实务部门对刑

---

　　〔1〕　本节发表在《苏州大学学报》2011 年第 6 期。
　　〔2〕　肖仕卫："刑事法治的'第三领域'：中国刑事和解制度的结构定位与功能分析"，载《中外法学》2007 年第 6 期。

事和解一些基础性、根本性的问题没有厘清，这必然导致自说自话，缺乏讨论问题共设性前提。本文试图从语言分析的角度对刑事和解的定义进行审视，澄清一些似是而非的问题，并在此基础上探讨中国语境下刑事和解的本质是什么？

一、恼人不休的定义

准确、清晰地界定概念是讨论问题的前提，遗憾的是，学界对刑事和解的定义可谓仁者见仁、智者见智。概念的分歧主要体现在刑事和解与刑事调解、刑事和解与诉辩交易、刑事和解与恢复性司法、刑事和解与私了、刑事和解与大调解经常被混为一谈。上述涵义混乱的概念反映了汉语作为学术语言缺乏必要的精确性。汉语由于其多义性和韵律性作为文学语言是十分具有美感的，但作为学术语言却很难精准地描述被陈述的客观对象。为了避免汉语存在的缺点，有学者借助于西方的概念来界定刑事和解。刑事和解是中国式的用语，在西方则为加害人与被害人的和解（Victim – Offender Reconciliation，简称VOR）。[1]这种观点得到大多数学者的支持和赞同，并据此展开对刑事和解利弊分析以及制度构建的论述。[2]

但这里涉及到两个关键性的问题，一是中国语境中的刑事和解与西方语境中的 VOR 是否为同一概念；二是西方语境中的 VOR 能否移植到中国刑事司法语境中。笔者认为，中国语境中的刑事和解与西方语境中的 VOR 有着根本的区别。

首先，从刑事和解在中国的起源来看。刑事和解起源于中

〔1〕 陈光中、葛琳："刑事和解初探"，载《中国法学》2006 年第 5 期。

〔2〕 张朝霞、谢财能："刑事和解：误读与澄清"，载《法制与社会发展》2010 年第 1 期；袁剑湘："论刑事和解的主体与适用范围"，载《法学评论》2010 年第 3 期。

国的司法实务部门对于轻罪案件的处理，最主要体现在轻伤害案件和交通肇事案件。司法实务部门之所以会对这两类案件从轻处理，绝对不是基于各种理论上的考量而是基于这两类案件性质本身的考量，是多方博弈的结果。

轻伤害案件起诉至法院之后，被害人获得的赔偿相对较少，并且被告人的刑期也是 3 年以下，加之轻伤害案件的产生原因多为被告人激情所致。这些因素无论是被害人还是被告人都会认真考虑，都想在案件的处理过程中实现自身利益的最大化。此类考量为司法机关特别是检察机关从轻处理轻伤害案件创造了条件。鉴于轻伤案件多为熟人之间的纠纷所致，其证人证言必然受到利害关系的影响，可信度比较低，加大司法机关对案件事实审查的难度。且这类轻伤害案件处理不当，很容易造成案件双方当事人的上访。基于上述理由，涉案各方当事人的达成和解协议、从轻处理案件的意愿比较强烈。地方司法机关颁布的规范性指导文件也充分说明了轻伤害案件的特殊性。[1]

交通肇事案件则更具有特殊性，大多数能够进入司法程序的交通肇事案件都是造成被害人死亡的案件。如果没有造成被害人死亡，一般情况下也很难构成交通肇事罪。被害人死亡是交通肇事案比较突出的特点。这一特点决定被害人利益要通过其亲属来维护。被害人对案件的处理由于其死亡因而没有任何的发言权，其利益被转移至其亲属。根据笔者的办案经验，此类情况之下，绝大多数的被害人亲属是想从案件处理中得到更多的经济赔偿，毕竟人已经死亡了。一旦被害人亲属的经济赔

---

〔1〕 如 2004 年 7 月，浙江省高级人民法院、浙江省检察院和浙江省公安厅联合发布的《关于当前办理轻伤害案件适用法律若干问题的意见》；2006 年 5 月，上海高级人民法院、上海市检察院、上海市公安局和上海市司法局联合发布的《关于轻伤害案件委托人民调解的若干意见》。

偿要求没有被满足，被害人的亲属很可能走上上访之路。这给司法机关的领导者造成很大的政治压力，领导者也自然地会给案件承办人施加压力要求其尽量的调解以满足被害人亲属的经济上的要求。交通肇事的加害人的情况稍微复杂，加害人如果经济条件比较好或者加害人是国家公职人员，判刑之后会影响到工作，很容易与被害方的亲属达成经济赔偿协议，被害人的亲属也会向司法机关要求从轻处理加害人。最难办的就是加害人没有钱，而被害人亲属的赔偿要求又很高，此类案件无论是审查起诉环节还是法院审判环节，司法机关和审判机关处理起来都非常棘手。其结果往往是加害人宁愿坐牢也不赔钱，而被害人亲属则无休止地上访。

客观地说，对上述两类案件的处理历来是司法机关的惯例。根据江西省某基层检察院恢复重建以来不起诉案件的案由统计结果分析表明，这两类案件每年占该检察院不起诉案件总数的80%以上。从这个意义上来讲，刑事和解完全是中国基层司法机关自生自发的司法秩序，根本与西方语境中的 VOR 毫无关系。

其次，从西方语境中的 VOR 产生背景分析。VOR 是美国恢复性司法理念背景下，非司法机关主持的调解活动。非司法性是 VOR 最为显著的特征之一。[1] VOR 运动作为后现代思潮影响的下的纠纷解决机制有其深刻的历史背景。VOR 运动既是对司法国家主义和理性主义的背叛，也是对西方传统司法理念的正面回应。西方语境中，起码在 19 世纪以前的欧洲学术传统里，国家权力只是指立法权和行政权，司法权是属于社会的，

---

〔1〕　SeeThoms trenczek："Victim – Offreder Reconciliation：The Danger Of Cooptation And A Useful Reconsideration Of Law Theory"，*Contemporary Justice Reviews*，2002，Vol 5（1），pp. 23~24

在国家权力之外。[1]随着民族国家的兴起，国家行政权、立法权以及军事权必然会侵犯公民的基本权利。如何制约这些权力？司法权的功能在权力制约中突显出来，人们需要独立的司法权来制约、平衡行政权、立法权以及军事权。司法领域日益繁复的诉讼制度虽然一方面能够保障人们的权利，但为此支出的司法成本却使许多人难以承受。此背景之下，VOR 作为纠纷解决机制当然是很好的尝试。

VOR 运动另一背景则是被害人权利运动在西方国家的兴起。无论是在欧洲大陆还是在操英语世界，当今刑法界引人注目的特征之一是作为一个有组织的压力集团的被害人在刑事司法中的出现。欧陆各国的法律体系仍然承认被害人有要求提起公诉的权利；而在美国，被害人则完全依靠公诉方就指控和辩诉交易所出的决定。[2]从诉讼平衡的角度来看，提起公诉的司法权完全被国家垄断，并没有被害人的地位。被告人、检察官和法官形成稳定的三角诉讼模型。法律赋予了被告人程序上的各种权利以保证武器的平等，以便保障其权利。被害人所有的利益都被国家所代理。既然是被代理，自然存在代理人的困境，即代理人损害被代理人的利益。辩诉交易就是损害被代理人利益的典型例证。辩诉交易中，检察官不惜以刑罚交换为条件换取被告人认罪。显然，这种诉讼模式中被害人的利益完全没有得到保障。

被害人权利运动就是对这种诉讼模式的反叛，被害人要求在诉讼过程中考虑自己的利益以及自己的诉讼要求。VOR 模式

---

〔1〕 周永坤：《规范权力——权力的法理研究》，法律出版社 2006 年版，第 42 页。

〔2〕 ［美］乔治·弗莱彻："20 世纪的刑法理论"，江溯译，载《刑事法评论》（第 18 卷），北京大学出版社 2006 年版，第 493 页。

恰好满足了被害人的要求，被害人在社区协调和主持之下能够与被告人达成交易，这种去国家化的纠纷解决机制既是对国家主义的反叛更是传统司法模式的回归。

最后，通过上述对刑事和解起源和 VOR 运动背景分析，我们可以得出明确的结论，刑事和解与 VOR 根本是不同的东西。二者都是在其自己文化和社会背景下自生自发的纠纷解决机制。

接下来的问题是 VOR 这个概念能否移植到我们刑事司法制度中来，丰富刑事和解的内涵呢？笔者认为，我国的刑事司法制度很难移植 VOR 这个概念。每条法则的背后都蕴藏着深刻的实在哲理。法学毕竟不是自然科学，自然科学可以借助于数学语言和符号语言进行精确的表达，并据以在跨文化背景以及跨国度之间进行交流，不存任何理解上的障碍。法学是一门规范学科，每个规则背后需要文化、宗教、意识形态等多种因素的支持。VOR 作为西方的纠纷解决机制有其深刻的历史文化背景。中国文化与西方文化的差异是巨大的，中国司法实践过程中自生自发的刑事和解不仅是传统儒家文化的产物更是 1949 年，新政权建立之后多年司法实践的结果。

论述至此，我们可以发现刑事和解完全是中国司法机关实践的自生产物。对刑事和解的研究立论都得以此为前提。我们可以概括出刑事和解具备的基本特征。①刑事和解适用的对象是公诉案件；②这个公诉案件是属于轻罪案件，即法定处刑期限为 3 年以下有期徒刑；③公诉案件中有被害人，并且被害人为自然人；④加害人对自己的罪行认罪并且被害人与加害人之间由于双方自愿或者由于第三方主持达成和解协议；⑤司法机关（检察机关、法院）基于加害人与被害人达成和解协议并且加害人认罪的前提下，对协议进行确定，对加害人依法定程序从轻或减轻处罚，从而结束司法程序。

二、似是而非的理由

学界对刑事和解的定义存在着较大的分歧，但在论述刑事和解的正当性上，其主张的理由却大致相同。这些理由可归纳为下几点：①中国和合文化为刑事和解提供正当性；②刑事和解有利于和谐社会的建设；③刑事和解有利于诉讼效率的提高，节约诉讼成本；④"第三领域"为刑事和解提供合理的社会性基础。

论证的方法上则多采用实证的方法，即通过报刊中比较有影响的案例或者作者通过田野调查法所做的归纳性的结论。归纳论证是论证最为常用的方法，但归纳论证的前设性条件有两个，一是必须占有大量的实例，没有大实例，归纳的结果肯定不具有普适性；二是占有大量的实例必须是客观真实，必须取料于真实的司法机关内部的案卷材料。假如这两个前提出了问题，得出的结论就显得不那么可靠了。

仔细地考量上文提到的四个理由，会发现每个理由貌似合理，却有诸多的可商榷之处。

（一）和合文化能为刑事和解提供正当性吗？

多数学者在为刑事和解立论的时候都会说到中国的和合文化，并以张立文教授的研究成果为其立论的基础，进一步论证刑事和解在文化上具有正当性。[1]此论证至少有两个方面值得推敲。一是中国传统文化的精髓是不是用"和合"能够概括的呢？二是中国传统中的和合文化的前提预设是什么呢？

文化至少有三个层次，第一层次是具体的艺术产品，比如文学作品、影视作品、绘画作品等等；第二个层次，是精神层

---

〔1〕 参见陈光中、葛琳："刑事和解初探"，载《中国法学》2006 年第 5 期。

面的文化，比如社会的主导型价值、社会文化心理、精神形态等等；第三个层次，是作为社会经济政治各领域内在制约力和驱动力的文化，这就是我们常说的文化模式。[1]从文化模式出发我们传统文化中最具代表性的应该是儒家文化和法家文化。儒家尚和，追求无讼的社会。纠纷解决过程中强调，以直报怨，以德报德。[2]问题是中国政治、社会、文化生活中，儒家尚和的文化真得起到很大的作用吗？毛泽东对此是给予否定的回答。其在《七律·读〈封建论〉呈郭老》中说，祖龙魂死业犹在，孔学名高实秕糠。[3]显然，儒家显性文化背后真正起作用的仍然是法家文化。法家尚权谋，尚力。上古竞于道德，中世逐于智谋，当今争于气力。[4]可见，在法家看来，纠纷解决最有效的手段不是和，而是争，争的核心是自己的力。法家文化对后世的影响是深远的，以至于熊十力先生说："韩非之说用于吕政，流毒甚远。秦以后，中国遂无学术、无思想"。[5]熊十力先生可能说得过于激愤，但从另外的侧面反映了法家文化对中国的负面影响是巨大的。

由此可见，中国的传统文化的精髓并非必然是和合，法家文化作为中国传统文化之一对纠纷解决的方式影响更为深刻。

退一步说，即使儒家文化中尚和，也很难支持当今背景下的刑事和解制度。儒家的和是有条件，其前提是人按其身份分成不同等级，并且等级之间是不可僭越的。孔子谓季氏："八佾

---

〔1〕　衣俊卿："多元文化模式下的中国法治问题"，载《检察日报》2010年5月21日。

〔2〕　《论语·宪问》。

〔3〕　易孟醇笺析：《毛泽东诗词笺析》，河南人民出版社2003年版，第363页。

〔4〕　《韩非子·五蠹》。

〔5〕　熊十力：《韩非子评论》，上海书店出版社2007年版，第90页。

舞于庭，是可忍也，孰不可忍也"。〔1〕孔子强调的君君、臣臣、父父、子子之间享有的权利与义务的不平等。后世大儒曾国藩在其《讨粤匪檄》文中更强调说，自唐虞三代以来，历世圣人，扶持名教，敦叙人伦，君臣父子，上下尊卑，秩然如冠履之不可倒置。〔2〕这说明儒家所谓的和合是建立在人与人之间的不平等的基础之上的。儒家所强调的和合都是基于不平等权利之间的交换的和。这样的前提预设与现代人人在法律面前平等的理念差异太大。

从上述的分析，和合文化根本不是刑事和解正当性的基础，中国的传统文化并没有提供刑事和解充足的养料。刑事和解的正当性还需要寻找别的资源来论证其正当性。

（二）刑事和解有利于和谐社会建设吗？

刑事和解有利于和谐社会的建设，可谓是学者的共识。陈光中教授认为，只有加害人与被害人和解，才能切实减少申诉、上访现象，有效解决诉讼纠纷，促进社会和谐。〔3〕陈瑞华教授也认为，社会和谐的达成也是司法机关从刑事和解中的获取的收益之一。〔4〕

需要指出的是，这样的判断有多少实证数据的支持呢？另外还涉及到和谐社会的评判指标是什么？刑事和解对于完成和谐社会指标作出了哪些根本性的贡献？否则，很难有充分的理由来论证刑事和解有利于和谐社会的建设。要证伪这个命题并不难。刑事和解在实践中最大的问题之一，就是被害人以及被

---

〔1〕 《论语·八佾》。

〔2〕 璩鑫主编：《鸦片战争时期教育》，上海教育出版社1990年版，第444页。

〔3〕 陈光中："刑事和解再探"，载《中国刑事杂志》2010年第2期。

〔4〕 陈瑞华："刑事诉讼的私力合作模式"，载《中国法学》2006年第5期。

害人家属以公权力施压，迫使加害人在赔偿数额上妥协。

以赵某故意伤害案的处理过程为例。加害人赵某与被害人李某都系某城郊农民并且是邻居，双方因宅居地建房发生纠纷，赵某持刀将被害人李某砍伤，经法医鉴定，被害人李某的损伤程度为轻伤甲级。此案本系邻里纠纷，情理应该互谅互让，农民的真诚和纯朴应该体现在纠纷解决的过程中。由于该村历来民风比较剽悍，该案经过村小组长、村委会主任、乡司法调解所的调解，都没有达到息事宁人的效果。被害人不仅要求高额的赔偿，而且要求加害人按当地的风俗鸣鞭炮当全体村民面赔礼道歉。加害人赵某由于兄弟较多，在村里绝对不是省油的灯，鸣炮谢罪无疑是奇耻大辱，双方很难达成一致。案件到了公安机关，鉴于本案非重案，公安机关本想对犯罪嫌疑人采取取保候审的强制措施。被害人一方听说公安机关不把人关起来，就认为公安机关的办案人员执法不公，收受了贿赂，于是被害人就到当地政府机关去上访。被害人一上访，该案从一般的刑事案件就变为具有社会稳定的政治意义的案件了。公安机关只好将本案报送检察机关审查批准逮捕，检察机关也只好先捕下来。犯罪嫌疑人赵某被关押，对于被害人以及被害人家属来说，在村里面，他们已经赚足了面子。当然，被害人的用意并非单纯把犯罪嫌疑人关押起来了事，他们要通过公权力达到索取更多经济赔偿之目的。案件到了审查起诉阶段，犯罪嫌疑人的家人想早点了事，提出认罪服法，赔偿被害人的损失。被害人又开始漫天要价，犯罪嫌疑人家属也没有办法，经过检察机关做工作，双方达成和解协议，加害人支付了高额的经济赔偿。检察机关对该犯罪嫌疑人作出相对不起诉处理。加害人赵某也被释放出来。按理说这也是刑事和解很典型和成功的案例。然而，事件远没有结束，隐患在和解的过程中就埋下了。加害人放出来之后，觉得在村里丢了人，又开始找被害人的麻烦，双方又打起来，只是结果不一样，这次是李某将赵某砍成了重伤，赵某的家属又开始无休止的上访。

本案中，国家公权力被被害人利用，以满足自己的贪欲。笔者当然承认刑事和解有达到良好社会效果的案例，但这并不能够得出刑事和解有利于和谐社会建设这样的总体判断。公正才是执法的核心价值，也是人类几千年文明发展过程中的经验，牺牲公正的刑事和解不可能有利于和谐社会的建设。

（三）刑事和解有利于提高诉讼效率、节约诉讼成本吗？

有学者认为，由于刑事和解具有节省司法成本、提高刑罚效益、最大限度保护加害人与被害人的合法权益、有效地接受犯罪人回归社会等长处。[1]此论断至少有三个问题需要澄清，一是纠纷的解决是否只单纯计算司法机关的成本，行政机关的成本、自治组织的成本以及社会整体成本是否也应该包括在内？二是刑事和解真的能够节约司法机关的成本吗？三是刑事和解利用国家刑罚权与被害人以及被告人做交易，社会公正这个最大的成本是否应该计算在内？

从陈瑞华教授归纳的刑事和解三种模式来看，[2]每种模式除司法机关支付成本之外，社会母体同样在为纠纷的解决支付成本。事实上，在所谓社会调解大格局的制度下，社会对调解的成本投入是相当高昂的：人民调解委员会的建制、乡镇司法所的建制、司法局的投入、乡政府的投入等，实在是一个不小

---

[1] 陈光中："刑事和解再探"，载《中国刑事法杂志》2010年第2期。

[2] 陈瑞华教授把刑事和解归纳为三种模式，①加害方—被害方自行和解模式；②司法调解模式；③人民调解委员会调解模式。陈瑞华："刑事诉讼的私力合作模式"，载《中国法学》2006年第5期。

的数字。[1]纠纷产生的母体是社会，社会的成本理应成为纠纷解决中应该计算的内容。刑事和解当事人为刑事和解付出的成本也应该计算在内。从这个意义上说，刑事和解的成本不会低于正常法律途经解决所应付的成本。

除核算社会成本之外，刑事和解本身的司法成本也是高昂的。我们以检察机关审查起诉环节，对当事人达成和解协议，检察机关作出相对不起诉处理的案件为例。当然，成本计算中不能忽视司法实务部门内部操作的规范。检察实务部门作出相对不起诉的案件，比一般的案件要经历的程序有：①公诉科科务会讨论；②本院检察委员会讨论；③本院检察委员会讨论同意之后，再要将案件报送上一级检察机关公诉部门审查；④上级检察机关的公诉部门也得依程序报本级检察委员会同意，再批复下级检察机关作出不起诉决定。[2]这样繁杂的诉讼程序以及内部操作规程，造成本来就十分紧张的诉讼资源更加紧张。

从检察机关内部考评机制来看，相对不起诉的案件历来是检察机关内部以及检察机关外部监督的重点。每年就该类案件报送的案件材料造成的额外成本更是惊人。因此，刑事和解造成的诉累很难支持其有利于提高诉讼效率、节约诉讼成本这样的结论。事实的真相是，刑事和解挤占了本身就稀缺的司法资源。

更为重要的是刑事和解销蚀了社会的正义成本。刑事和解实践之所以能够在全国上下一呼百应，很大程度上应当归功于这种实践的合理：通过国家刑罚的退让，换取被害人本很难兑

---

[1] 周永坤："警惕调解的滥用和强制趋势"，载《河北学刊》2006年第6期。

[2] 根据我国《刑事诉讼法》的规定，作出不起诉的决定只要本级检察机关检察委员会同意就可。

现的经济赔偿权。[1] 刑事和解为什么会引起一系列强烈的质疑呢? 这些质疑既包括对于刑事和解是否有违刑法的基本原则,又包括社会上花钱买命的质疑。我们很难说这些质疑是没有道理的。这里就涉及到社会正义成本的问题。刑事和解销蚀了社会最大的成本,那就是国家本身应该代表的正义。

(四)"第三领域"能为刑事和解提供社会学基础吗?

有的学者根据黄宗智教授提出"第三领域"理论,去分析论证刑事和解的社会学基础。[2] 应当说,这些学者的贡献在于拓展了刑事和解研究的领域和创新了刑事和解研究的方法。问题是,当前中国是否存在着黄宗智教授所指的"第三领域"。如果立论的基础都不存在,其结论的可靠性就会有问题。

黄宗智教授对清代民间纠纷的处理进行实证分析,提出"第三领域"的概念。在此一领域,民间调解与官方审判发生交接、互动。有大批争端,虽然随着呈递告状,而进入官方审理过程,但在正式堂审之前,都获得了解决。在此中间阶段,正式制度与非正式制度发生某种对话,并有其既定程式,故而形成一个半官半民的纠纷处理地带。[3] 黄宗智教授的研究对象是清代社会,但是清代社会背景下形成的规范或者得出的结论是否具有普适性呢? 笔者认为,黄宗智教授的结论是不具有普适性的。

晚清以降,我们可以清晰地看到人的身份的变迁,即从宗法人转变为了国家人,再从国家人转变为社会人。中国传统社

---

〔1〕 于志刚:"刑事和解的正当性追问",载《政法论坛》2009 年第 5 期。

〔2〕 肖仕卫:"刑事法治的'第三领域':中国刑事和解制度的结构定位与功能分析",载《中外法学》2007 年第 6 期;史立梅:"刑事和解:刑事纠纷解决的'第三领域'",载《政法论坛》2007 年第 6 期。

〔3〕 黄宗智:《民事审判与民间调解:清代的表达与实践》,中国社会科学出版社 1998 年版,第 108 页。

会是以农业为主本，我们可以相信，以农为生的人，世代定居是常态，迁移是变态。[1]维系农人的关系是血缘，以血缘为基础的宗族在农民的生活中占据着最为重要地位。纠纷的解决自然也是宗族最为重要的事务。事实上，中国传统社会中历代统治者也赋予了宗族一定解决纠纷的权力。宗族组织是个自治体，这个自治体与国家相对，并通过士绅阶层与国家官僚体系进行沟通。此背景下，当然存在着黄宗智教授所说的第三领域。人在宗族组织中，成了不折不扣的宗法人。

1949年后，国家以强力对传统社会依照前苏联的模式进行了改造。民众迅速从宗族中解脱出来成了国家人。昔日农民赖于生存的宗族成为新社会批判和改造的对象。意识形态话语体系充斥着民众整个生活，包括生老病死、婚丧嫁娶。从宗族组织脱离出来民众呈现"原子化"状态，每个人成为国家的一份子。联系人与人之间的关系不再是血缘而是单位，国家通过单位对民众进行有效的管控。人成了国家人或者说是单位人。由于国家对民众的权利有诸多的限制，该时期的纠纷解决主要通过单位。通过国家强力的改造中国已经完全失去了"第三领域"存在的基础。

改革开放之后，民众从国家人逐渐转变为社会人。这种社会人并不是市民社会中的人，而只是拥有相对自由的人。这个时期的人具有多元化的色彩，从其中既可以发现传统宗法人的特征，也可以发现国家人的特征，同时具有市民社会中的人的某些特征。人具有多元化色彩必然导致其利益诉求的多元化，各种利益矛盾也处于多发期，纠纷解决的机制也呈现出多元化的状态。但这种状态并不是黄宗智教授的"第三领域"所能够

---

〔1〕 费孝通：《乡土中国》，上海人民出版社2006年版，第6页。

涵盖的。"第三领域"理论由于社会结构发生重大变化，很难用来解释刑事和解存在的社会性基础。

三、惯例何以成为司法秩序？

讨论刑事和解的定义和澄清各种似是而非的理由之后，我们再来看刑事和解在中国司法语境下，其本质是什么？正如前文所说，刑事和解制度起源于中国司法机关对故意伤害案件（轻伤）和交通肇事案件的处理时所形成的司法惯例。但司法惯例何以成为学界以及司法实务部门热议的刑事和解呢？换言之，刑事和解的自生的背景性因素有哪些呢？

笔者认为，秩序的产生，根源于社会的母体。正如埃利希所说："不论什么时候，法律发展的重心既不在立法和法学，也不在司法判决，而在社会本身"。[1] 刑事和解从本质上来说是当今社会以及司法环境下，自生自发的司法秩序。自生自发秩序是哈耶克核心思想之一。哈耶克认为，通过利用形成秩序的力量（协调其成员行为的常规），我们可以达到一种秩序，其中所包含的事实，要比我们刻意安排所能取得的情况不知复杂几何。自发的秩序既无一定目的，也不需要为了在这种秩序之可取性上达成一致，而对其导致的具体后果也达成一致，因为它独立于任何特定的目的，可以用于和帮助人们追求形形色色不同甚至相互冲突的个人目标。[2]

通过对刑事和解生成的社会以及司法背景性因素分析，我们比较容易发现，生成刑事和解司法秩序力量有以下几种。

第一是构建和谐社会的宏大政治话语体系。众所周知，我

〔1〕 〔奥〕埃利希：《法律社会学基本原理》，中国社会科学出版社1999年版。
〔2〕 〔英〕弗里德里希·冯·哈耶克：《哈耶克文选》，冯克利译，江苏人民出版社2007年版，第345页。

国的刑事司法政策，受政治政策、目标、方向的影响最大。政治层面的构建和谐社会宏大的叙事背景，是促使特定案件的解决的司法惯例转变为具有刑事政策意味的刑事和解的政治背景因素。以人为本、构建和谐社会，这意味着执政方式以及执政目标的根本性转变，具有划时代的意义。以人为本，既是对中国传统文化中的灵本思想的继承更是舍去人工具性、人主体性回归的最好表达。具体到司法领域，人不再是达成某个目标的工具，而是要彰显人的尊严。构建和谐社会是全社会的目标，司法实务部门当然也有义不容辞的责任。和解原本是民事纠纷的解决的方法，在构建和谐社会的话语背景下，很自然地延伸到刑事领域。故意伤害案件（轻伤）和交通肇事案件的解决方法正好与和解这种方式相契合，刑事和解概念的出现也就是水到渠成的事。

第二是司法实务部门的创新的动力。司法创新或者司法品牌一直是司法实务部门比较热衷的。例如，江西省检察系统就开展了"一院一品"的活动，希望某个司法创新活动形成商业中的品牌效应提升司法机关的知名度。虽然，司法创新受到某些学者的责难与诟病，但是司法机关发布地方性规范文件来指导轻伤害案件的处理，不无司法创新的因素。刑事和解把原来适用于民事领域的纠纷解决方法引进到刑事领域，对于司法实务部门而言，其创新性则具有革命性质。

第三是学者们的努力。学者们充分利用中华文化的"和合"的本土资源对刑事和解的正当性以及必要性做了充分的论证。笔者认为，学者关于刑事和解概念的归纳、提炼起到十分重要的作用。这一点从学者发表的论文中可以看出，刑事和解成为研究的热点就是最好的例证。

第四是传统刑法理论社会危害性理论的退却。传统刑法理论认为，犯罪——孤立的个人反对统治关系的斗争，和法一样，也不是随心所欲地产生的。相反的，犯罪和现行的统治都产生于相同的条件。[1] 传统理论过多地强调了国家所代的公权力与犯罪人在利益上的对立以及被害人与犯罪人在利益上的对立。事实，上述主体在特定的条件下，其利益是契合的。这种因利益契合达成的协议却与传统的犯罪理论相冲突。传统理论不能够为刑事和解提供理论的支持。而现在的刑法理论从社会危害性理论转变成犯罪是对法益的侵犯。关于犯罪的本质，启蒙时期以后之欧洲，以费尔巴哈（von Feuerbach）所主张的权利侵害说为主流，即以权利之侵害作为犯罪之本质。进入 20 世纪之后，法益侵害说成为通说，以对于国家所保护之利益价值的危害（即法益之侵害或侵害危险）作为犯罪之本质。[2] 法益侵害说强调了个人权利的被侵害而非集体权利的侵害，这种学说能够为刑事和解提供正当性依据。刑事和解中被害人对自己权利有一定的实质性的发言权，而强调犯罪是对个人法益或者权利的侵犯，显然法益说为刑事和解提供了正当性的根基。

通过对上述四个刑事和解背景性力量的分析，我们可以知道这四个因素对于刑事和解的形成有着关键性的影响。但我们理性却很把握这几个因素的作用机理以及过程。换言之，这几个因素有理性的作用也有非理性的作用。正如在一个小村子里，村民们要去村头井里汲水，本来村子到水井是没有路的，但由于村民基于理性或者非理性的选择，自然而然地形成了通往村头水井的路。这就是自生自发秩序。刑事和解也是一样，上述的各种力量各自的目的并不相同，有的目的甚至相冲突，但达到了纠纷解决这个最终目的。所以，本质上说刑事和解是基于

［1］《马克思恩格斯全集》第 3 卷，人民出版社 1960 年版，第 399 页。
［2］ 陈子平：《刑法总论》，中国人民大学出版社 2009 年版，第 70 页。

各种力量博弈、均衡而形成的自生的司法秩序。

本文的重点只是论述刑事和解的自生性。这只是对刑事和解的事实上的判断而非对刑事和解的价值判断。中国的司法仍然在形成和发展过程中，可塑性很强，其形态的基本稳定还需要时间，各种经济、政治、社会力量都还在塑造它。[1]经过不断试错过程而形成的刑事和解作为纠纷解决方式，我们应该持的态度是谨慎，而不是全盘的肯定或者全盘的否定，尊重其自生的规则才是正道。

第二节　论法官的良知[2]

法治社会是司法最终裁决的社会，法官代表法律裁决案件，对维护整个社会稳定与健康的发展起着重要作用，是社会正义和人权的最后救济者，是法治的核心要素，法律必须依靠法官来公正有效地适用。值得注意的是，法官审理具体案件时不仅仅依据的是事实与法律，除此之外，还要结合自己的良知，即基于对法律的正当性与合法性的认识与理解以及对自己所经历的法律生活的体验和反思，而产生的对社会成员之社会行为的善与恶、正确与错误进行判断并采取相应行动的意识与能力。学者指出，"就一个法官而言，他的专业能力固然重要，然而，他的良知则永远是最重要的。法官良知在很大程度上决定司法过程的结果，决定有无司法公正。"[3]而卡尔·卡拉斯则更进

---

〔1〕　苏力："关于能动司法与大调解"，载《中国法学》2010年第1期。
〔2〕　本节发表在《南京医科大学学报》2005年第2期。
〔3〕　董茂云、徐吉平："法官良知对于司法过程的意义———兼论法官良知与现代宪政体制及理念的关系"，载《复旦学报》2003年第6期。

一步，甚至认为"仅仅要求法官要用最好的智识和良知来裁判，是不够的。应该规定法官仅需要那些最小的智识，而需要那些最大的良知"。[1]

一、法官为什么需要良知？

首先，众所周知，从法律的特征来讲，法律本身仅是死物，"徒法不足以自行"，必须由人来操纵，马克思曾指出"要运用法律就需要法官。如果法律可以自动运用，那么法官也就是多余的了"。[2]由于社会生活纷纭复杂，各种新类型的案件层出不穷，面对无限发展着的社会，"立法者不是可预见一切可能发生的情况并据此为人们设定行为方案的超人，尽管他竭尽全力，仍会在法律中留下星罗棋布的缺漏和盲区，从这个意义上说，任何法律都是千疮百孔的"。[3]在很多时候，法律可能会缺位，可能会有缺陷。但是，"法律有时入睡，但绝不死亡"，法官在适用法律时，绝不能以法律规定不明确、不完备或欠缺为借口而不予受理，更不得以此为由拒绝裁判，否则，"如果一个纠纷未得到根本解决，那么社会机体就可能产生溃烂的伤口"。[4]在这种情况下，法官应当发挥造法的功能，因为"法律不只是作为一种条文或规范存在，更重要的是作为一种原则和精神存在。一个合格的法官，并不拘泥于法律条文的有无，而在于对法律精神的理解，以自己的智慧和法律素养，将法律精神融化于案件事实之中，进而发展法律。法律依据不只是法律条文。

〔1〕 陈新民：《公法学札记》，中国政法大学出版社2001年版，第312页。
〔2〕 《马克思恩格斯全集》第1卷，人民出版社1972年版，第76页。
〔3〕 徐国栋：《民法基本原则解释》，中国政法大学出版社1992年版，第139页。
〔4〕 ［美］博登海默：《法理学－法哲学及其方法》，邓正来译，华夏出版社1987年版，第490页。

对法律的原则和精神的理解才是法官的生命"。[1]那么，对于什么是法律的原则和精神，主要取决于法官心中的自然法理念及对公平、正义的理解，取决于法官的良知。

其次，由于法律概念的抽象与概括、法律语言的歧义以及立法技术的失误等众多不确定因素的作用，法律自身不可避免地存在着不合目的性、不周延性、滞后性及模糊性等局限，[2]不同的人对同样的法律甚至可能会产生截然不同的理解。对此，达维德认为，"法律的实施以解释过程为前提"，[3]汉密尔顿指出，"解释乃是法院正当与特有的职责"，[4]马克思则更明确地指出，"法官的职责是当法律运用到个别场合时，根据他对法律的诚挚的理解来解释法律"。[5]而何谓"诚挚的理解"，则对法官的良知提出了要求。因此，对于那些明显违背理性的恶法，法官应大胆地拒绝服从。而对于那些有缺陷的法律，法官应正确地行使自由裁量权，通过符合法律精神的解释而使它变得没有缺陷以达到实现正义的目标。那种认为法官的作用就是机械地执行法律，"把所有基于人民的决议和法律的东西都是正义的这种想法是最愚蠢的"。[6]

最后，从司法的功能角度来讲，现代司法的作用是定纷止争，它不仅仅是私人争执的公断人，而且还是行政权力乃至立法权力的"宪法裁决人"。它是社会正义的最后一道防线，是社

[1]　蒋惠岭："论法官角色的转变"，载《人民司法》1999年第2期。

[2]　徐国栋：《民法基本原则解释》，中国政法大学出版社1992年版，第137～143页。

[3]　[法]勒内　达维德：《当代主要法律体系》，漆竹生译，上海译文出版社1984年版，第109页。

[4]　[美]汉密尔顿等：《联邦党人文集》，程逢如等译，商务印书馆2004年版，第392-393页。

[5]　《马克思恩格斯全集》第1卷，人民出版社1972年版，第76页。

[6]　张明楷：《刑法格言的展开》，法律出版社1999年版，第6页。

会公共福祉的最终保障。司法判决的意义重大，不仅个案正义通过个案的判决来体现，而且整个社会的正义通过整个司法审判制度来体现，人民理解、尊重、热爱、信仰法律的习惯也是从对司法判决的信服中产生。"西方的一些调查表明，那些没有受过比较系统的法律教育的公民对于法律制度的知识以及公正观念的养成，与法院处理案件的过程以及媒体对于法院活动的报道有密切的关系"，[1] 在一定程度上可以说"法律制度所应得到的尊严与威望，在很大程度上取决于该制度的工作人员的认识广度以及他们对其所服务的社会责任感的性质和强度"。[2] 因此，法官在审理案件的过程中必须始终充满良知，奉行操守，所作出的司法判决绝不应是冷冰冰的，而应在体现真的价值的同时，还要体现善和美的价值，体现人性的光芒、理性的光辉与社会的关怀，以使人民亲近而自觉接受。

综上，我们可以看出，法官判案并不是纯粹的客观活动，同时也是法官本人的主观活动，在这一活动中，法官的司法理念和个人良知直接影响指导着法官裁判活动的公正与否。在西方法制发展的过程中，出于对僵化的法定证据制度的反叛，产生了自由心证证据制度，为了避免普通法僵直造成的极端不公正的裁决后果，衡平法得以产生和发展，均证明了法官良知对司法的极端重要性。关于良知对法官裁判的作用，在英美法系国家表现得更为明显，伯尔曼认为，英美法律制度在很大程度上，正是依靠法官的自尊心、责任感以及他们的智慧和自制力

〔1〕 黎国智、庄晓华："法治国家与法官文化"，载《现代法学》1998 年第 6 期。

〔2〕 〔美〕博登海默：《法理学－法哲学及其方法》，邓正来译，华夏出版社 1987 年版，第 492 页。

保证司法的公正。[1] 所以，"法官非有良知不能表现正义"，
"对他们的资质不仅要求具有法律知识，而且特别应有广博的教
养和廉洁的品质"，法官是"教堂外的教士"，是"社会的精
英"、"有修养的伟人"和"正义之路的开拓者"，须"对所有
的人富有诚心和爱心"。[2] 法官须依照自己的良知、信念以及
对法律的理解形成的正义准则裁判案件，作为一项法官裁判的
原则，在一些国家的宪法中甚至还明文予以确立。1946 年《日
本宪法》第 76 条第 3 款规定，"所有法官依良心独立行使职权，
只受宪法和法律的约束"。现行韩国宪法第 98 条规定："法官依
据宪法、法律及良心独立审判。"土耳其宪法第 132 条第 1 项规
定："法官独立执行其职务，法官判案，须依宪法、法律、正义
及个人信念。"越南宪法第 101 条也规定："法官依其良心，无
私之精神及尊重法律与国家权益判决案件"。[3]

二、法官良知的内涵

法官的良知并非如泛道德主义者所认为的那种在法官必须
具有同情心，法律要具有扶贫济困的功能的前提下，鼓励法官
受无节制的同情心的支配，以至于偏离合法性的前提，单纯用
道德和感情去判决法律争议。法官的良知有自己科学的内涵，
具体包括：

首先，法官自身应信仰法律和坚守法律。伯尔曼说过："在
法治社会中，法律必须被信仰，否则它形同虚设"。[4] 这里指

---

〔1〕 ［美］哈罗德·伯曼编：《美国法律讲话》，陈若桓译，三联书店 1988 年
版，第 20～23 页。
〔2〕 谭兵、王志壮："试论我国法官的精英化"，载《现代法学》2004 年第 2 期。
〔3〕 黄军峰、梁鹏："论司法公正和司法独立"，载《西藏民族学院学报》
2001 年第 1 期。
〔4〕 ［美］伯尔曼：《法律与宗教》，梁治平译，三联书店 1991 年版，第 42 页。

的是社会公众对法律的信仰，作为裁决者的法官自己更应信仰法律，孟德斯鸠曾把法官形容成宣布法律词语的喉舌，美国大法官马歇尔则把法官说成"只是法律的代言人"，马克思曾指出："法官除了法律就没有别的上司"。如果连作为"法律的保管人"的法官都不遵守法律，任何要求人民守法的论调都是"只准州官放火，不让百姓点灯"的强盗逻辑。耶林认为"执行法律的人如变成扼杀法律的人，正如医生扼杀病人，监护人绞杀被监护人，乃是天下第一等恶"。[1] 培根说过："世上的一切苦难之中，最大的苦难无过于枉法"，因为"一次不公正的裁决，其恶果甚至超过十次犯罪"。因为"犯罪虽是冒犯法律——好比污染了水流，而不公正的审判，则毁坏法律——好比污染了水源"。[2] 因此，法律信仰作为法官最基本的价值观念，必须真正地扎根于法官的灵魂深处。法官只有获得对法律信仰和正义追求的精神支持，才能带动内心严格的理性自律，从而产生巨大的工作动力和无私无畏的勇气，做到拉德布鲁赫所要求的为了维护正义，法官要"不惜一切代价，甚至包括牺牲生命"。

其次，法官必须做到公平和公正，因为"当事人可以接受败诉，但无法接受不公平"，"社会允许法律有漏洞，但不允许法官不公正"。公平与公正要求法官应恪守职业操守，对于法律实施过程中发生在各种主体之间的各种纠纷，以被动性原则和中立性原则作为履行职务行为的基本出发点，以中立的身份和地位，依公正、科学的司法程序，求得公正的解决。在法官解

---

〔1〕 田成有："法信仰——中国法律的困境与出路"，载《思想战线》1998 年增刊。

〔2〕 ［英］培根：《培根人生论》，何新译，陕西师范大学出版社 2002 年版，第 216 页。

决纠纷的过程中，法官地位的中立与诉讼程序的公正尤为重要。柏克认为，"一个公正的法官是一个冷冷的中立者"，法官地位中立要求：①法官与案件无利害关系；②任何人不能作为自己案件的法官；③法官不应当有对当事人一方的好恶偏见。诉讼程序公正要求法官：①对各方当事人的诉讼给予平等的注意；②纠纷解决者应听取双方的证据；③纠纷解决者应只在另一方在场的情况下听取一方意见；④各方当事人应得到公平的机会来对另一方提出的论据和证据作出反应。法官的地位中立和诉讼程序公正应贯穿于案件裁判的始终。

再次，法官应合理地适用自由裁量权。自由裁量权是一柄双刃剑，它在可能保护正义的同时极容易伤害正义，如果被心术不正的人滥用甚至会沦为作恶的工具。出于对法官专断的恐惧，严格法治主义者主张"绝对的法律至上或法律统治，而排除恣意的权力和自由裁量权"，将法官变成一台自动售货机，输入事实，将法律对号入座然后吐出判决。这种完全排除自由裁量权的理论仅仅是一种不切实际的幻想，在司法实践中根本无法实行。事实上，几乎所有案件的判决都或多或少地涉及法官的自由裁量。法官在行使自由裁量时，应怀着一颗"赤子之心"，怀着对社会弱者的关怀、对自然法理念及公平、正义精神的追求，服从法律和自己的良心做出合法又合乎人性的合理判决。但是，遗憾的是，在当前各级人民法院的判决中，"合法但不合理"的现象还普遍地存在着。针对这种现象，有学者指出："在司法审判中，一味强调'合法不合理'的观点是不正确的，也是非常有害的。立法者在制定法律时，必然要求法律尽可能符合社会生活的情理，符合公众所普遍认可的公正要求。司法审判就是要把抽象的法律规范与具体的案件事实相结合，把抽象的公正要求变成强制人们遵守的公正的力量。合法的应当是合情理的，这取决于法官怎样去理解法律，如何把握法的价值。将法律规范适用于处理具体的案件，并不是一个死板、机械的过程，而是一项创造性的活动。真正理解和把握了立法的精神和价值，就能够结合案件的具体事实，借助于社会生活经验知识，正确地解释和运用法律，作出合乎法律又合乎情理的公正裁判"。[1]

三、法官的良知从何处来？

首先，法官的良知从他的学问中产生。如前所述，法官在法治社会中承担着重大的使命，法官的良知不同于民众的一般道德观念，它建立在包括深厚的法律专业知识以及包括认识、判断、推理案件诸能力在内的良好的认知水平之上。17 世纪英国普通上诉法院柯克大法官在反对国王可以亲审案件的观点时说过："法律是一门艺术，它需要长期的学习和实践才能掌握，在未达到这一水平前，任何人都不能从事案件的审判工作"，[2]基于这种传统，"在西方国家，法学教育与法律职业有不解之缘。法学教育是从事法律职业的必经之路，法律职业的共同体只对那些具有同一教育背景的人开放门户"。[3]除必须具备深厚的法律专业知识外，法官还必须具有包含各种各样广博社会知识与社会经验在内的良好的知识结构，法官不仅仅是"法律人"，更应该是"文化人"，非社会精英所不能胜任。[4]

---

〔1〕 黄松有："谈法律适用中的情理"，载《人民法院报》2002 年 2 月 26 日。

〔2〕 〔美〕罗斯科·庞德：《普通法的精神》，唐前宏等译，法律出版社 2001 年版，第 42 页。

〔3〕 方流芳："中国法学教育观察"，载《中国法律教育之路》，中国政法大学出版社 1997 年版，第 3 页。

〔4〕 贺日开：《司法权威的宪政分析》，人民法院出版社 2004 年版，第 103～116 页。

其次，法官的良知从信仰中来，对法官来说，信仰尤为重要。在这方面，西方文化建立在基督教的基础上，西方人普遍具有一种与生俱来的赎罪意识和深刻的反省精神，西方国家法官的良知更多是从宗教中产生的。至今一些西方国家司法制度中还保留着法院开庭前举行祷告、证人出庭作证手按《圣经》宣誓以及法官在判决中不时会援引《圣经》内容的传统。在我国，普遍的宗教信仰与宗教情感并不存在，而且从理论上讲，我国的法官是唯物主义者，那么我国的法官如果必须有信仰的话，应该信仰什么？笔者认为，对我国的法官来说，在古罗马时代即已存在的"国民的安宁是最高的法律"、"公共安宁是最高的法律"、"国家安宁是最高的法律"的格言应成为他们的信仰，这同共产主义道德所提倡和要求的"人民的利益高于一切"是相一致的。法律文化学者刘作翔教授曾撰文论及社会主义国家司法权的属性，认为社会主义国家司法权的主体是人民群众。[1]那么对于司法权最重要的实际操作者法官来说，其行使司法权就是在行使人民所赋予的权力，因此，其应当信奉"人民的利益高于一切"的信念乃是必然的逻辑结论。当然，需要指出的是，这里虽然用到了"人民"这一集体的概念，但对法官来说，正如霍布斯所言，必须"对法庭上那些真实的人，而不是某些抽象的人的概念负责"。[2]

另外，法官的良知还从我国的传统文化中来。我国的传统文化中虽没有产生过类似西方的系统的自然法理论，也不存在超验的宗教情结，但我国传统文化中却有着异常丰富的关于良知理论的本土资源，例如："仁而爱人"、"三省吾身"、"哀民

---

〔1〕　刘作翔："司法权属性探析"，载《法制日报》2002年9月22日。

〔2〕　贺日开：《司法权威的宪政分析》，人民法院出版社2004年版，第103～116、第112页。

生之多艰"、"上下求索"、"舍生取义"、"任重道远"、"自强不息"、"厚德载物"、"为民请愿"、"先天下之忧而忧、后天下之乐而乐"……。如何把我国传统文化中知识分子的责任感、道义感、使命感、自省意识等同马列主义、毛泽东思想、邓小平理论结合起来以产生新型的中国特色的社会主义司法伦理与法官操守是一个有意义的课题。

四、如何才能使法官保持良知

首先，对法官来说，品性尤为重要。史尚宽先生曾对法官之品格有精辟的论述："虽有完美的保障审判独立之制度，有彻底的法学之研究，然若受外界之引诱，物欲之蒙蔽，舞文弄墨，徇私枉法，则反而以其法学知识为其作奸犯科之工具，有如为虎附翼，助纣为虐，是以法学修养虽为切要，而品格修养尤为重要"。[1] 所以，爱尔维希断言，"法官的人格，是法律正义的最终保障"，耶林要求法官"必须具有意志及道德勇气"。在法官必须具备的诸品性中，公正居于首位，只有公正才能对良心精心守护，才可能成为一个真正意义上的法官。那么，法官的公正从何而来呢？霍布斯认为，法官公正品性的获得，"不在于读别人的书籍，而在于自己的善良的天赋理性的深思熟虑"。[2] 因此，必须确立严格的法官录用制度，以保证录用那些具有丰富的学识、善良、谨慎、中庸、有强烈的社会正义感、富有同情心、洞明世事、淡薄宁静的人作为法官。如果任命了一个心术不正的人做法官，将会出现柏拉图所说的"如果在一个秩序良好的国家安置一个不称职的官吏去执行那些制定得良好的法

〔1〕 尹治世："论司法公正"，载《河北师范大学学报》2002 年第 5 期。
〔2〕 贺日开：《司法权威的宪政分析》，人民法院出版社 2004 年版，第 111页。

律，那么这些法律的价值便被剥夺了，并使得荒谬的事情大大增多，而且最严重的政治破坏和恶行也会从中滋长"[1]的结果。因此，在任何社会中，法官都应像普通法国家的法官那样，是"文化界的巨人"，"有一颗金子般的心"，被称为"慈父般的人"，"每时每刻同时对该职业的高贵及其深刻的问题有所认识"。如果一个法官拥有尊贵的社会地位，他会将自己被任命为法官看成是一生姗姗来迟的辉煌事业的顶点，他必定会珍惜自己的声誉做到恪守良知和洁身自好。但如果一个社会里人人都可以成为法官——而不论他的学识、人品、性格、年龄等情况如何，法官仅仅是一种普通的职业，那么这个社会里的法官的素质将不可避免地良莠混杂，法官的品质的流向往往是劣胜优汰，出现劣币驱逐良币的结果。[2]在这种情况下，让这个社会里的法官自身产生职业的神圣和自豪感及让整个社会珍重法官这个职业会是个非常可笑的想法，最终的结果将是，"法官不被尊重，国家将会衰亡"。

其次，法官良知的保持必须有体制上的保障。如果没有司法制度的精心呵护，任何"金子般的心"也会褪色直到完全暗淡无光。体制上的保障主要包括：

1. 在法院享有解决一切法律争议（包括法律规范冲突争议）的终局权力的前提下，规定法官判决只服从法律和良心。关于法院的权威地位问题，联合国《关于司法机关独立的基本原则》第3条明确予以确立："司法机关应对所有司法性质问题享有管辖权，并应拥有绝对权威就某一提交其裁决的问题按照

---

[1]　[古希腊]柏拉图：《法律篇》，张志仁、何勤华译，上海人民出版社2001年版，第89页。

[2]　贺卫方："司法公正需要合理的制度环境"，载《检察日报》1998年4月20日。

法律是否属于其权力范围作出决定"。在确立了法院的权威地位后，应在《宪法》中，至少也必须在《法官法》中明文规定法官有良心的自由，规定对于法官来说，判决只服从法律和良心。

2. 确立司法独立和法官身份保障的制度。联合国在《司法独立世界宣言》中确认："法官个人应当自由地履行其职责，根据他们对事实的分析和对法律的理解，公正地裁决其所受理的案件，而不应有任何约束，也不应为任何直接或间接的不当影响、怂恿、压力、威胁或干涉所左右，不论其来自何方或出自何种理由"。司法独立要求"国家的司法权只能由国家的司法机关统一行使，其他任何组织和个人都无权行使此项权力"，[1] 而其核心是"裁判者在进行司法裁判过程中，只能服从法律的要求及其良心的命令，而不受任何来自法院内部或者外部的影响、干预或控制"。[2] 司法独立意义重大，"在人类司法的发展史上，没有哪一种法律理念像司法独立那样，推动着司法的法律化、职业化进程；也没有哪一种制度像司法独立那样，锻造着法律运作的政治空间和专业意蕴"。[3]

针对我国目前司法体制安排不合理以致法院和法官不独立的现状，一些学者进行了学理探讨，提出了建立包括在体制上确立司法权高于行政的制度，革除法院体制安排中地方化严重的现状，确保司法权的国家统一行使；以及革除法院内部行政化管理模式，建立足以使法官保证个人独立等在内的各项具体的改革制度。[4] 笔者认为，只有真正地确立了以上制度，才能

---

〔1〕 张文显主编：《法理学》，高等教育出版社 1999 年版，第 312 页。

〔2〕 陈瑞华：《看得见的正义》，中国法制出版社 2000 年版，第 129 页。

〔3〕 胡玉鸿："马克思恩格斯论司法独立"，载《法学研究》2002 年第 1 期。

〔4〕 参见王利民：《司法改革研究》，法律出版社 2001 年版；程竹汝：《司法改革与政治发展》，中国社会科学出版社 2001 年版。

使法院和法官做到真正的独立，法官在进行司法裁判过程中，才能真正做到在"无须担心因秉公办案得罪他人而在职务上受到不利变动"[1]的情况下排除来自行政权力的、舆论的以及同行的种种压力，以自己的良心和声誉对自己的判决负责。

第三节　英美法官文化及其启示[2]

法治社会的实质是良法之治，而"任何一项法律制度，只有当处于其中的人是最好的时候，它才可能是好的"。[3]因此，良法之治的根本保障在于作为有"法律的守护者"之美誉的法官。在现代法治社会，法官的作用不可或缺，社会赋予法官这个角色"与行政官员、立法官员不一样，甚至与检察官也不一样。这种差别不仅体现在所管辖或处理的事务方面，更体现在人们处理事务或行使权力所用的方式、思考和分析问题的方式、语言的风格、外部行为的风格等诸多方面。"[4]以上这些差异，实质上构成了法官文化。基于悠久的历史文化传统，英美法系国家法官在发展普通法，维护正义的过程中，塑造了别具一格的法官文化。而法官文化的形成，又反过来对维护司法公正和社会正义起到了良好的作用。

一、英美法官文化的主要内容

法官文化是一个内涵和外延都较宽广的概念，主要包括制

〔1〕　肖扬主编：《当代司法体制》，中国政法大学出版社1998年版，第4页。
〔2〕　本节发表在《延边大学学报》2008年第1期。
〔3〕　宋冰主编：《程序正义与现代化》，中国政法大学出版社1998年版，第23页。
〔4〕　贺卫方："法官文化的意义与课题"，载《人大复印资料：法理学、法史学》2002年第7期。

度的、物质的和精神的三个层面的内容。在法官制度文化方面，英美法系与大陆法系一样，都建立在分权、司法独立的基础上。事实上，更能体现英美法官文化特点的，主要集中在物质和精神的层面。因此，本节探讨英美法官文化亦是主要基于这两个层面而展开。另外，本文主要以英、美两国为考察对象。虽然英、美两国法官文化在一些具体细节方面各有特点，但总体上两者的共性远远大于个性。基于上述定位，笔者认为，英美法官文化主要包括以下内容。

1. 法官的知识结构、思维方式。在英美法系国家，普通法是由法官创造和建立起来的，法官承担着传承和创造法律的重任，因此，专业化及博学是成为法官的前提条件。在英美国家，对法科学生的要求非常高，不仅仅要求他们必须具备扎实的法律知识功底，而且要求必须接受过历史、政治学、经济学、哲学等多门学科的训练。[1] 法官来源于律师，要想成为法官，必须具有深厚的法律专业知识，包括认识、判断、推理案件诸能力在内的良好的认知水平，以及广博的社会知识。正如哈佛大学著名的司法程序专家查菲所说的那样，在普通法国家，为了预测一个未来的法官的行为，最好看看他图书室里的藏书，而不是看他事务所里的诉讼委托人名单。[2] 英美法官非常注重经验，以判例形式表现的普通法，其本身就是司法经验的积累。在长期的司法实践中，基于其知识背景、训练方法、法律思维方式的一致，英美法系的法官凝聚并形成一个"解释的共同体"。同时，借助特定的概念、逻辑推理形式，形成了司法的

---

[1] [美] 博登海默：《法理学－法律哲学和方法》，张智仁译，上海人民1992年版，第458～459页。

[2] [美] 亨利·亚伯拉罕：《法官与总统：一部任命最高法院法官的政治史》，刘泰星译，商务印书馆1990年版，第61页。

"方法论自治"。

2. 法官任期、待遇及升迁。英国早在 1701 年即在《王位继承法》中规定法官只要行为良好便可终身任职。在英国，法官是终身职务，只有在违反正当行为原则并在上下两院共同要求下才能由国王予以免职。被任命为法官的人服务的年龄可以达到 70 或 75 岁，实际上要比政府官员所允许的年龄限度高出 10 年。在 75 岁之前成为高级法院法官的许多人可以任职到更高的年龄。[1]在美国，汉密尔顿曾在《联邦党人文集》中写道："对确保司法独立来说，除了终身任职之外，没有什么比将对其与持以固定的条文明确下来更起作用了。"这种思想在美国宪法中有所反映，《美国宪法》第 3 条第 1 款明确规定，"最高法院与低级法院之法官如忠于职守，得终身任职"。至于法官的待遇，在英国，法官的薪俸非常优厚，大法官的年薪与首相一样。由于各级法官之间的待遇相差并不大，经济利益方面的刺激和诱惑很小，法官对升迁并无多大的兴趣。[2]在美国，美国联邦最高法院首席法官的年薪与副总统相同，总体而言"法官的薪俸优厚，如果在高一级的法院任职，还会配有秘书和研究助手"。[3]另外，还值得一提的是，以简洁、惜墨如金著称的《美国宪法》甚至对法官的"俸金于任期内不得减少"都作了明确的规定。

3. 法官年龄、资历、性格。首先，关于出任法官的年龄。柏样图认为，"法官不应是年轻的，他应该学会知道什么是罪

〔1〕〔美〕格伦顿、戈登、奥萨魁：《比较法律传统》，米健等译，中国政法大学出版社 1993 年版，第 137 页。

〔2〕〔德〕K. 茨威格特、H. 克茨：《比较法总论》，潘汉典等译，法律出版社 2003 年版，第 312 页。

〔3〕〔美〕约翰·亨利·梅利曼：《大陆法系》，顾培东译，法律出版社 2004 年版，第 34～35 页。

恶。但这不是由他的心灵学到,而是对他人所犯罪恶作长久的观察而得到"。[1]霍姆斯的名言"法律的生命不在于逻辑而在于经验"更是形象地道出了普通法的真谛。普通法对法律职业者尤其是法官的社会阅历和经验要求非常高,在英国,"人们不会遇到非常年轻的法官","向法官席的攀登是一个漫长而规律的进程,40岁以前被任命为法官是极少见的事情",[2]"法官一般为中年人和老年人","一个在律师界开业不足15年的人是很难被任命为高等法院的法官的"。[3]事实上,"法官的职位越高,平均年龄也就越大。高等法院法官的年龄很少低于50岁,上诉法院法官的年龄很少低于55岁,而上诉法院高级法官的年龄则不低于60岁。在这三级法院中,许多法官的年龄要比上述年龄大得多"。[4]美国与英国的情形相类似,但法官在最初就任时平均年龄比英国要年轻些,不过,据1970年的一项调查,也达到了47.3岁。[5]

其次,英美国家任命法官对候选人的资历要求非常高。从14世纪开始,英国所有各级法院的法官都从出庭律师中产生,而高等法院的法官更是几乎全部从杰出的出庭律师中产生。即,英国法官必须从英国4个律师公会的成员即出庭律师中任命。一般来说,担任地方法院法官(不含治安法官)必须有不少于7年的出庭律师资历;担任上诉法院的法官必须有15年以上的出

---

〔1〕 陈新民:《公法学札记》,中国政法大学出版社2001年版,第308页。

〔2〕 〔美〕格伦顿、戈登、奥萨魁著:《比较法律传统》,米健等译,中国政法大学出版社1993年版,第135页。

〔3〕 〔英〕P. S. 阿蒂亚:《法律与现代社会》,范愉等译,辽宁教育出版社1998年版,第12页。

〔4〕 〔英〕P. S. 阿蒂亚:《法律与现代社会》,范愉等译,辽宁教育出版社1998年版,第13页。

〔5〕 〔日〕大木雅夫:《比较法》,范愉译,法律出版社1999年版,第329页。

庭律师或 2 年以上的高等法院法官的资历。高级法官基本上都在大学，而且是名牌大学中接受过法律基础教育，他们的父辈的职业基本上都属于资产阶级。因此，可以说，"英国的司法的主干是由少数精英所支撑的"。[1] 1963 年，对 100 名英国高级法官中所作的一个调查的结果更是证明了这一点。[2] 在美国，法官遴选制度本身便说明经验是衡量是否授予法官资格的一个重要因素。一般来说，法官在从事这一职业以前，大约要有 15 到 20 年职业律师的经历，有近 1/3 的法官在担任法官之前具有检察官的经历。实际上，在美国"大多数法官是律师，具有法学学位和职业律师的经验是成为一名法官最普遍的资格要求"。[3] 而能否出任法官，则取决于律师执业中的成功、在律师同行中的声望以及政治影响等诸多考量因素。[4]

　　另外，在英美国家，由于诉讼中奉行的是当事人主义，法官处于消极中立的地位，在长期的司法实践中，法官群体逐渐形成了区别于其他行业的职业性格。两位英国法学家在其著作中曾为我们描述了一个英国人眼中的法官："头戴假发，身着长袍，面无表情的法官刻板无味地宣告某个被告做了不应做的事情"。[5] 美国学者约翰·小努南曾比较了普通法国家历史上几位最伟大的法官，即布莱克顿、马歇尔、霍姆斯、卡多佐、布兰代斯等，他总结出这些人都具有一个共同的特点，即不仅以

---

〔1〕　〔日〕大木雅夫：《比较法》，范愉译，法律出版社 1999 年版，第 317 页。

〔2〕　〔美〕埃尔曼：《比较法律文化》，贺卫方、高鸿均译，清华大学出版社 2002 年版，第 115～116 页。

〔3〕　〔美〕弗兰克：《美国刑事法院诉讼程序》，陈卫东、徐美君译，中国人民大学出版社 2002 年版，第 162 页。

〔4〕　〔美〕约翰·亨利·梅利曼：《大陆法系》，顾培东译，法律出版社 2004 年版，第 34 页。

〔5〕　〔英〕彼得·斯坦、约翰·香德：《西方社会的法律价值》，王献平译，中国法制出版社 2004 年版，第 2 页。

公正无私著称，而且以简朴的生活方式著称。据此，他认为，法官应当追求简朴的生活方式。[1]按照科特威尔的看法，法官这种职业往往"被看作是超脱狭隘自身利益的"，法官应当在社会交往中保持一定程度的"孤独性"。[2]而流行于英美法系国家的谚语"一个公正的法官是一个冷冷的中立者"更是形象地道出了法官超然的个性。

4. 法庭仪式及法官装束。在英美法律传统里，宗教与法律具有天然的亲缘关系，因此司法仪式具有宗教般的神圣色彩。举法庭装束为例，在英国，法官至今仍然保留着出庭穿长袍戴假发的传统，"在欧洲大陆国家人士的心目中，关于英国法官，常常有这样一幅浪漫的图像：他们身着绯红色的长袍，头戴巨大的假发，在一所镶嵌华丽的法庭上进行审判"。[3]在美国，也继承了英国法官出庭穿法袍的传统，但进行了一些改革，法官出庭一般都穿黑色长袍，但不戴假发。另外，在英美两国，证人宣誓作证的传统在司法实践中一直被传承。

二、英美法官文化的意义

1. 保障法官独立。在法官的产生方式上，英国的所有法官以及美国的联邦法官都由行政任命的方式产生，美国各州的法官的产生则有行政任命、选举等多种方式。由于对传统的尊重以及法官"方法论自治"的存在，能使司法与社会保持一定的距离，有力地抵制来自权力的、舆论的压力。因此，法官是否

---

〔1〕〔美〕约翰·小努南："法官的教育、才智和品质"，载《法学译丛》1989年第2期。

〔2〕〔英〕科特威尔：《法律社会学导论》，华夏出版社1989年版，第262页。

〔3〕〔德〕K. 茨威格特、H. 克茨：《比较法总论》，潘汉典等译，法律出版社2003年版，第305页。

独立与法官是任命还是选举的方式似乎并无太大的关系。在英国，负责一切司法任命的司法大臣任命法官不再考虑政治观点如何。一经任命，法官便应当避免介入任何党派纷争，司法机构的这种非政治生立场已被普遍接受。〔1〕在美国，所有美国联邦法院系统的法官都由总统任命，总统任命法官时往往考虑选择与自己政治立场相同的人选，法官的职位可能是一件最有价值的政治上的馈赠品。美国历史上共有 104 名最高法官，仅有13 人任命时与总统不属一党。〔2〕但是在美国，法官被任命后却并不听命于总统。艾森豪威尔曾任命沃伦为最高法院首席法官，布伦南为法官，但他们并没有完全按党派原则凡事都袒护总统，以致艾森豪威尔后悔说这是他"犯过的最愚蠢的错误"。〔3〕詹姆斯·麦迪逊任命的法官约瑟夫·斯托利法官拒不照顾麦迪逊的政治密友托马斯·杰斐逊，而伍德罗·威尔逊所任命的詹姆斯·C. 麦克雷诺兹法官立即证明了他几乎反对他的提名者所支持和相信的每一件事情。西奥多·罗斯福对其任命的霍姆斯法官在反托拉斯案件中投反对票感到愤怒，猛烈地抨击说："我用香蕉雕刻出一个法官，也比他的脊骨硬"。据说当时有人把总统的话告诉霍姆斯时，他只是一笑置之，并且表明他的想法是"在我接触这类案子时，我是根据法律和宪法办事的"。哈里·杜鲁门说过："最高法院的人事安排这种事简直没法干……我试过，但是没有用……无论什么时候，只要你把一个人送到最高法院，他就不再是你的朋友了。我敢肯定这一点。"因此，杰出

〔1〕〔美〕埃尔曼：《比较法律文化》，贺卫方、高鸿均译，清华大学出版社 2002 年版，第 115 页。

〔2〕王子琳、张文显主编：《法律社会学》，吉林大学出版社 1991 年版，第 314 页。

〔3〕王子琳、张文显主编：《法律社会学》，吉林大学出版社 1991 年版，第 316 页。

的法院编年史学家查尔斯·沃伦形象地评论说："在最高法院历史上再没有什么比那种希冀法官追随他的总统的政治观点的希望幻灭时的景象更引人注目了"。1969 年厄尔·沃伦在回顾他16 年的首席法官的生涯时指出，我个人从来没有"见过一个身在最高法院若干年而不在实质上改变他的观点的人……如果你要在最高法院忠于职守，你就必须改变自己"。这是一种责任，它以多种方式体现着美国联邦政府行政程序中最神圣的东西。[1]美国各个州之间关于法官选任的方式差别较大，但如果人们注意的是结果而不是形式，那么，非选举和选举的方式差别不是很大，特别是由于职业合作在这两者中所起的作用更是减弱了存在的差异。[2]

2. 防止法官腐败。在英国，"法官都是处在职业生涯的第二阶段的人物，都是资深的出庭律师，属于一个独立的行会，并分享着这个行会的基本价值"。[3]由于法官出身名贵，"贵族生来就负有对普通民众作出裁判的使命，而且他们较衣食无着之人更不容易腐败"。[4]事实上，自 1701 年《王位继承法》制定以来，英国从没有法官被免职，在那里，甚至没有人知道怎样去实施该法中有关罢免法官的原则。[5]事实上，无论是英国还是美国的法官，他们的职业分工虽有不同，但都属于同一个职业共同体。出庭律师在其事业的顶峰时可能会进入司法界，法

〔1〕 ［美］亨利·亚伯拉罕：《法官与总统：一部任命最高法院法官的政治史》，刘泰星译，商务印书馆 1990 年版，第 61 页。

〔2〕 ［美］埃尔曼：《比较法律文化》，贺卫方、高鸿均译，清华大学出版社2002 年版，第 119 页。

〔3〕 ［美］米尔伊安·R. 达玛什卡：《司法和国家权力的多种面孔》，郑戈译，中国政法大学出版社 2004 年版，第 67 页。

〔4〕 ［日］大木雅夫：《比较法》，范愉译，法律出版社 1999 年版，第 318 页。

〔5〕 ［德］K. 茨威格特、H. 克茨：《比较法总论》，潘汉典等译，法律出版社2003 年版，第 312 页。

官职位是对他们卓越的才能以及优秀的品性的一种对等的回报，"被任命或选举为法官，常被看成是一生中姗姗来迟的光辉成就，也是对其尊敬和威望在形式上的承认"。[1]因此，他们会倍加珍惜自己的声誉。

3. 有助于维护司法的权威。英美法系国家关于法官年龄的要求，乃是基于理性的考虑，因为司法的消极、被动、中立等特性以及普通法基于传统而形成的保守趋向，要求法官稳重持中，具备一种超乎常人的心如止水的"冷性"品格，过度热情反而容易伤害司法的理性。至于法庭的仪式，弗兰克在《法律和现代精神》中认为，法律方法和法律手续是社会的一种魔力，法官在法庭上穿着法衣，很严肃地坐在高背椅子上，是以神秘的权威和长辈的形象出现的，其目的不仅使人们对法官无限尊敬，而且也有助于维护社会秩序。[2]针对英国法官的装束，贺卫方教授指出，"法官的服饰行头中甚至有一顶马鬃制的白色假发，目的就是要营造一种老化的效果，使当事人相信法官是经验丰富、明智而不惑的"。[3]而伯尔曼则从法律和宗教之间的关系进行了阐述，认为法律与宗教共同具有四种要素：仪式、传统、权威和普遍性，而仪式是法律与宗教的超理性价值联系与沟通的首要方式。"法律的各项仪式，也像宗教的各种仪式一样，乃是被深刻体验到的价值之庄严的戏剧化。在法律和宗教里面需要有这种戏剧化，不仅是为了反映那些价值，也不仅是为了彰显那种认为它们是有益于社会的价值的知识信念，而且

---

〔1〕［美］约翰·亨利·梅利曼：《大陆法系》，顾培东译，法律出版社2004年版，第34页。

〔2〕蒋恩慈、储有德编著：《西方法学家生平与学说评介》，广西人民出版社1983年版，第183页。

〔3〕贺卫方：《法边馀墨》，中国政法大学出版社，1998年版，第51页。

是为了唤起把它们视为生活终极意义之一部分的充满激情的信仰"。因此，他断言："法律像宗教一样源于公开仪式，这种仪式一旦终止，法律便失去生命力。"〔1〕

4. 有助于保障法官的尊崇地位和民众对法官的信任。正是基于长期积淀的传统而形成的英美法官文化，保证了在英美国家法官是如此的与众不同，决定了法官尊崇的地位。英国人认为，大法官是"国王良心的守护者"，享有尊崇的地位。在美国，"法官也是一种富有魅力的职业"，〔2〕"即使只是最基层法院的法官，在美国也是一种非常受人尊敬的职业"。〔3〕总之，"生活在普通法系国家中的人们，对于法官是熟悉的。在我们看来，法官是有修养的人，甚至有着父亲般的慈严。普通法系国家中有许多伟大的名字属于法官"，法官常被称为"教堂外的教士"，是"社会的精英"、"有修养的伟人"和"正义之路的开拓者"。〔4〕"法院是法律帝国的首都，法官是法律帝国的王侯"更是道出了法官尊崇的地位。〔5〕社会对法官人格寄予厚望，美国关于法官的六条标准，都是关于道德和品格的，没有一条是专业的。因此，格伦顿认为，英国法制的成功依靠其声誉，依靠其他地方对它的接受，同样也依靠它的品格和原则。〔6〕伯尔曼

〔1〕 ［美］伯尔曼：《法律与宗教》，梁治平译，中国政法大学出版社 2003 年版，第 22~23 页。

〔2〕 ［日］大木雅夫：《比较法》，范愉译，法律出版社 1999 年版，第 329 页。

〔3〕 ［美］米尔伊安·R. 达玛什卡：《司法和国家权力的多种面孔》，郑戈译，中国政法大学出版社 2004 年版，第 69 页。

〔4〕 ［美］约翰·亨利·梅利曼：《大陆法系》，顾培东译，法律出版社 2004 年版，第 34 页。

〔5〕 ［美］德沃金：《法律帝国》，李常青译，中国大百科全书出版社 1996 年版，第 361 页。

〔6〕 ［美］格伦顿、戈登、奥萨魁著：《比较法律传统》，米健等译，中国政法大学出版社 1993 年版，第 135 页。

认为，英美法律制度在很大程度上，正是依靠法官的自尊心、责任感以及他们的智慧和自制力保证司法的公正。[1]

三、英美法官文化对我国司法改革的启示

在中国传统法律文化中，并未形成独立的司法官文化，相反，司法与行政不分是中国传统法律文化的一个重要的特点。在古代中国，封建君主是最高的统治者，控制着一切权力，封建君主以下，"只有在较高的行政机构中才设有专司法律的官员。在最低一级的行政区域县里，政府的法律与民众发生最直接的联系。县长的司法职能只是其若干行政职能的一种。虽然他们通常没有受过专门的法律训练，但却必须同时兼任侦探、检察官、法官、陪审员等数种职务"。[2]古代中国历朝行政与司法机构的职能不分，没有正式的法院，执行法律的人不是训练有素的法官，而是儒家化的兼职官僚，因而没有把法律活动与日常行政管理区别开来，法律活动没有形成职业化。司法实践中，儒家官僚兼任的法官奉行"实质性思维"，采取的是实质正义的价值取向，导致司法无法独立于行政。[3]近代中国，司法独立曾一度开展，但并未取得实质效果。[4]新中国成立后，司法被视为"无产阶级刀把子"更多被赋予的是专政工具的职能，基于此定位，加之司法体系设置存在的缺陷，致使现实中司法难以摆脱行政的干预，不能实现真正的独立。当前，司法

〔1〕 〔美〕哈罗德·伯曼编：《美国法律讲话》，陈若桓译，三联书店1988年版，第20～23页。

〔2〕 〔美〕D.布迪、C.莫里斯：《中华帝国的法律》，朱勇译，江苏人民出版社1998年版，第3页。

〔3〕 孙笑侠："中国传统法官的实质性思维"，载《浙江大学学报》2005年第4期。

〔4〕 韩秀桃：《司法独立与近代中国》，清华大学出版社2003年版。

改革已受到学界和司法实务界的重视，并正在逐步展开。当然，司法改革的根本在于制度的设计，关于这一点已有大量的论述，不是本文关注的重点。笔者认为，为进一步深化司法改革，实现司法公正，法官文化建设不可或缺。针对我国司法的现状，英美法官文化能为我们提供以下启示：

1. 法官文化建设的前提和基础在于司法独立的制度性保障。但遗憾的是，目前，我国在这一方面尚存在着较大的缺陷。我国《宪法》第126条规定，"人民法院依照法律规定独立行使审判权，不受行政机关、社会团体和个人的干涉"，采取的是列举式"干涉禁止"的立法模式，而没有采取现代法治国家通常所采取的总括规定的方式，表述方式不尽科学与合理，实践中无法保证司法独立的真正实现，应当予以完善。[1]在体制上保证法院以及法官独立的基础上，对法官任期应当予以规定，应明确规定法官除非违法犯罪和严重违反法官职业操守，不得移调、撤职、免职，以此来保障法官职业的稳定性。

2. 由于法官在我国从来没有形成一个独立的职业团体，法官长期被视作政府官员来对待，法官的专业化、同质化是当前司法改革进程中一项十分重要而紧迫的任务。当前，随着司法考试的实行，以及《中华人民共和国法官法》的进一步落实，法官职业将有望逐步实现专业化和同质化。但是，有必要指出的是，当前司法考试允许非法科毕业生参加，不符合国际惯例，应予以改革。另外，为进一步推动法律职业共同体的建设，有必要采取从优秀律师群体中选任法官的改革思路。

3. 当前，法袍、法槌已在庭审中采用，在法官文化的物质建设层面已迈出可喜的一步。笔者认为，应当通过立法保证法

---

〔1〕 周永坤："关于修改宪法第126条的建议"，载《江苏警官学院学报》2004年第1期。

官具有良好的地位和较优厚的收入，具体而言，主要包括法官薪水由国库统一开支、法官任期内薪水不得减少、法官的待遇应当优于普通公务员的待遇、上下级法院法官之间的待遇不可差距过大，等等。此外，对法官的年龄、资历以及法官的个性应当提出适当的要求等内容也应当逐步提上司法改革的议事日程。特别是，应当赋予法官在具体的个案审判中具有解释法律的权力，以此为基础，逐步实现我国法官审判中的"方法论自治"，以此来对抗外界对司法的干涉，维护司法独立。

伯尔曼曾有言，"没有信仰的法律将退化为僵死的教条"、"法律必须被信仰，否则将形同虚设"。笔者认为，我国法官文化建设的核心是：在保障司法公正的基础上，确立法官尊崇的地位，使法官群体产生职业的自尊感，并自觉维护自身公正、廉明的形象，最终使公众信赖法官，进而自觉服从和信仰法律。

代结束语 ◇

税收国家的宪政逻辑〔1〕

"财政为庶政之母"，任何政府的存在与正常运转均依赖健全的财政制度作为后盾。历史上，根据政府财政收入来源的不同，可以划分所有权者国家、企业国家、税收国家三种类型。古代国家以所有权人身份行使统治权，对于其管辖领域内的一切财产都具有获取、分配及使用的权力，因此被称为所有权者国家。企业国家是将生产工具收归国有，独占企业经营权，并以其收入作为财政主要来源，我国改革开放前的计划经济体制可以归为这类形态。而税收国家则是指政府不直接经营产业，赢利事业均交由社会来进行，政府的收入来源于税收，当今西方法治国家均采取税收国家形态。

以上三种形态的国家类型，体现了三种截然不同的人与国家之间关系的形态。所有权者国家控制一国范围内所有的人和财，其必然结果即所谓的"普天之下，莫非王土；率土之滨，莫非王臣"。企业国家控制生产资料，按计划安排生产，此时的

---

〔1〕 本节发表于《团结》2013 年第 1 期。

社会为单位社会，个人仅仅是社会机器上的一颗螺丝钉，对国家处于高度依赖的状态，极端的结果就是"不听话者不得食"。税收国家实行生产资料和财产的私有，奉行自由市场经济，使人摆脱了对国家的依附关系。

税收国家这一概念，来源于"一战"后经济学家约瑟夫·熊彼特与财政社会学家鲁道夫·葛德雪的一次著名的论战。面对"一战"后德国糟糕的财政状况，葛德雪于1917年发表了《国家社会主义或国家资本主义》一文，提出为摆脱财务危机，国家必须从传统的依赖税收负担转向依赖营业收入，国家应有计划地进入私人经济领域。针对葛德雪的以上观点，1918年熊彼特发表了《税收国家的危机》一文，指出税收与现代国家同时产生，密不可分，它们都存在于私人经济基础之上，现代国家机构和形式实际上根源于其财政上的使命，国家财政支出越高，就越需要依赖于个人追求自我利益的驱动力，因此他旗帜鲜明的反对国家注入私人经济领域干预私人财产与生活方式。

以上争论，长期以来一直聚讼盈庭，难以率尔定论，但显而易见的是，熊彼特的观点为现当代西方政治经济的主流。事实上，税收国家作为一种政治经济形态，内涵极为丰富，德国公法学者弗里奥元（Friauf）曾深刻的指出，"宪政国家，尤其是实质法治国家，本质上必须同时为税收国家"。

税收国家的逻辑前提是，国家原则上不拥有资产，国家不自行从事营利活动，国家任务推行所需的经费，主要依赖税收来充实。国家的任务是尊重和保护私人产权，提供例如公路、桥梁、公正廉洁的司法、完善的社会保障制度等公共物品和公共服务，而经济事务、赢利事业则交由私人来进行，国家不与民争利。之所以如此，一方面在于私人的决策最富有创造力和效率，道理很简单：花自己的钱办自己的事必然比花别人的钱办别人的事可靠，这是基于人性的、无需论证的一个基本的常识。政府是靠不住的，"绝对的权力导致绝对的腐败"，政府投资往往是和低效、贪污、浪费联系在一起的，且需要巨大的监督成本。另一方面，由于法律与公共政策由国家制定，国家如果控制资源参与竞争，既当运动员又当裁判员，必然发生行政垄断、扭曲市场的价格与资源配置机制，最终摧毁市场的悲剧性结果。

税收国家的逻辑内容则主要围绕税收的法理而展开。由于税收是以金钱作为给付标的，而且以量能平等负担为基础，与其它收入相比较，税收对于人民基本权利的影响可以降至最低，以金钱代替劳役的方式，国家可避免过度介入社会运作而保持中立。换言之，通过纳税，一方面使国民与国家之间发生联系，同时使国民与国家之间产生距离，为法治国家创造条件，即人民得保有私经济自由领域，得以自行选定目标，自行求其实现，得以扩展私人与社会的发展空间。这种人民义务的减少，正为宪法上人民政治、经济、文化的基本权利创造前提条件。因此，在民主法治国家中，国民与国家的关系为有限的、可计算的、有距离的，同时也是自由的。

税收国家的逻辑结果是：

首先，政府必须尊重与保护私人产权。税收国家自身不从事私经济活动，而留给社会自由发展，人民对于国家仅负纳税义务，以换取对经济自由与营业自由的保障，私有财产之所以负担纳税义务，其前提即在于国家对私有财产予以宪法之保障。因此，一方面纳税人对国家在负担了纳税义务之外，原则上不再负担其他强制性金钱给付义务；另一方面，国家必须依法征税，且征税所依之法必须是由公众通过普选产生的代议机构制定的法律，即所谓的"无代表，不纳税"，而且该税法的内容必须合乎宪法，政府无权通过行政立法来对民众征税，因为道理很简单，由政府来决定征税事宜，从自利的角度必然是税越多越好。此外，国家征税必须有度，必须尊重纳税人的纳税意愿，并保持其经济能力，即必须遵守"税源保持原则"，纳税是对人民宪法财产权的限制而非剥夺，立法者仅得依据宪法限制人民基本权利，但不得制定具有扼杀性效果的税法，一旦超越此界限，纳税人的纳税意愿及纳税能力必然减退，甚至一个社会中的精英纳税人纷纷选择"用脚投票"，最终税收的源泉与基础势必枯竭、毁灭。

其次，必须建立公共财政体制。税收国家财政收入就是税收收入，财政支出就是税款的使用支出，国家的活动就是围绕着征税和用税进行的。税收国家的政府财政高度依赖于税收，财政奉行的是量入为出的原则，政府施政不以财政赢余为目标，政府不能以征税本身为目的，不能只是从政府的财政需要出发，单纯凭借政府的垄断地位和权力强制性地向社会提取。政府征税并不是无条件的，其前提是必须向公众提供公共福利，税收必须真正地"用之于民"，税收作为人民与政府社会契约的对价而存在，政府必须以优质的公共服务来换取纳税人的纳税支持。因此，税不仅仅是一个经济问题，更体现了政治和政府道德。在纳税问题上，是否征税、征多少税，以及征税对象、税率、纳税环节、纳税期限和地点、减免税等税收核心要素的决定和变动等等，不是由政府单方面说了算，必须经过纳税人选出的代表——议会来决定。而征税与用税则为一体之两面，"税收法定"与"用税法定"二者并行不悖、不可偏废。事实上，正是围绕着财政税收制度，西方法治先进诸国发展出了一整套完善的以民选的最高权力机构——议会为核心，以法案表决和预算监督为主要手段的公民授权、监督机制以及运行办法。

其实，判断税收国家的方法很简单，①税收国家的政府必然是中立的，包括经济上不参与市场竞争，不干预微观市场，司法上独立，等等。②税收国家的政府必然是一个"穷政府"，政府所有的财政收入均来源于纳税人缴纳的税款，税收的征收与使用均听命与服务于纳税人，政府施政不追求赢余，更不会为税收"超额征收"及拥有巨额外汇储备而沾沾自喜。③税收国家的政府必然是服务型政府。"小政府、大社会"是税收国家的基本结构，在税收国家纳税人真正实现了对政府的控制，因此不可能发生政府官员骄奢淫逸、挥霍浪费纳税人血汗的情况。

我国自改革开放以来，随着市场经济体制的确立与发展，多元产权的格局已经形成。当前，税收在我国财政收入中已占据核心地位（近年来，从数字上看历年均占 90% 以上），在某种意义上可以说我国已从改革开放前的企业国家转变为税收国家（但实际上，与税收国家所采取的私经济体制不同的是，我国还存在着数量庞大的国有企业，我国实际上是一种兼具税收国家与企业国家特征的一种混合形态）。季卫东教授曾指出，"既然国家承认了私有制，那么其主要职能就变成对财产权和契约提供保障性服务；在这种情况下，国家必须公平地、以契约当事人之外的第三者出现并根据这一定位来设计各种制度安排。"但遗憾的是，我国离税收国家的要求还有相当的距离。

1. 政府直接介入微观经济。长期以来，我国政府是一种生产建设型政府，国有制与行政管制使政府控制的资源、权力太多，政府利用垄断地位，通过法律，直接参与市场竞争，与民争利。我们搞市场经济二十多年，但本质上仍然是权力经济，这从前段时间广东某市市长激吻发改委批文的有关报道中可以窥见。事实上，从终极意义上来看，通过政府投资、国有投资推动经济增长是饮鸩止渴，既不可持续，又阻碍了技术进步、结构调整，且造成通货膨胀，政府主导投资直接的恶果是：由于缺乏有效的外部监管，政府巨额投资必然带来低效甚至无效、贪污、浪费。近年来，每一次政府出台刺激措施都是一次大规模的"国进民退"，目前民间创业的制度成本过高、制度障碍严重、经营困难，但国有企业却大规模扩张（例如，中粮集团在房地产业的扩张、山西省政府通过一纸政令推行"煤矿重组"，将民营煤矿经营权收归国有等等），我国进入世界 500 强的企业基本都是国有垄断大企业，这并不是什么值得庆贺的好现象，事实上这些企业不但低效而高价，还破坏了社会公正，更令人忧虑的是这些既得利益集团往往以公有制意识形态来做掩护以维护其垄断利益，阻挠市场化改革。另外，这种"藏富于官"而非藏富于民的结果是，民间特别是普通民众消费能力低下，扩大内需缺乏后劲。事实上，当前我国 GDP 保持增长主要依靠的是政府的投资推动，GDP 虽得到增长但普通民众的生活却并未得到明显的改善，甚至在通胀的压力下还有所下降。这种现象的存在，在某种程度上是我国法治建设可能倒退的危险信号。

2. 财政收入体制有待进一步理顺。与西方税收国家财政收入几乎全部来源于税收不同的是，我国除了税收收入以外，还存在着一个庞大的非税收入，其数目几乎相当于正式的税收收入，这些非税收入中相当大的一部分还游离于预算甚至正式的财政制度之外。表现之一为土地财政，1994 年中央政府单方面决定的分税制，实践证明并不符合央地财权与事权统一的原则，地方事权多而财权少，中央政府则反之。税收国家解决央地财政关系的办法在于，税收国家财政主要依靠纳税人缴纳的税款，国家保护纳税人财产权和市场经济中的创新力，纳税人源源不断的税款是政府财政收入稳定的来源。中央政府主要负责全国范围内的公共服务，地方政府负责所辖区域的公共服务，双方各有法定的、稳定的税源来支持，地方财政不足的部分由中央通过法制化的财政转移支付来实现平衡，以期实现全国范围内大致均等的公共服务水平。反观我国，中央财政转移支付虽然数额庞大，但至今尚未实现法制化，"跑部钱进"现象严重。为弥补地方政府财政缺口，中央政府默许地方卖地，我国土地国家所有、集体所有的体制事实上造成了土地产权真正所有者的缺位，地方政府通过垄断土地一级交易市场而纷纷逐利，某种意义上都摇身一变成为开发商，各地政府热衷征地、拆迁、"经营城市"、新农村建设往往演变为"强迫农民上楼"。表现之二为除税收外，还存在着名目繁多的各种收费、罚款，个别地方政府甚至公然出卖违法权，实践中"钓鱼执法"、"养鱼执法"现象并不鲜见，前不久沈阳有关部门大肆对经营者罚款导致大量商铺关门即为适例。

3. 纳税人尚未实现对征税与用税的控制。首先，我国税收法律化程度低。在我国，全国人大制定的涉税法律只有《个人所得税法》、《企业所得税法》两部，全国人大常委会制定的有《税收征收管理法》、《车船税法》两部，而国务院制定的税收行政法规和税收规范性文件则有30余件，决定了17个税种的开征和6个税种的停征，财政部、国家税务总局制定的涉税部门规章约120余件，其他规范性涉税文件1100余件，至于省以及省以下税务机关制定的有关涉税规范性文件则更是多如牛毛。另外一个突出的现象是，税率等税收实质性要素的制订和修改权往往掌握在财税部门手里，例如2007年财政部突然宣布上调股票交易印花税，导致股市风云突变。其次，政府用税未实现法治化。虽然广大纳税人对政府官员"三公消费"、"权力自肥"、贪污浪费等现象深恶痛绝，但由于知情权、监督权的缺乏，目前尚难以对之进行有效的遏制。

　　由于财政体制尚未实现法治化、理性化，以及民主机制的不健全、公民权利保障机制的弱化，现阶段我国地方政府普遍背离了政府中立与公共服务的职能，演变成一种通过权力公司化运作追求超额利润的怪胎，催生了种种乱象。一方面，通过土地财政直接剥夺了改革开放以来民间积累的财富。土地财政所导致的强制征地、拆迁造成的后果严重，一是形成了高房价，绑架了经济、绑架了人民的幸福；另一方面，在各地形成了一个个"土地战场"，官民对立现象较为突出，群体性事件甚至极端事件频发不止，造成民心疏离、政府合法性资源流失；三是这种土地财政透支了未来，是不稳定、不可持续的，隐藏着巨大的财政风险和经济危机风险。另一方面，地方政府为扩大GDP总盘以增加地方财政分配比例，热衷"招商引资"，各地纷纷采取税收、土地政策优惠，甚至不惜降低环境准入标准，使得污染企业大行其道。虽然中央政府三令五申强调科学发展观，强力推行节能减排，屡次掀起"环保风暴"，但是在事实上以GDP数量决定官员政绩考核的体制下，环保风暴只能草草收场，节能减排甚至沦为拉闸限电荒唐的纸面上减排的游戏。近期大面积国土上发生的严重雾霾天气，已经宣告了这种权力主导的、不可持续的发展模式必须终结。

　　西方法治先进诸国的历史与现实已充分证实了法治必然建立在税收国家之上。我国目前出现的诸多严峻的社会问题，其直接原因在于法治不彰，而根源则深植于财政体制的不合理。虽然，我国并非典型意义上的税收国家，我国有我国的具体国情，但既然我国宪法已明文确立了民主、法治、人权、财产权保障等普世价值，如何选择实现这些宪法价值目标的路径值得我们思考。笔者认为，诚如卡尔·波普尔所言，民主的关键不在于权力所有制，而在于权力的具体行使方式。因此，传统的意识形态宏大叙事应当让位于民主的细节与具体的法治，税收国家逻辑中的政府中立、不干预微观经济、尊重私人财产权、纳税人为王等内容应当成为我们下一步政治体制改革的方向。

后 记 ◇

　　我童年生活在苏北美丽的洪泽湖畔的一个乡村，记得那时的故乡沟渠纵横。水将一个个小村庄隔开，这些村庄结合在一起构成村落。记忆中最早住的是旧的土坯房子，房前屋后有各种各样的树——枣树、梨树、桃树、榆树、桑树、柳树、槐树、楝树、栗树、香椿、泡桐等，还有很多很多叫不出名字的树种，对了，还有一个很大的竹园——童年的我经常在里面徘徊，物色哪根竹子最适合做钓竿。丰富的树种为鸟儿提供了栖息繁衍的乐园和丰富的食物，树上有麻雀、斑鸠、黄雀、八哥、啄木鸟、杜鹃、黑喜鹊和灰喜鹊……，很多很多种类的鸟，偶尔还会有云雀唱着欢快的歌轻盈的飞过。乡下的孩子是在疯玩中长大的——爬树、掏鸟窝、钓鱼、在小河里扑腾、满田埂的钓黄鳝、将竹竿一头劈开中间用一根棍子撑着缠绕上蜘蛛网到处粘知了……。那时侯河水很清，乡下孩子渴了会直接掬起河水喝，河里有各种各样的鱼。夏夜里繁星满天、空气中飘着淡淡的荷香，萤火虫漫天飞舞、满耳蛙声如鼓，间或伴有几声蝉鸣，大人们在树下纳凉，摇着芭蕉扇，聊家长里短，成群的孩子们在月光下嬉戏。

　　童年的记忆，除了快乐，还有稼穑之艰辛。印象中，那时家里有 11 亩责任田，父亲是乡里投递员——那时候乡还被人们习惯叫做公社，母亲是乡村民办教师，要侍候 11 亩责任田和 3 个孩子——好像每到冬天家里还有"挑河工"的力役，在那个耕作以人力和畜力为主，被子靠手缝、衣服靠手洗、甚至乡村还没有通上电的时代，可以想见父母的艰辛。我们姐弟三人，很小就体会了放牛、打猪草、拾粪、肥田、给自留地里蔬菜瓜果浇水，以及插秧、收割、看谷场等劳动之艰难。

那个时候，在黄昏夕阳西下的时分，远处江苏油田勘探处的高音喇叭经常会播放一些"大海啊，故乡"、"军港之夜"等歌曲，透过优美的旋律，懵懂少年的内心深处隐约对远方产生了憧憬和渴望。对城里的概念，来自油田孩子们说的普通话，还有一次也可能是好几次过年前夕路过油田勘探处，看到油田职工在柏油马路边分好几卡车的苹果、带鱼和冻羊腿——乡下孩子难免会产生低人一等的深深的自卑和失落。

上了中学，渐渐远离故乡，后来家里搬到了乡上，再后来搬到了县城，回村庄的次数越来越少，故乡渐渐变的模糊。

感谢有幸生在那个读大学可以包分配实现"跳农门"的年代。那个时候，上大学不用太为未来发愁，还可以经常谈谈理想和未来，大学生活的节奏是慢的，有闲暇、情书、周末的舞会，夏天的黄昏和晚上还可以在校门口大草坪上聚集三五好友闲聊，弹吉他唱歌，或者是只是在草坪上随便闭目躺躺，什么也不想。

现在的大学变了，扩招、形形色色浩大的学术工程、功利化的考核，使大学越来越浮躁浅薄，老师和学生们可以悠哉的日子已永远消逝了。大学里大家都很忙，可又有多少人能说出为什么会忙碌以及如此忙碌的意义究竟何在？

故乡也变了，记忆中的故乡竟无丝毫踪迹可再寻觅。油田勘探处搬迁了，留下了很多衰败的二层、三层的旧楼房，儿时记忆中宽阔的油毛柏油马路也显得那么窄，因年久失修而变得坑坑洼洼。经过一次次统一规划的改造工程，村庄水泥路边千篇一律排列着俗气的红砖瓦房院子，村头建起了几家工厂——据说是招商引资来的，高高的烟囱里缕缕的冒着灰色的烟。记忆中那些挂满串串白花的槐树、满树粉红色喇叭花的泡桐、茂密翠绿的竹园……还有最让游子梦魂萦绕的果实挂满枝头的大尖枣树，都去了哪儿了呢？映入眼帘都是千篇一律的速生阔叶杨树——单调而乏味，不过听说这种树很经济，几年即可以伐卖。童年时带给我们无尽快乐的纵横交错的、夏天可以供孩子们戏水、钓鱼、采菱角和鸡头米、摘荷叶当凉帽玩耍，冬天可以将水刮干"竭泽而渔"而且经常还收获颇丰的河渠和池塘，竟已成为平地再也无从寻觅，一起消失的还有长着长长胡须的鲶鱼、脑袋大笨笨的"虎头鲨"、个小扁平的"死胆屁"、脊背上全是刺的刀鳅、永远长不大的小罗汉鱼……。童年时渴望的挑货郎悠扬的笛声、"冰棍拿钱"的叫卖声、烧炭爆米花机的爆炸声、行走乡间说书人的快板声也都永远的逝去。还有，那些熟悉的鸟儿，怎么也都不见了呢？只剩下灰暗的、成群乱飞的麻雀。童年的玩伴都已外出打工，孩子们也被集中到镇上或县城读书了，昔日卖书声朗朗的村小学已消失，旧址上早已彼黍离离。夏天夜里，再也见不到孩子们成群嬉戏的场景，甚至连萤火虫都很少见了，蛙声也不再如鼓。没有了树，没有了河，没有了鸟，没有了孩子们的欢笑，没有了鸡犬相闻，故乡显得了无生气，垂暮而寂寥。严格的独生子女政策、电视、化学农业、工业化、急功近利的城镇化，改变了一切，短短的30年，却已经物是人非，沧海桑田。

始终感觉自己还是乡间那个懵懂、憧憬的少年，童年、少年的乡间生活经历给了我坚忍的意志与悲悯的情怀，历史学教育给了我观察分析问题宏观、历史的视野，法学教育促使我关注社会的公平、正义与制度理性。常常在思考：这就是我们所向往的现代化么？当下这个由商品、速度、工地、汽车、雾霾、癌症……所构成的时代，将来在历史上会留下怎样的一页？没有了故乡和历史，甚至遗忘了生活本身，到底会迎来一个什么样的未来？今天的孩子——被繁重的课业、网络电子游戏所主宰的孤独的未来主人翁们明天将如何生存？如果在当下这个社会阶层日益固化、社会上升途径堵塞、通过读书改变命运已极难的时代读大学，我可能也不知道明天何处可以安放自己的青春，不会安下心来读那么些"闲书"，也许正在忙着考各种其实本质上对人生并无助益的证书吧？

感慨了这么多，一本书的出版，照例要有致谢的内容：

求学路上，最感激的是恩师周永坤教授，不仅仅是感谢蒙周师不弃招至门下悉心调教，使我最终获得了法学博士学位——在当前这个功利的体制中可以凭此谋一席之地，更重要的是与周师心灵的相通与精神上的默契，周师无论学术和品性均巍巍乎高哉，虽然学生愚钝学问上远不及周师之万一，恐负周师之期望，但我会继续奋力前行止于至善，以自己所学之知识服务普罗大众。

感谢吉林大学历史系傅长禄、陈瑞云、李子文、李书源、赵英兰、刘会军等诸位老师，从诸位老师身上我感受到黑土地文化的厚重、质朴、热情与真诚，在吉林大学读书3年，是我人生中最快乐、最难忘的时光。感谢苏州大学王健法学院杨海坤、胡玉鸿、于晓琪、高积顺、庞凌等诸位老师，在东吴求学期间曾得到各位老师很多指点和帮助。

感谢日本学者北野弘久教授、台湾大学财税法研究中心葛克昌教授，自踏进财税法之门起，我就一直奉两位教授为精神导师，两位教授的社会责任、学术良知与精湛的学术造诣深深的吸引了我。感谢天津财经大学李炜光教授、北京大学刘剑文教授、武汉大学熊伟教授，在学术研究上受三位教授的启发良多。

在这个"不发表，就完蛋"，学术凭数量尤其是凭所谓"核心期刊"发表的数量来衡量、学术刊物资源奇货可居的时代，感谢云南行政学院学报李保林、河南社会科学吕学文、理论与改革白林、理论与刊张亚茹、延边大学学报金正一、金莹、苏州大学学报康敬奎、广州大学学报吴震华、山西师大学报王小平、湖北民族学院学报毛正天、南都学坛谭笑珉、辽宁师范大学学报林凤萍、山东科技大学学报董兴佩、团结杂志张栋、刘玉霞等编辑老师，谢谢你们的认可！我相信每一篇文章自开始写作时起，就注定了将会在某个确定的地方发表，这就是文缘，谢谢你们！

感谢我工作单位江苏理工学院夏东民、崔景贵、汤建石、侯强、龙一平、冥国英、洪燕云、秦苏滨、张晓忠以及南京艺术学院米如群、元锡职业技术学院朱爱胜等领导、朋友对我学业和工作的关爱和帮助！

感谢杜学文、薛华勇、张今文、王琼雯、赵娴、赵哲等同窗好友，和你们一起在东吴度过的美好求学时光已深深的嵌入我的记忆深处！

感谢我的父母、岳父母一直以来对我学业的支持！感谢妻子蒋莉副教授，感谢你呵护我读书、思考、写作的乐趣！你的宽容和鼓励给了我前进的动力！

高军

2013 年 5 月 1 日